PROPÄDIX

Unterrichtsmaterialien für den Pädagogikunterricht

Hrsg. von Eckehardt Knöpfel und Carsten Püttmann

Band 21

Katharina Gather / Ulrich Schwerdt / Sabrina Wüllner

Erziehung im Nationalsozialismus

Eine Quellensammlung

Band für Schülerinnen und Schüler

Schneider Verlag Hohengehren GmbH

Umschlaggestaltung: Simone Spörckmann

Quellenangaben der Titelfotos:

Vorderseite: Erste Reihe links *Yad Vashem, Photo Archive, Jerusalem*

Vorderseite: Erste Reihe mittig *Joe Heydecker, mit freundlicher Genehmigung der Österreichischen Nationalbibliothek*

Vorderseite: Erste Reihe rechts *NS-Dokumentationszentrum der Stadt Köln*

Vorderseite: Mittlere Reihe links und Rückseite: Mittlere Reihe links © *U. S. Holocaust Memorial Museum, mit freundlicher Genehmigung von Shlomo Nadel*

Vorderseite: Mittlere Reihe rechts und Rückseite: Mittlere Reihe rechts *NS-Dokumentationszentrum der Stadt Köln*

Vorderseite: Untere Reihe links *NS-Dokumentationszentrum der Stadt Köln*

Vorderseite: Untere Reihe mittig *NS-Dokumentationszentrum der Stadt Köln*

Vorderseite: Untere Reihe rechts *Soziale Hilfen in Berlin/Brandenburg (Archiv)*

Bibliografische Information der Deutschen Nationalbibliothek

Die Deutsche Nationalbibliothek verzeichnet diese Publikation in der Deutschen Nationalbibliografie; detaillierte bibliografische Daten sind im Internet über ›http://dnb.dnb.de› abrufbar.

ISBN 978-3-8340-1966-0: Band für Lehrerinnen und Lehrer

ISBN 978-3-8340-1965-3: Band für Schülerinnen und Schüler

Schneider Verlag Hohengehren, 73666 Baltmannsweiler

Homepage: www.paedagogik.de

Printed in Germany. Druck: WolfMediaPress, D-71404 Korb

Inhaltsverzeichnis

Herausgebervorwort

Liebe Kolleginnen und Kollegen!

Propädix ist eine Reihe für die Fächer der pädagogischen Fächergruppe (Erziehungswissenschaft(en)/Pädagogik/Sozialpädagogik/Sozialwesen/Erziehungskunde/etc.), die in loser Folge methodisch gestaltetes Material für Ihren Unterricht zur Verfügung stellen möchte. Dabei werden die Hefte jeweils unterschiedliche Akzentsetzungen haben. Einige Bände richten sich wegen der darin enthaltenen didaktischen Vorschläge vorrangig an Sie als Pädagogiklehrer*innen, andere sind eher als Schülermaterial zu bezeichnen. Aber letztlich entscheiden immer Sie, wie die Bände eingesetzt werden sollen. Dass auch Benutzer*innen in den fachdidaktischen Seminaren der Hochschulen wie in den Fachseminaren Pädagogik/Sozialpädagogik der Studienseminare und der Zentren für schulpraktische Lehrerausbildung hier Anregungen finden, bleibt zu hoffen. Das Gleiche gilt selbstverständlich auch für die Kolleg*innen affiner Fächer.

Propädix bietet mehr als Einzelinformationen über zeitgemäße Erziehung und Bildung. Die Reihe ist den Grundgedanken einer aufklärerischen, emanzipatorischen Pädagogik und damit dem klassischen Bildungsgedanken verbunden. Die Bände wollen den Schüler*innen – altersstufengerecht - zu mehr pädagogischer Kompetenz und Verantwortung verhelfen. Der Name **Propädix** unterstreicht, **dass Wissenschafts- und Handlungspropädeutik zu den Grundprinzipien des Arbeitens im Pädagogikunterricht** gehören. Durch den Umgang mit den Materialien sollen primäre Aufgabenbereiche des Faches erreicht werden: Im Sinne der Förderung der Persönlichkeitsentfaltung sowie der Studierfähigkeit entfalten die Schülerinnen und Schüler in der Auseinandersetzung mit paideutischen Aufgaben, Fragen und Problemen immer zugleich auch **allgemeine** kognitive, ethische und soziale Kompetenzen.

Propädix repräsentiert keine durchgängige, sequential strukturierte Schulbuchreihe für die gesamte gymnasiale Oberstufe oder die entsprechenden Bildungsgänge des Berufskollegs/der berufsbildenden Schule. Vielmehr sollen in loser Folge bisher unterrepräsentierte Inhalte und Methoden des Faches zu mehr Geltung gelangen. Darüber hinaus ist es ein wesentliches Anliegen, die verbindlichen Schwerpunktthemen des Zentralabiturs in Pädagogik (vornehmlich im Bundesland Nordrhein-Westfalen) durch einen gediegenen Materialfundus zu vertiefen. Vor dem Hintergrund der momentanen Dürre im Bereich der Schulbuchliteratur für die Sekundarstufe I sollen künftig auch in diesem Bereich Felder besetzt werden.

Propädix ist keiner fachdidaktischen Konzeption des Unterrichtsfachs Pädagogik fest verbunden. Es wird davon ausgegangen, dass die Klammer, die die verschiedenartigen Bände zusammenbindet, durch die fachdidaktische Leistung jeder*s einzelnen Pädagogiklehrers*in gefunden wird. Gerade durch das additive Abarbeiten der behördlich vorgegebenen inhaltlichen Schwerpunkte für das Zentralabitur besteht die Gefahr einer fachdidaktischen Verflachung, der unbedingt begegnet werden muss. Fachdidaktik bedeutet mehr als das Sahnehäubchen, das man draufsetzen kann, wenn das unterrichtliche Konstrukt bereits entstanden ist. Fachdidaktik ermöglicht sachgerechte Reduktion, stellt die Frage nach dem inneren Zusammenhalt, nach den Kompetenzanforderungen und der Legitimation unterrichtlichen Tuns. Im Umgang mit unterschiedlich strukturierten Materialien ist das Fundament einer fachdidaktischen Konzeption unverzichtbar.

Dies gilt besonders für den Begriff Erziehung. Die Beschreibung, Analyse und Bewertung paideutischen Denkens und Handelns kann nicht ohne einen konsistenten, fachlich abgesicherten Erziehungsbegriff erfolgen, der über subjektiv Evidentes hinausgeht. Der Erziehungsbegriff in Klaus Beyers strukturanalytischer Fachdidaktik kann hier eine Hilfe sein, ist aber nur als Angebot zu betrachten: Erziehen sei demzufolge dasjenige soziale Handeln, welches das Dispositionsgefüge des Edukanden in dessen Interesse fördert. Selbstverständlich gilt das für den Erziehungsbegriff Geforderte auch für den Bildungsbegriff. Im Anschluss an Erich E. Geissler wird Bildung verstanden als Ermöglichung eines kognitiv und moralisch verantworteten Selbst- und Weltverständnisses, was den Willen zum „freie und zugleich selbstverantwortlichen Sich-selber-bilden-Wollen, einschließt. Bildung wird so bei Geissler zur zentralen „anthropo-ontologische Kategorie". (siehe dazu auch Didactica Nova Band 27 – „Erziehung" – und Band 29 – „Bildung", beide herausgegeben von Carsten Püttmann)

Der hier vorliegende **Band 21** markiert einen Neuanfang. Nach 20 Bänden, die vom Unterzeichner herausgegeben wurden, wird nun auch Herr Dr. Carsten Püttmann Verantwortung als Mitherausgeber tragen. Carsten Püttmann ist durch zahlreiche fachwissenschaftliche, fachdidaktische und unterrichtspraktische Veröffentlichungen ausgewiesen. Auch in dieser Reihe ist er von Anfang als Autor erfolgreich gewesen. Dass mit Püttmann ein Lehrer an einem Berufskolleg die Inhalte der Reihe mit bestimmt soll deutlich machen, dass Propädix für die Kolleg*innen an Gymnasien, Gesamtschulen und Berufsbildenden Schulen/Berufskollegs gleichermaßen konzipiert ist.

Der neue Band trägt den Titel "Erziehung im Nationalsozialismus – Eine Quellensammlung". Wie bei fast allen Bänden wird es neben dem Schülerband wieder einen gesonderten Lehrerband geben, der den Kolleg*innen einen Überblick über die historische und pädagogische Sachlage bietet und den unterrichtlichen Gebrauch erleichtern möchte. Die Bände sind ein Gemeinschaftsprojekt von Sabrina Wüllner (Universität Wuppertal), Jun.-Prof.' Dr. Katharina Gather (Universität Paderborn) und Prof. Dr. Ulrich Schwerdt (Universität Paderborn).

Wir übergeben die beiden Bände (Propädix 21) den Lehrenden und Lernenden zum erfolgreichen Gebrauch und mit der Bitte um weiterführende Kritik.

Ihre

Dr. Eckehardt Knöpfel und Dr. Carsten Püttmann

Wesel und Lippstadt, im Frühjahr 2019

1. Antidemokratische und autoritäre Traditionen der Pädagogik vor 1933

Vor 1933 gab es in Deutschland eine lange humanistische und demokratische Tradition der Pädagogik, die in der Weimarer Republik eine neue Blütezeit erlebte, sich in der Realität von Bildung und Erziehung jedoch nicht nachhaltig durchsetzen konnte. Weit vor 1933 existierten allerdings auch pädagogische Ideen und Praktiken, an die die Nationalsozialisten in der theoretischen Grundlegung und der praktischen Umsetzung ihrer Erziehung anknüpfen konnten. Im folgenden Kapitel sollen zwei dieser historischen Stränge dokumentiert werden: die autoritäre Ausrichtung der Schule des Kaiserreichs und die rassenhygienische Ideologie in Teilen der Reformpädagogik.

1.1 Die Schule des Kaiserreichs (1871-1918)

Turnunterricht an einer Volksschule (1905)[1]

Disziplin, Ordnung, Fleiß

Früher noch traditional als „Lehr- und Lernschule" betrieben, wird die Volksschule im Kaiserreich zunehmend als „Erziehungsschule" profiliert. Sie soll sich angesichts politischer und sozialer Spannungen nachhaltiger als zuvor der „sittlichen Erziehung" der Kinder zuwenden. Gemeinsamer innerer Feind auch in Erziehungsfragen, unverträglich mit „sittlicher Erziehung" ist den staatstragenden Bevölkerungsschichten dabei die Sozialdemokratie. Ihr ist von 1878 bis 1890 die öffentliche Betätigung verboten worden. [...] Gleichwohl vermittelt sie nicht nur einen gewissen Grundbestand an Wissen und Können, sondern sie bestimmt auch Richtungen von Sozialisation. Mehr noch als sie als Unterrichtsanstalt leistet, leistet sie als „Erziehungsanstalt". Disziplin, Ordnung und Fleiß, Achtung gegebener Autoritätsverhältnisse, der Gehorsam also, auch Reinlichkeit und Pünktlichkeit, schließlich Bescheidenheit und Dankbarkeit sind in der Volksschule Tugenden ersten Ranges. Sie hält auf arbeitsames Verhalten, darauf, dass an allen Gegenständen mit Präzision gearbeitet wird, sei es in der Kalligraphie, beim Memorieren, in der Orthographie oder beim Übersetzen, erst recht und unabdingbar in der Mathematik, aber auch an der Reckstange oder beim Ausmalen der Zeichenvorlage. Nichts soll nur „halb" gemacht, sondern alles mit aller Kraft zu Ende gebracht werden. Ausführungstätigkeiten dominieren somit die Selbsttätigkeit, aber sie haben ihre Qualität. Das Schülerleben ist nach den Schulordnungen vor allem mit Verboten und Pflichten belegt. Für die Rechtsbeziehung der Schulbesucher zu den Lehrpersonen gilt ähnlich wie für die dem Staat unterstellten Soldaten oder Strafgefangenen ein „besonderes Gewaltverhältnis". [...] Es wird erwartet, dass der Schüler „auf das Wort" gehorcht. Jede Einrede gegen die Entscheidung des Lehrers ist ihm untersagt. Allein schon die Größe von Schulklassen, die kaum noch überschaubare Zahl der „Köpfe", die ein Lehrer bei oft äußerst beengten Raumverhältnissen häufig vor sich hat, verlangt disziplinierende Maßnahmen, um einen auch nur einigermaßen wirksamen Unterricht stattfinden zu lassen.[2]

Quelle: Geißler, G. (2011). *Schulgeschichte in Deutschland. Von den Anfängen bis in die Gegenwart* (S. 207-209). Frankfurt a.M. u.a.: Lang.

---

[1] Quelle: Stadtarchiv Mannheim.

[2] Klassen von 60-80 Schülerinnen und Schülern sind im Kaiserreich keine Seltenheit.

Die politische Indienstnahme der Schule

Der nachfolgend abgedruckte kaiserliche Erlass wurde von Wilhelm II. kurz nach seinem Regierungsantritt als deutscher Kaiser (1888) herausgegeben. Er beinhaltet die politische Erziehung von Volksschülern und die Einbeziehung aktueller politischer Themen in den Lehrplan. Zuvor hatten die Behörden die Schule in der Regel als unpolitischen Ort dargestellt: Die Schülerinnen und Schüler sollten fleißig lernen und sich in die bestehende Ordnung einfügen, aber nicht politisch denken. Der Aufstieg der für gesellschaftliche und politische Gleichberechtigung aller Bürger eintretenden sozialistischen Arbeiterbewegung in den beiden vorangegangenen Jahrzehnten hatte jedoch den Kaiser davon überzeugt, die Schule aktiv im Kampf gegen die Sozialdemokratie zu nutzen.

**Allerhöchster Erlaß vom 1. Mai 1889,
betreffend die weitere Ausgestaltung des Schulwesens in Preußen**

Schon längere Zeit hat Mich der Gedanke beschäftigt, die Schule in ihren einzelnen Abstufungen nutzbar zu machen, um der Ausbreitung sozialistischer und kommunistischer Ideen entgegenzuwirken. In erster Linie wird die Schule durch Pflege der Gottesfurcht und der Liebe zum Vaterlande die Grundlage für eine gesunde Auffassung auch der staatlichen und gesellschaftlichen Verhältnisse zu legen haben. Aber Ich kann Mich der Erkenntniß nicht verschließen, daß in einer Zeit, in welcher die sozialdemokratischen Irrthümer und Entstellungen mit vermehrtem Eifer verbreitet werden, die Schule zur Förderung der Erkenntniß dessen, was wahr, was wirklich und was in der Welt möglich ist, erhöhte Anstrengungen zu machen hat. Sie muß bestrebt sein, schon der Jugend die Ueberzeugung zu verschaffen, daß die Lehren der Sozialdemokratie nicht nur den göttlichen Geboten und der christlichen Sittenlehre widersprechen, sondern in Wirklichkeit unausführbar und in ihren Konsequenzen dem Einzelnen und dem Ganzen gleich verderblich sind. Sie muß die neue und die neueste Zeitgeschichte mehr als bisher in den Kreis der Unterrichtsgegenstände ziehen und nachweisen, daß die Staatsgewalt allein dem Einzelnen seine Familie, seine Freiheit, seine Rechte schützen kann, und der Jugend zum Bewußtsein bringen, wie Preußens Könige bemüht gewesen sind, in fortschreitender Entwickelung die Lebensbedingungen der Arbeiter zu heben, von den gesetzlichen Reformen Friedrichs des Großen und von Aufhebung der Leibeigenschaft an bis heute. Sie muß ferner durch statistische Thatsachen nachweisen, wie wesentlich und wie konstant in diesem Jahrhundert die Lohn- und Lebensverhältnisse der arbeitenden Klassen unter diesem monarchischen Schutze sich verbessert haben. [...]

Die vaterländische Geschichte wird insonderheit auch die Geschichte unserer sozialen und wirthschaftlichen Gesetzgebung und Entwicklung seit dem Beginne dieses Jahrhunderts bis zu der gegenwärtigen sozialpolitischen Gesetzgebung zu behandeln haben, um zu zeigen, wie die Monarchen Preußens es von jeher als ihre besondere Aufgabe betrachtet haben, der auf die Arbeit ihrer Hände angewiesenen Bevölkerung den landesväterlichen Schutz angedeihen zu lassen und ihr leibliches und geistliches Wohl zu heben, und wie auch in Zukunft die Arbeiter Gerechtigkeit und Sicherheit ihres Erwerbes nur unter dem Schutze und der Fürsorge des Königs an der Spitze eines geordneten Staates zu erwarten haben. Insbesondere vom Standpunkte der Nützlichkeit, durch Darlegung einschlagender praktischer Verhältnisse, wird schon der Jugend klar gemacht werden können, daß ein geordnetes Staatswesen mit einer sicheren monarchischen Leitung die unerläßliche Vorbedingung für den Schutz und das Gedeihen des Einzelnen in seiner rechtlichen und wirthschaftlichen Existenz ist, daß dagegen die Lehren der Sozialdemokratie praktisch nicht ausführbar sind, und wenn sie es wären, die Freiheit des Einzelnen bis in seine Häuslichkeit hinein einem unerträglichen

Zwange unterworfen würde. Die angeblichen Ideale der Sozialisten sind durch deren Erklärung hinreichend gekennzeichnet, um den Gefühlen und dem praktischen Sinne auch der Jugend als abschreckend geschildert werden zu können.

Schloß zu Berlin, den 1. Mai 1889 Wilhelm R.[1]

Fürst v. Bismarck

Quelle: Berthold M. &/ Schepp, H.-H. (1993). *Die Schule in Staat und Gesellschaft. Dokumente zur deutschen Schulgeschichte im 19. und 20. Jahrhundert* (S. 184-186). Göttingen: Muster-Schmidt.

1. Stellen Sie dar, in welcher Weise die Schule genutzt werden sollte, der „Ausbreitung sozialistischer und kommunistischer Ideen entgegenzuwirken".
2. Die erziehungswissenschaftliche Schultheorie spricht davon, dass grundsätzlich in jedem Gesellschaftssystem die Schule die Funktion habe, die bestehende Ordnung zu „legitimieren" – d.h. zu rechtfertigen und Loyalität (Zustimmung/Verbundenheit) zu erzeugen. Inwiefern gilt dies auch für demokratische Gesellschaften?
3. Erläutern Sie, inwiefern sich die Legitimationsfunktion von Schule in autoritären und demokratischen Gesellschaften unterscheidet.

Die körperliche Strafe in der Schule

Der folgende Text wurde 1910 in der „Allgemeinen Deutschen Lehrerzeitung" veröffentlicht, dem Presseorgan der vor dem Ersten Weltkrieg größten Lehrervereinigung in Deutschland.

Der Mensch entstammt dem Schoße der Natur und wird in unser kompliziertes Kulturleben hineingeboren. Er ist also zunächst ein vollständiges Naturwesen, welches sich jedoch zu einem möglichst vollkommenen Kulturwesen entwickeln soll. Kann bei diesem Übergang alles physische Weh ausgeschaltet werden? Läßt sich Gehorsam, das Fundament der Erziehung, ohne den Schmerz der sinnlichen Strafe gründen? Die Erfahrung würde eine solche Annahme total zuschanden machen. Je kleiner vielmehr das Kind, desto öfter und freilich auch gelinder muß die Körperstrafe walten, während sie in seiner Weiterentwicklung zwar viel weniger häufig, aber zugleich intensiver sein wird. Es ist nicht das berühmte Rezept Rousseaus, welches hier nottut. Denn auch abgesehen von den Schwierigkeiten seiner praktischen Ausführung hat es für die Bildung und Verfeinerung des moralischen Ehr- und Verantwortungsgefühls keinen Wert. Wenn eine Strafe immer nur als ‚natürliche' Folge erscheint, wenn sie auf einer Linie steht mit dem Schmerze, den sich das Kind durch Hineingreifen in eine Flamme zuzieht, dann macht sie zwar klug, resp. schlau, trägt jedoch nichts zur Erweckung und Schärfung des Gewissens bei. Die Strafweise Rousseaus bringt den Zögling lediglich zur Erkenntnis seiner empirischen und intellektuellen Mängel, also seiner Unwissenheit und Dummheit, hingegen nicht zur Erkenntnis seiner Verfehlung. Aber eine Strafe soll [...] ein Höheres wirken: moralisieren; und das kann nur durch Ausbildung des Pflicht- und Schuldbewußtseins geschehen. Wird jedoch dadurch, daß man das Kind zu diesem und nur zu diesem Zwecke straft, die Menschenwürde verletzt? Gewiß will der Mensch in dem noch stark animalischen Geschöpfe beachtet und geachtet sein; aber es hieße doch wahrlich, einem hyperhumanen, verweichlichten Denken und Fühlen sich gefangen geben, wenn man hier von einer Versündigung an der Menschheit reden wollte. Vielmehr ist die Idee derselben in dieser Hinsicht so unzureichend, daß sie nicht einmal Erwachsene, welche sich durch schamlose Vergehen aller Würde begeben haben oder in ihrer Entwicklung zurückgeblieben sind, vor körperlicher Strafe zu bewahren vermag. Denn es gibt einzelne Menschen und ganze Völker, welche in der letzteren kaum eine Kränkung

[1] Die Abkürzung steht für Rex (lat. – König).

der Ehre, sondern nur den physischen Schmerz sehen, und die wegen ihres geistigen Tiefstandes durch andere Erziehungsmittel für Kulturzwecke überhaupt nicht oder nur unzureichend zu gewinnen sind. Man nehme z.B. die Kolonialpädagogik. Aber während hier, wo es sich zunächst um Disziplinierung handelt, auf die Peitsche nicht verzichtet werden kann, stehen den Kulturvölkern ganz andere Mittel (wie Freiheitsstrafen und Korrektionshäuser) zur Verfügung, um ihre schlimmsten asozialen Elemente unschädlich zu machen und zu bessern. [...]
Natürlich gleicht jede und erst recht die leibliche Strafe, vor allem, wenn man sie zum ersten Male fühlen läßt, einem Experimente, durch das man einen beabsichtigten Effekt erreichen möchte; und die Beobachtung lehrt, daß das Experiment nicht immer glückt. Aber im allgemeinen überwiegt doch der Vorteil den Nachteil ganz beträchtlich. Der Schüler wird weder, von temporären Stimmungen abgesehen, gegen den Lehrer verbittert, noch zieht er sich in sich selbst zurück und zeigt ihm künftig eine Maske. Beides kommt freilich vor. Nur kann es auch eintreten, sobald überhaupt Strafen zuerkannt, ja, schon deshalb, weil Beschäftigungen gefordert werden, die dem Kinde nicht gefallen. Aber das eine wie das andere bleibt doch zumeist ausgeschlossen, wenn das Verhalten des Erziehers seine Anteilnahme hinlänglich dokumentiert. Soll man nun dennoch auf den Stock verzichten und sich mit vielleicht wirkungslos gewordenen Maßregeln bescheiden? Das hieße wirklich: Trägheit, Zanksucht, Liederlichkeit, mit einem Worte: die Untugend propagieren. Das wäre nicht die echte, wahrhaft sittliche, sondern eine schwachmütige, sentimentale Humanität, die an dem Einzelnen und der Gegenwart haften bliebe, anstatt den Blick auf die Allgemeinheit und Zukunft einzustellen. Selbstverständlich ist auch die Rute kein absolut sicheres Radikalmittel: [...] Dennoch steht ihre pädagogische Bedeutung unerschüttert fest. Vergegenwärtigen wir uns nur, wie oft die Rute mit einem Male eine durch nichts anderes zu beseitigende desorganisierende Stimmung im Einzel- und Massenunterricht aufgehoben und die Energie, den Eifer zur Arbeit wiederhergestellt, wieviel tausendmal schon der bloße Gedanke an den Schmerz der Züchtigung vom Unrechten ab- und zum Rechten angehalten hat. [...] Auch die durch Zwang erzeugte bessere Leistung, auch das durch Druck erzielte wohlanständige Verhalten kann die Lust an der Sache und den Trieb zum Besseren und Guten erwecken, zeigt sich doch überhaupt der Weg von der Heteronomie[1] zu Autonomie als die regelmäßige psychogenetische Entwicklung eines jeden Charakters. Und selbst wenn ein Mensch nicht zur Spontaneität des idealen Wollens zu bringen ist, so würde doch schon dadurch viel gewonnen, daß er wenigstens gehorchen lernt. Deshalb darf sich der Pädagog durch keinerlei Gegenstimmen bewegen lassen, den Stock definitiv abzudanken. Das Züchtigungsrecht muß bleiben, da die Erziehungspflicht unaufhebbar ist. [...]
Die Maschine erfordert jährlich Tausende von Opfern, aber noch niemand hat darum ihre Beseitigung angestrebt. Der Arzt vollzieht operative Eingriffe, und zahllose derselben verfehlen ihren Zweck. Das sollte man sich vor Augen halten, wenn wirklich einmal ein Unglück durch Körperstrafe vorkommt, und nicht gleich einige sporadische Fälle verallgemeinern [...]. Man weiß den Nutzen der Technik, die Bedeutung der Chirurgie und Medizin zu schätzen. Nun denn! So mißachte man auch nicht die Kulturmission der Rute.

Quelle: Götze, F. (1910). Die körperliche Strafe. *Allgemeine Deutsche Lehrerzeitung* 62(9), 97-101.

1. Mit welchen Argumenten begründet der Autor seine Position?
2. Charakterisieren Sie das im Text zum Ausdruck kommende Menschenbild.
3. Nehmen Sie zu den Argumenten des Autors Stellung.
   Nutzen Sie hierbei auch Theoriebezüge, die im Unterricht erarbeitet wurden.

[1] Fremdbestimmtheit.

Kriegspropaganda im Unterricht

Nach Ausbruch des Ersten Weltkrieges (1914) wurde die politische Indienstnahme radikalisiert. Um die „Heimatfront" zu stärken, wurde der Schulunterricht unmittelbar in den Dienst der Kriegspropaganda gestellt. Das nachfolgend abgedruckte „Kriegs-Rechenbuch" erschien im zweiten Kriegsjahr (1915) schon in der 5. Auflage.

G. Von den Kriegsschauplätzen.

Von der Ostfront.

1) In der größten Vernichtungsschlacht der Weltgeschichte, der Schlacht bei Tannenberg, besiegte Hindenburg die 230 000 Mann starke russische Narewarmee mit 135 000 Mann. Es wurden 95 000 Russen unverwundet, 30 000 verwundet gefangen, mindestens 40 000 Russen fanden in der viertägigen Schlacht den Tod. Der Rest entkam in völliger Auflösung. Hindenburgs Einbuße an Gefechtskraft betrug höchstens 10 bis 15 000 Mann. **a.** Berechne den Verlust an Gefechtskraft bei beiden Armeen! **b.** Berechne den Prozentsatz der russischen Verluste nach der Verlustart!

2) Über die Erfolge in der „Winterschlacht in Masuren" berichtet Feldmarschall Hindenburg am 16. Februar 1915: 50 000 Gefangene, 40 Geschütze, 60 Maschinengewehre; am 18. Februar: 64 000 Gefangene, 71 Geschütze, 100 Maschinengewehre; am 22. Februar: über 100 000 Gefangene, über 300 Geschütze, darunter 18 schwere, und unübersehbares Gerät und Maschinengewehre. **a.** Berechne die Steigerung der Erfolge! **b.** Berechne die Zahl der Gefangenen nach Regimentern, die der Geschütze nach Batterien, die der Maschinengewehre nach Maschinengewehrkompagnien!

Von der Westfront.

1) An der „Winterschlacht in der Champagne" nahmen 30 000 Deutsche und 180 000 Franzosen (6 Armeekorps) teil. Die Franzosen verloren 45 000 Mann, die Deutschen 15 000 Mann. **a.** Berechne den Verlust an Gefechtskraft! **b.** Wie groß war die Dichte der Kämpfer für den km, wenn die Kampffront 8 km betrug?

2) Am 17. Januar 1915 meldete das Große Hauptquartier den Verlust der Franzosen in der Schlacht bei Soissons auf 26 000 Tote und 17 860 unverwundete Gefangene. Wie hoch stellt sich der französische Gesamtverlust, wenn das Hauptquartier auf einen Toten vier Verwundete rechnet?

3) Von den 170 französischen Hochöfen standen zu Beginn des Jahres 1913 127 unter Feuer. Davon befinden sich 95 in den Händen der Deutschen. Wieviel % sind das?

4) In der Winterschlacht in der Champagne feuerten die Franzosen täglich 100 000 schwere Geschosse ab, die Italiener feuerten in der Isonzoschlacht auf einen 3 km langen Bergrücken täglich 20 000 Geschosse. **a.** Wieviel Geschosse wurden in einer Minute abgefeuert? **b.** Wieviel Schüsse kamen am Isonzo auf 1 m?

„Kriegs-Rechenbuch" (1915)[1]

1. Mit welchem Ziel wurden diese Aufgaben Ihrer Einschätzung nach in ein Rechenbuch aufgenommen?
2. Diskutieren Sie, ob die Aufgaben den beabsichtigten Zweck erfüllten.

---

[1] Quelle: *Hirts Kriegs-Rechenbuch. Stoff- und Aufgabensammlung zum Weltkrieg 1914/15* (1915), (5. Aufl., S. 44-45), Leipzig: Hirt.

Ideen zur Vertiefung

Leseempfehlung

Ein eindrucksvoller Überblick über die Geschichte der Schule in Deutschland (mit zahlreichen Abbildungen und Fotos): Gert Geißler, *Schulgeschichte in Deutschland. Von den Anfängen bis in die Gegenwart*, Frankfurt a.M. u.a. 2013.

Zahlreiche Romane beschreiben die autoritäre Erziehung und Sozialisation im Kaiserreich auf anschauliche Weise. Ein besonders gelungenes Beispiel: Heinrich Mann, *Der Untertan* (Erstausgabe 1918).

Ideen für Facharbeiten und Projekte

Erziehung und Sozialisation in der Zeit des Kaiserreichs sind auch in Spielfilmen in den vergangenen Jahrzehnten immer wieder thematisiert worden. Siehe z.B. „Das weiße Band“ (Regie: Michael Haneke), „Der junge Törless“ (Volker Schlöndorff), „Der Untertan“ (Wolfgang Staudte). Im Rahmen von Facharbeiten könnten die filmischen Deutungen untersucht und verglichen werden.[1]

Kinder- und Bilderbüchern während des Ersten Weltkrieges:

Der Beitrag von Kinder- und Bilderbüchern zur Militarisierung der Gesellschaft, insbesondere bei der Konstruktion von Stereotypien und Feindbildern lässt sich an Beispielen aus dem Ersten Weltkrieges untersuchen. Hierbei wären auch andere kriegführende Staaten (England, Frankreich, Russland, die Türkei usw.) interessant. So erschien in England 1914 nach dem Vorbild des Struwwelpeters das Buch „Swollen-headed William“, in Deutschland 1915 ein „Kriegs-Struwwelpeter“. Innerhalb von Projekten/Projektkursen könnten Ausstellungen vorbereitet werden, in denen die pädagogische Perspektive auf diese Mechanismen in den Blick genommen werden. Ergänzend hierzu könnten Kinderspiele und Spielzeug aus dem Krieg vorgestellt und analysiert werden.[2]

---

[1] Quelle: © DEFA-Stiftung/Heinz Wehlisch.

[2] Quelle: “Wir vier Brüder müssen siegen, Alle werden Keile kriegen!”. Ansichtskarte, beschriftet im Juni 1916 (Feldpost). Sammlung Detlev Brum. http://www.dortmund-postkolonial.de/?attachment_id=5500 [01.02.2019].

1.2 „Vom Kinde aus"? Ambivalenzen der Reformpädagogik

Reformpädagogik – Vielfalt und Widersprüchlichkeit

Gegen die autoritäre Pädagogik, die vor allem die Schule des wilhelminischen Kaiserreichs prägte, entwickelten sich in Deutschland bereits vor dem Ersten Weltkrieg zahlreiche Initiativen, die für eine kindgerechtere, z.T. auch für eine demokratische Erziehung eintraten. Von zeitgenössischen Beobachtern sind diese Ansätze als „Erziehung vom Kinde aus" oder als „reformpädagogische Bewegung" zusammengefasst worden, heute werden sie meist unter dem Sammelbegriff der „Reformpädagogik" gebündelt. Auch international gab es vergleichbare Entwicklungen, die sich unter den Bezeichnungen „New Education", „Éducation nouvelle" oder „Reformatorskaja pedagogika" mit Namen wie Maria Montessori, John Dewey oder Janusz Korczak verbinden. Worin die von vielen geforderte „neue Erziehung" genau bestehen sollte, war allerdings schon in Deutschland heftig umstritten: Ansprüche auf individuelle Selbstbestimmung von Kindern und Jugendlichen konkurrierten mit Ansätzen vermeintlich „natürlicher" Formen des Lernens und mit Konzepten, in denen das hierarchische Bildungssystem durch eine gemeinsame Schule für alle Kinder ersetzt werden sollte. Ebenso unterschiedlich waren die politischen Standorte: Kaisertreuen Pädagogen, wie Hermann Lietz, dem Gründer vielbeachteter privater Heimschulen (sog. Landerziehungsheimen), standen gesellschaftskritische Pädagoginnen und Pädagogen wie Anna Siemsen oder Fritz Karsen gegenüber, die sich mit den Sozialdemokraten und der Weimarer Demokratie identifizierten.

Reformpädagogische Anregungen waren mit dafür verantwortlich, dass unmittelbar nach der Revolution von 1918/19 erstmals eine für alle Kinder verbindliche vierjährige Grundschule eingeführt wurde, die bis heute in Deutschland Bestand hat. In der Verfassung der Weimarer Republik wurde erstmals die „Völkerversöhnung" als wesentliche Aufgabe der Schule benannt. Darüber hinaus wurde festgelegt, dass im Unterricht „Empfindungen Andersdenkender nicht verletzt werden" durften. Eine weitergehende Reform des Bildungswesens wurde jedoch bereits zu Beginn der 1920er Jahre von konservativen Kräften in Politik, Gesellschaft und Pädagogik verhindert.

Anspruchsvolle Reformversuche mussten sich nun auf Versuchsschulen konzentrieren. Vor allem in den sozialistisch oder bürgerlich-liberal geprägten Stadtstaaten Hamburg, Berlin und Bremen, aber auch in Sachsen und Thüringen entstanden bis heute interessante reformpädagogische Schulen, denen es neben einer Veränderung von Erziehungs- und Lernmethoden vor allem um die Einübung in weltanschauliche und religiöse Toleranz sowie die Befähigung zu demokratischer Mitwirkung ging. Von diesen Initiativen, die es ihn ähnlicher Weise auch in der Frühen Bildung, der Sozialpädagogik und der Erwachsenenbildung gab, sollten vor allem bisher benachteiligte Gruppen der Bevölkerung profitieren (Arbeiterkinder, Mädchen).

Angesichts dieser demokratischen Reformansätze wurde von der historischen Bildungsforschung lange Zeit die These vertreten, dass die Reformpädagogik als Gegensatz zur NS-Pädagogik verstanden werden müsse und 1933 abrupt abgebrochen worden sei. Tatsächlich wurden die Zentren der demokratischen Bildungsreform, etwa die von Karsen gegründete Karl-Marx-Schule in Berlin-Neukölln, von den neuen Machthabern sofort zerschlagen (vgl. Kap. 2.2). Karsen und Anna Siemsen mussten aus Deutschland fliehen. Andere Reformpädagogen aber hatten demokratischen Vorstellungen grundsätzlich kritisch gegenübergestanden. Die Landerziehungsheime in der Tradition von Hermann Lietz oder die Jena-Plan-Schule des Erziehungswissenschaftlers und Schulreformers Peter Petersen konnten auch nach 1933 weiterbestehen. Zahlreiche wissenschaftliche Studien zu wichtigen Vertreterinnen und Vertretern der Reformpädagogik zeigen, dass die Nationalsozialisten an Teile reformpädagogischer Theorie und Praxis unmittelbar anknüpfen konnten.

„Bildung eines höheren Menschengeschlechts" – die schwedische Pädagogin Ellen Key

Im Jahr 1900 erschien im schwedischen Original das Buch „Das Jahrhundert des Kindes" der Pädagogin, Frauenrechtlerin und politischen Publizistin Ellen Key (1849-1926). Zwei Jahre später wurde es in Deutschland veröffentlicht und entwickelte sich weltweit zu einer der berühmtesten Programmschriften der Reformpädagogik. „Das Jahrhundert des Kindes" ist geprägt durch eine scharfe Kritik an der zeitgenössischen Schule, die in vielerlei Hinsicht typisch für reformpädagogische Positionen um die Jahrhundertwende ist.

ELLEN KEY

Das

Jahrhundert des Kindes

Studien

Autorisierte Uebertragung von FRANCIS MARO

Berlin 1902
S. Fischer, Verlag

Die Seelenmorde in den Schulen

Wer vor die Aufgabe gestellt würde, mit einem Federmesser einen Urwald zu fällen, müsste vermutlich dieselbe Ohnmacht der Verzweiflung empfinden, die den Reformeiferer vor dem bestehenden Schulsystem ergreift – diesem undurchdringlichen Dickicht von Thorheit, Vorurteilen und Missgriffen, wo jeder Punkt sich zum Angriff eignet, aber jeder Angriff mit den zu Gebote stehenden Mitteln fruchtlos bleibt.

Der Schule der Jetztzeit ist etwas gelungen, das nach den Naturgesetzen unmöglich sein soll: die Vernichtung eines einmal vorhanden gewesenen Stoffes. Der Kenntnisdrang, die Selbstthätigkeit und die Beobachtungsgabe, die die Kinder dorthin mitbringen, sind nach Schluss der Schulzeit in der Regel verschwunden, ohne sich in Kenntnisse oder Interessen umgesetzt zu haben. Das ist das Resultat, wenn die Kinder ungefähr vom sechsten bis zum achtzehnten Jahre ihr Leben auf Schulbänken damit zugebracht haben, Stunde für Stunde, Monat für Monat, Semester für Semester Kenntnisse zuerst in Theelöffel-, dann in Dessertlöffel- und schliesslich in Esslöffelportionen einzunehmen, Mixturen, die der Lehrer oft aus Darstellungen aus vierter oder fünfter Hand zusammengebraut hat. Und nach der Schule kommt oft eine weitere Studienzeit, in der der einzige Unterschied in der »Methode« darin besteht, dass die Mixtur jetzt mit dem Schöpflöffel zugemessen wird.

Wenn die Jugend diesem Regime entrinnt, ist die geistige Esslust und Verdauungsfähigkeit bei einigen so zerstört worden, dass ihnen für immer die Fähigkeit fehlt, wirkliche Nahrung aufzunehmen; andere wieder retten sich von all diesen Unwirklichkeiten auf das Gebiet der Wirklichkeit, indem sie die Bücher in die Ecke werfen und sich irgend einer Aufgabe des praktischen Lebens widmen; in beiden Fällen sind die Studienjahre so ziemlich vergeudet. Bei denen, die weitergehen, sind die Kenntnisse gewöhnlich auf Kosten des Persönlichen erworben: der Aneignung, des Vermögens der Reflexion, der Beobachtung, der Phantasie. Und ist es jemandem gelungen, all dies zu bewahren, so ist es gewöhnlich auf Kosten der Gründlichkeit der Kenntnisse geschehen. Eine geringere Intelligenz oder eine geringere Arbeitskraft, oder ein geringeres Aneignungsvermögen als die Natur ihnen zugedacht, das ist gewöhnlich das Resultat der zehn, zwölf Schuljahre; und es liegt eine tiefe Weisheit in dem französischen Witz: Sie sagen, dass Sie nie in die Schule gegangen sind – und sind doch so stockdumm? [...]

Aber was ist immer der richtige Weg zur Durchführung von Reformen gewesen? Dass in der Gesellschaft eine genügend starke Empörung gegen die bestehenden Missverhältnisse entstanden ist. Und diese Empörung wird noch nicht genügend stark empfunden, besonders seitens der Eltern. Die Kinder selbst fangen an, sie zu fühlen, und wenn nicht früher, so hoffe ich, dass, wenn die jetzige Generation der Schuljugend Väter, Mütter, Lehrer geworden ist, eine

Reform statthaben wird. [...] Bei einer solchen Schule muss auch derselbe Grundsatz, der auf anderen Gebieten Sitte und Gesetz humanisiert hat, sich geltend machen, nämlich die Rücksicht auf die verschiedenen Individualitäten, so dass der persönlichen Freiheit so wenig Hindernisse wie möglich in den Weg gelegt werden, wenn sie dem Rechte eines anderen nicht zu nahe tritt, während die Schranken behalten, ja vermehrt werden müssen, wo das Recht eines anderen gekränkt werden kann.

Wenn diese Humanität ihren Einzug in die Schulen gehalten hat, wenn die Schüler nicht mehr als Klasse betrachtet werden, sondern jeder für sich, dann wird die Schule anfangen, eine der vielen Bedingungen zu erfüllen, um der Jugend wirkliche Nahrung und dadurch Entwickelung und Glück geben zu können.

Eine solche Schule würde fürs erste streben, ungewöhnliche Anlagen früh zu entdecken und auf Spezialstudien zu richten. Fürs zweite würde sie auch für jene, denen ausgeprägte Anlagen fehlen, eine Studienweise anordnen, in der auch ihre Individualität ausgebildet und ihre seelische Spannkraft erhöht werden könnte. Und diese Bedingung ist wenn möglich noch wichtiger als die erste, denn die ungewöhnlichen Anlagen bringen auch eine grössere Selbsterhaltungsenergie mit sich, während die gleichmässiger oder geringer Begabten – die ja die Mehrzahl bilden – viel mehr durch die Mannigfaltigkeit verwirrt und viel leichter durch die Gleichförmigkeit des jetzt herrschenden Systems als Persönlichkeiten ausgelöscht werden. [...]

Frühe Spezialisierung da, wo ausgeprägte individuelle Anlagen vorhanden sind; Konzentrierung auf gewisse Gegenstände zu gewissen Zeitpunkten; selbständiges Arbeiten während der ganzen Schulzeit; Wirklichkeitsberührung während aller Schulstadien: dies müssen die vier Ecksteine der neuen Schule sein. [...] Die Zeit ruft nach »Persönlichkeiten«, aber sie wird vergebens rufen, bis wir die Kinder als Persönlichkeiten leben und lernen lassen; ihnen gestatten, einen eigenen Willen zu haben, ihre eigenen Gedanken zu denken, sich eigene Kenntnisse zu erarbeiten, sich eigene Urteile zu bilden; bis wir mit einem Worte aufhören, in den Schulen die Rohstoffe der Persönlichkeiten zu ersticken, denen wir dann vergebens im Leben zu begegnen hoffen.

1. Fassen Sie die Kritik, die Ellen Key am bestehenden Schulwesen übt, mit eigenen Worten zusammen.
2. Welches sind die zentralen Merkmale der „neuen Schule“, die Key vertritt? Bündeln Sie diese in Thesenform.
3. Diskutieren Sie, inwiefern Keys Positionen auch heute noch aktuell sind.

An den Anfang ihres Buches das „Jahrhundert des Kindes“ stellt Ellen Key ein Kapitel, in dem sie ihre Überlegungen zur Schulreform in einen umfassenderen Begründungszusammenhang einordnet und das Ziel ihres gesellschafts- und schulreformerischen Engagements formuliert:

Ich hingegen bin überzeugt, dass alles nur in dem Masse anders wird, in dem die Menschennatur sich umwandelt, und dass diese Umwandlung sich vollziehen wird [...] wenn die ganze Menschheit zu dem Bewusstsein von der „Heiligkeit der Generation“ erwacht. Dieses Bewusstsein wird das neue Geschlecht, seine Entstehung, seine Pflege, seine Erziehung zu der centralen Gesellschaftsaufgabe machen, um die alle Sitten und Gesetze, alle gesellschaftlichen Einrichtungen sich gruppieren werden; zu dem Gesichtspunkt, aus dem man alle anderen Fragen beurteilen, alle anderen Entschlüsse fassen wird. Bis jetzt erfährt man bloss in Schulreden und pädagogischen Abhandlungen, dass die Erziehung der Jugend die höchste Angelegenheit des Volkes ist; in Wirklichkeit werden sowohl in der Familie wie in den Schulen und im Staate ganz andere Werte in den Vordergrund gestellt. Denn die neue Anschauung von der „Heiligkeit der Generation" erhält die Menschheit nicht eher, als bis sie in vollem Ernst die christliche Lebensanschauung verlassen und die angenommen hat, die auch vor Jahrtausenden geboren ward, aber deren Siege erst das soeben vollendete Jahrhundert geschaut hat.

Der Entwickelungsgedanke wirft nicht nur Licht auf einen hinter uns liegenden, durch Millionen von Jahren fortgesetzten Verlauf, dessen schliesslicher Höhepunkt der Mensch ist. Er erhellt auch den Weg, den wir zu wandern haben: er zeigt uns, dass wir physisch und psychisch noch immer im Werden begriffen sind. Während der Mensch früher als eine physisch und psychisch unverrückbare Erscheinung betrachtet wurde, die zwar in ihrer Art vervollkommnet, aber nicht umgestaltet werden könne, weiss man nun, dass er im stande ist, sich zu erneuen; anstatt eines gefallenen Menschen sieht man einen unvollendeten, aus dem durch unzählige Modifikationen in einem unendlichen Zeitraum ein neues Wesen werden kann. [...]

Wer heute erklärt, dass „die Menschennatur sich immer gleich bleibt" – d. h. so, wie sie sich in den ärmlichen Jahrtausenden gezeigt, in denen unser Geschlecht sich seiner selbst bewusst war – verrät dadurch, dass er auf derselben Höhe der Reflexion steht, wie z. B. ein Ichthyosaurus der Juraperiode, der vermutlich auch nicht den Menschen als eine Zukunftsmöglichkeit ahnte!

Ellen Key[1]

Wer hingegen weiss, dass der Mensch unter unablässigen Umgestaltungen das geworden, was er nun ist, sieht auch die Möglichkeit ein, seine zukünftige Entwickelung in solcher Weise zu beeinflussen, dass sie einen höheren Typus Mensch hervorbringt. Man findet schon den menschlichen Willen entscheidend bei der Züchtung neuer und höherer Arten in der Tier- und Pflanzenwelt. In Bezug auf unser eigenes Geschlecht, auf die Erhöhung des Menschentypus, die Veredelung der menschlichen Rassen herrscht hingegen noch der Zufall in schöner oder hässlicher Gestalt. Aber die Kultur soll den Menschen zielbewusst und verantwortlich auf allen Gebieten machen, auf denen er bisher nur impulsiv und unverantwortlich gehandelt hat. In keiner Hinsicht ist jedoch die Kultur zurückgebliebener als in all den Verhältnissen, die über die Bildung eines neuen und höheren Menschengeschlechts entscheiden. Erst wenn die naturwissenschaftliche Anschauung die Menschheit durchdrungen hat, kann diese die volle, naive Ueberzeugung der Antike von der Bedeutung des Körperlichen wiedererlangen. [...] Diese neue Ethik wird kein anderes Zusammenleben zwischen Mann und Weib unsittlich nennen, als das, welches Anlass zu einer schlechten Nachkommenschaft giebt und schlechte Bedingungen für die Entwickelung dieser Nachkommenschaft hervorruft. Und die zehn Gebote über diesen Gegenstand werden nicht vom Religionsstifter, sondern vom Naturforscher geschrieben werden. [...]

In Francis Galtons berühmter Arbeit *Hereditary Genius* ist beinahe schon alles, was aus dem Gesichtspunkte der Rassenveredelung heute gefordert wird, ausgesprochen.[2] [...] Galton, der aus einem griechischen Worte einen Namen für die Wissenschaft von der Veredelung der Rasse geschaffen hat, „eugenics", beweist, dass der zivilisierte Mensch, was die Fürsorge für die Veredelung der Rasse betrifft, jetzt viel tiefer steht als die Wilden, um nicht von Sparta zu sprechen, wo es den Schwachen, den zu Jungen, den zu Alten nicht gestattet war, zu heiraten, und wo der nationale Stolz auf eine reine Rasse, eine kräftige Blüte so gross war, dass die

---

[1] Quelle: *Ellen Key, Carl Milles.jpg* [01.02.2019].

[2] Das Buch des britischen Schriftstellers gilt als eine der Gründungsschriften der modernen Rassenlehre.

Einzelnen sich in die Opfer fanden, die dieses Ziel erheischte. Galton [...] hebt hervor, dass das Gesetz der natürlichen Auslese, das in der übrigen Natur „the survival of the fittest" gesichert hat, in der menschlichen Gesellschaft nicht mehr gilt, wo ökonomische Beweggründe zu unrichtigen Heiraten führen, die der Reichtum ermöglicht, während die Armut die richtigen Heiraten hindert, und wo ausserdem die Entwickelung der Sympathie als ein die natürliche Auswahl störendes Moment aufgetreten ist. Die erotische Sympathie wählt nämlich nach Motiven, die allerdings auf das Glück des Einzelnen abzielen, aber darum nicht die Veredelung der Rasse verbürgen. Und während andere Schriftsteller einen freiwilligen Verzicht auf die Ehe in jenen Fällen erhoffen, wo dieselbe eine schlechte Nachkommenschaft erwarten lässt, befürwortet Galton hingegen sehr strenge Massregeln, um die schlechten Menschenexemplare zu hindern, ihre Laster oder Krankheiten, ihre geistige oder physische Schwäche fortzupflanzen. [...]

Galton betont, dass der zivilisierte Mensch durch sein Mitgefühl mit schwachen, lebensuntauglichen Individuen dazu beigetragen habe, deren Fortdauer zu unterstützen, während dies seinerseits die Möglichkeiten der Lebenstauglichen, die Gattung fortzupflanzen, verringere. Auch Wallace und mehrere andere heben bei verschiedenen Anlässen hervor, dass die Menschen in Bezug auf diese Fragen härter werden müssen, wenn die Art sich nicht verschlechtern soll; dass die moralischen, sozialen und sympathischen Faktoren, die in der Menschheit dem Gesetz von „the survival of the fittest" entgegengewirkt und es den Niedrigstehenden möglich gemacht haben, sich am meisten zu vermehren, neuen Gesichtspunkten in der Betrachtung gewisser moralischer und sozialer Fragen weichen müssen, wodurch dann das natürliche Gesetz durch den Altruismus unterstützt werden wird, anstatt dass ihm wie bis jetzt dieses Gefühl entgegenwirkt. [...] Doch erst wenn die Wissenschaft wirklich in gewissen Schlussfolgerungen zur Einigkeit gekommen ist, kann man erwarten, dass die Menschheit ernstlich ihre Selbstpurifizierung[3] beginnt. [...]

Im Zusammenhang hiermit steht die Entwickelung neuer Rechtsbegriffe auf diesen Gebieten. Während die heidnische Gesellschaft in ihrer Härte die schwachen oder verkrüppelten Kinder aussetzte, ist die christliche Gesellschaft in der „Milde" so weit gegangen, dass sie das Leben des psychisch und physisch unheilbar kranken und missgestalteten Kindes zur stündlichen Qual für das Kind selbst und seine Umgebung verlängert. Noch ist doch in der Gesellschaft [...] die Ehrfurcht vor dem Leben nicht gross genug, als dass man ohne Gefahr das Verlöschen eines solchen Lebens gestatten könnte. Erst wenn ausschliesslich die Barmherzigkeit den Tod giebt, wird die Humanität der Zukunft sich darin zeigen können, dass der Arzt unter Kontrolle und Verantwortung schmerzlos ein solches Leiden auslöscht. [...]

Quelle: http://gutenberg.spiegel.de/buch/das-jahrhundert-des-kindes-6496/1 [01.02.2019].

1. Stellen Sie dar, was Ellen Key unter „neuer Ethik" versteht.
2. Erläutern Sie, welche Konsequenzen sich für Key aus dieser „neuen Ethik" ergeben.
3. Eine durch eugenisches Gedankengut geprägte „neue Ethik" und eine auf Individualisierung zielende Pädagogik der „neuen Schule" erscheinen aus heutiger Sicht unvereinbar. Dennoch werden sie von Key miteinander verbunden. Entwickeln Sie Hypothesen, wie beide Standpunkte von Key gedanklich in Übereinstimmung gebracht werden konnten.

[3] Selbstreinigung.

Ein „Deutsches Landerziehungsheim" – der Reformpädagoge Hermann Lietz

Die bekanntesten Reformschulen des Kaiserreichs waren die Deutschen Landerziehungsheime (D.L.E.H.). Bewusst als Heimschulen auf dem Lande konzipiert, konnte hier der gesamte Tagesablauf – nicht nur der Unterricht – den pädagogischen Zielsetzungen der Charakter- und Gemeinschaftsbildung untergeordnet werden. Von außerschulischen Ablenkungen durch großstädtische Freizeit- und Konsumangebote, aber auch familiäre Konflikte wollte man sich ausdrücklich freimachen. Wichtigster Vertreter der Landerziehungsheimpädagogik war Hermann Lietz (1868-1919).

Ein Deutsches L.E.H. wollen wir sein und bleiben, das bedingt, daß wir entwicklungsfähige Deutsche, auch über die Grenzen des Deutschen Reiches hinaus, aus dem Ausland aufnehmen und somit dazu beitragen, daß diese Glieder dem Deutschtum nicht verlorengehen, sondern es später in der Fremde weiterpflegen können. Jenes Ziel schließt aus, daß das Nichtdeutsche, und das heißt unbedingt auch das Nichtindogermanische[1] bei uns in einer Anzahl zugelassen wird, welche den deutschindogermanischen Charakter unbedingt gefährden muß. Wir dürfen die zarte, doppelt empfängliche Jugend diesen starken, z.T. gefährlichsten Einflüssen nicht aussetzen. Wir wollen auch nicht zwecklose Arbeit tun und uns da vergebens abmühen, wo im Grunde doch kaum etwas zu ändern ist. Mut, körperliche Arbeit, schlichtes, einfaches Wesen, selbstlose Hingabe für die Sache, Hintansetzung aller materiellen Werte hinter ideelle sollen Grundzüge des D.L.E.H.-Lebens [...] sein. Und diese deutschgermanischen Eigenschaften sollen unter keinen Umständen abgeschwächt und verdrängt werden durch etwas Entgegengesetztes. Man wende nicht ein: sie sollen eben in der Auseinandersetzung mit Andersartigem entstehen und sich kräftigen. Dazu wird innerhalb auch vorwiegend oder fast ausschließlich indogermanischer Lehrer- und Schülerschaft genug Gelegenheit vorhanden sein und zunächst muß einmal etwas ungestört Wurzel fassen und gedeihen, sich in seiner Eigenart entwickeln können, bis es die Kräfte bekommt, um sich dereinst mit Andersartigem auseinanderzusetzen.

Quelle: Lietz, H., Ein pädagogisches Testament (1912). In D. Benner & H. Kemper (Hrsg.) (2001), *Quellentexte zur Theorie und Geschichte der Reformpädagogik.* Bd. 2 (S. 69). Weinheim: Beltz.

Noch deutlich schärfer formulierte Lietz seine Vorstellungen in einer programmatischen Schrift unmittelbar nach dem Ersten Weltkrieg, als es um die Frage des Neuaufbaus von Staat und Gesellschaft nach dem Zusammenbruch des Kaiserreiches ging.

Zur Rassenfrage

I. In die Nesseln zu greifen, ist nie angenehm, aber doch manchmal recht notwendig. Das gilt auch für die Behandlung der Rassenfrage. Ungefährlicher wäre es, sie zu übergehen. Aber zugleich feige. Sie kann hier nur gestreift werden wie vieles. Auf die Feststellung der wichtigsten Grundsätze kommt es an.

1. Daß die Reinhaltung der Rasse für die Entwicklung eines Volkes von höchster Wichtigkeit ist, daß sich die Völker durch Nichtbeachtung dieses Grundsatzes schwer geschädigt haben, ja zugrunde gegangen sind, lehrt die Geschichte. Ebenso, daß die Vermischung mit einer verwandten Rasse unter Umständen vorteilhaft sein kann. [...]

3. Daß das Judentum zu verwandten, unter Umständen günstig einwirkenden Rassen nicht gehört, kann nicht bezweifelt werden. Angesichts dieser Tatsache liegt es im beiderseitigen

---

[1] Ursprünglich aus der vergleichenden Sprachwissenschaft kommende Einteilung: Sprecher indogermanischer Sprachen (z.B. Indisch, Persisch, Deutsch), im Unterschied zu denen semitischer Sprachen (Aramäisch, Arabisch, Hebräisch). Im 19. und 20. Jahrhundert vielfach als Bezeichnung von Angehörigen bestimmter Menschengruppen umgedeutet (Rassentheorie).

Interesse, beide Rassen reinzuhalten und nicht zu vermischen. Leider hat die Vermischung bereits einen so großen Umfang erreicht, daß diese Entwicklung ohne schlimmste Härten und Ungerechtigkeiten nicht wieder rückgängig gemacht werden kann. [...]

II. Wie ist der jüdischen Gefahr zu begegnen?

1. Das israelitische Gesetz von der Reinhaltung der Rasse und des Bodens und der Anspruch des jüdischen Volkes auf Kanaan ist in jeder Weise zu begünstigen.

2. Die zionistische Bewegung, welche Rückkehr der Juden in ihre alte Heimat bezweckt, ist durchaus zu begrüßen und zu fördern. Sie stimmt in jeder Weise mit den Zielen besonnener deutscher Rassenpolitik überein und erstrebt das Beste fürs Judentum sowohl fürs Deutschtum.

3. Eine weitere Zuwanderung Fremdrassiger, also auch die von Juden, ist zu verbieten. Der Boden des Vaterlandes wird für die Angehörigen unserer Rasse, unsere Kinder und unsere aus der Fremde flüchtigen Stammesgenossen bitter notwendig gebraucht. Kein Quadratmeter ist überflüssig.

4. Juden, welche den Gesetzen des Staates zuwiderhandeln und damit das ihnen gewährte Gastrecht verletzen, sind möglichst aus dem deutschen Vaterlande auszuweisen.

5. Im übrigen muß unser Hauptbestreben sein, uns von den schlimmen Wirkungen jüdischen Geistes und allen, die ihn vertreten – mögen sie sein, wer sie wollen, mögen wir sie in diesem oder jenem Lager finden – gänzlich fern zu halten, uns nicht durch ihn beeinflussen zu lassen. Da sollte es nur ein Entweder-Oder geben. Ein Blatt oder Buch, dessen Geist wir für verderblich, dessen Ton wir für unanständig halten, dulden wir nicht in unserem Haus, mag es heißen wie es will: Simplizissimus, Berliner Tageblatt oder Rote Fahne.[1] Ein Theaterstück, das verderblichen Geist widerspiegelt, besuchen weder wir noch unsere Kinder und Freunde. Eine Gesellschaft, deren Frivolität[2] man schon auf fünfzig Schritt Entfernung bemerkt, darf unser Haus nicht betreten. Wirtschaftliche und gesellschaftliche Beziehungen unterhalten wir nur mit denen, deren Ehrenhaftigkeit und Solidität über jeden Zweifel erhaben sind – mögen sie nun Juden oder Christen heißen. Vor allem aber besinnen wir uns darauf, worin das Wesen echten Deutschtums und Christentums besteht. Diesen deutsch-christlichen Charakter suchen wir immer entschiedenen in uns zu entwickeln und durch die Tat zu erweisen. Nur so können wir hoffen, dem jüdischen Geist nicht zu unterliegen.

Quelle: Lietz, H. (1919). *Des Vaterlandes Not und Hoffnung. Gedanken und Vorschläge zur Sozialpolitik und Volkserziehung* (S. 111-114). o. O.: Verlag des Landwaisenheims.

1. Welche Eigenschaften werden der „deutschgermanischen" Eigenart zugeschrieben?
2. Wie begründet Lietz pädagogisch die Begrenzung der Zahl „nicht indogermanischer" Schüler in seinen Heimen?
3. In der wissenschaftlichen Literatur zur NS-Ideologie wird zwischen einem biologischen und einem kulturellen Rassismus differenziert. Der biologische Rassismus erklärt Unterschiede zwischen Menschen durch die genetische Abstammung, der kulturelle Rassismus durch erworbene kulturelle Normen und Traditionen. Welcher Variante würden Sie Hermann Lietz zuordnen? Belegen Sie Ihre Einschätzung am Text.

[1] Zeitgenössische Zeitschriften bzw. Zeitungen, die dem liberalen bzw. linken politischen Spektrum zugeordnet wurden.

[2] Eine mit sexueller Anspielung verbundene sprachliche Mehrdeutigkeit.

2. Erziehung zu Rassismus und Kriegsbereitschaft nach 1933

Die Politik der Nationalsozialisten zielte von Beginn an auf die Entfesselung eines rassistischen Eroberungskrieges. Im ersten Teil des folgenden Kapitels wird dokumentiert, welche Funktion die NS-Ideologie der Erziehung hierbei zuschrieb. Die Umsetzung der nationalsozialistischen Programmatik in die Erziehungspraxis steht im Mittelpunkt der anschließenden Teile. Dieser Prozess betraf die Erziehung in allen ihren Praxisfeldern. Im Folgenden werden die Schule – als wichtigstes Element des Bildungssystems – sowie die frühkindliche Erziehung und die Hitlerjugend als zentrale Bereiche der außerschulischen Erziehung dargestellt. Andere wichtige Felder der NS-Pädagogik (Erwachsenenbildung, Arbeitsdienst, Zwangserziehung von Sinti- und Roma-Kindern, Jugend-Konzentrationslager etc.) können aus Raumgründen nicht einbezogen werden.

2.1 Nationalsozialistische Erziehungsideologie

Information: Was ist eine Ideologie?

Bedeutung des Begriffs

Der Begriff steht für sogenannte Weltanschauungen, die vorgeben, für alle gesellschaftlichen Probleme die richtige Lösung zu haben. Menschen, die solche weltanschaulichen Ideen oftmals starr und einseitig vertreten, nennt man „Ideologen“. Das Wort kommt aus dem Griechischen und bedeutet „Lehre von den Ideen“. Bis ins 19. Jahrhundert war „Ideologie“ eine Bezeichnung für die Wissenschaft, die sich mit der Entstehung und Entwicklung von geistesgeschichtlichen und philosophischen Ideen befasst.

Staatliche Ideologien

Es gibt auch Staaten, die ideologisch handeln. Die Herrschenden wollen dann die Gesellschaft nach ihren Vorstellungen und Ansichten gestalten und lassen keine anderen Meinungen zu. Dies war zum Beispiel in den kommunistischen Staaten der Fall. Die Menschen konnten dort nicht frei entscheiden, wie sie leben wollten, sondern die herrschende Partei gab das vor. Das ganze Leben war „ideologisiert“, das heißt, es hatte sich der kommunistischen Weltanschauung unterzuordnen. Alles wurde danach beurteilt, ob es in die Weltanschauung passte. Auch der Nationalsozialismus war eine Ideologie, die von den Bürgern die totale Unterordnung forderte und jeden verfolgte und bestrafte, der sich gegen diese Weltanschauung stellte.

Quelle: Schneider, G. & Schneider Toyka-Seid, C. (2018). Das junge Politik-Lexikon. Bonn: Bundeszentrale für politische Bildung. https://www.bpb.de/nachschlagen/lexika/das-junge-politik-lexikon/161222/ideologie [20.08.2019].

Nationalsozialistische Ideologie

Der Politologe Kurt Lenk hat die Ideologiegeschichte des 19. und 20. Jahrhunderts systematisch untersucht. Er interpretiert die nationalsozialistische Ideologie als eine „Ausdrucksideologie“. Kurt-Ingo Flessau fasst Lenks Analyse folgendermaßen zusammen:

Antagonismen und unvereinbare Positionen innerhalb der Gesellschaft werden geleugnet; Mythen und Glaubenssätze verdrängen die sachliche Argumentation; ein Freund-Feind-Denken teilt die Welt in Gut und Böse (wobei als die Bösen nicht selten die Angehörigen erfolgreicher Randgruppen oder rassischer Minderheiten herhalten müssen). Ausdrucksideologien enthalten oft Herrschaftsansprüche, Aggressionen, Eroberungstendenzen, die als Antwort auf eine angeblich feindliche Umwelt ausgegeben werden und Gemeinschaftsgefühle wecken sollen. Mit anderen Worten: sie „sind [...] Durchbruch des kollektiven Machtwillens in seiner brutalen und unverhüllt-zynischen Form".[1]

Zumal der deutsche Faschismus (zur selben Zeit auch der Stalinismus) hat diesen Machtwillen und damit eine Ausdrucksideologie rigoros verwirklicht, indem er den Rassenkampf propagiert und auf jedwedes religiöse, zumal das christliche Ethos wie auf Menschlichkeit verzichtet hat. Vielsagende, emotionsgeladene Begriffe wie Volk, Art, Blut, Boden, Scholle werden zu Bestandteilen der nationalsozialistischen Ausdrucksideologie. Auf überindividuelle Bezugsgrößen wie Führer, Nation, Volk und Vaterland überträgt gerade der „ökonomisch und sozial verunsicherte Bürger [...] seine individuellen Hoffnungen und Machtvorstellungen."[2]

Gemeinsam ist allen Ideologien ein Dreifaches:

1. „Sie wirken sowohl an der Bildung des gemeinsamen Willens oder des politischen Gruppenwillens mit wie auch am Prozeß der Sozialisierung, der Ausbildung und der Rekrutierung politischer Eliten."
2. Sie zielen darauf ab, „die sozio-ökonomische und die politische Ordnung umzugestalten".
3. Sie sind Ausdruck von Interessen politischer Bewegungen und enthalten u.a. ihre „normativen Bedingungen, ihre Verhaltensvorschriften, ihre Regeln [...], ihren jeweiligen Unterwerfungskodex unter die Führerschaft".[3]

Quelle: Flessau, K.-I. (1987). *Schule der Diktatur. Lehrpläne und Schulbücher des Nationalsozialismus* (S. 57-58). Frankfurt a.M.: Fischer.

Ein Kennzeichen nationalsozialistischer Pädagogik war ihr Bezug auf rassenantisemitische Lehren. Nationalsozialistische Pädagogik basierte auf der Annahme der genetisch bedingten Vorrangstellung des „nordischen Menschen", des Ariers und der Unterlegenheit jüdischer Menschen. Die genetische Disposition des Ariers ließ sich aus der Perspektive nationalsozialistischer Erziehungsideologien nur durchsetzen, wenn die biologische Substanz durch Vererbung verbessert würde.[1] Daraus ergibt sich die Frage, in welchem Verhältnis Erziehung und Vererbung in nationalsozialistischen Erziehungsideologien standen, wenn doch die menschlichen Merkmale primär auf Vererbung zurückgeführt werden. Um diese Frage beantworten zu können, ist es zunächst notwendig zu klären, was unter Rassenantisemitismus zu verstehen ist.

Was ist Rassenantisemitismus?

Das 19. Jahrhundert

Feindschaft gegen Juden war bis ins 19. Jahrhundert religiös begründet worden. Der "Rassenantisemitismus" oder "Moderne Antisemitismus" bezeichnet seit dem letzten Drittel des 19. Jahrhunderts eine neue Form von Judenhass, die "wissenschaftlich" argumentierte [...] und Erkenntnisse der Naturwissenschaft [...] in den Dienst der Judenfeindschaft stellte. Hatte der ältere religiöse Antijudaismus die "Bekehrung" der Juden und deren Taufe zum Ziel, so war der moderne Antisemitismus, der Juden, nur weil sie Juden waren, stigmatisierte, nur auf Ausgrenzung, Vertreibung und in letzter Konsequenz auf die Vernichtung der jüdischen Minderheit fixiert.

Der Begriff Antisemitismus ist wörtlich genommen ("Semitengegnerschaft") eine Missbildung, weil er, um Judenfeindschaft mit wissenschaftlichem Anspruch zu verbrämen, die Sprachfamilie der Semiten (Araber, Äthiopier, Akkader, Kanaanäer, Aramäer) als Rasse verstand, dabei jedoch nur die Juden meinte. Der Begriff Antisemitismus entstand 1879 im Umkreis des Publi-

---

[1] Lenk, K. (1970) (Hrsg.). *Ideologie. Ideologiekritik und Wissenssoziologie* (4. Aufl., S. 33). Neuwied: Luchterhand.

[2] Ebd.

[3] Wilkinson, P. (1974). *Soziale Bewegungen (S. 25).* München: List.

[1] Vgl. Gamm, H.-J. (1984). *Führung und Verführung* (S. 16). Frankfurt a.M.: Campus.

zisten Wilhelm Marr[2], den Hintergrund bildete die damals öffentlich diskutierte "Judenfrage". Diese Debatte über die Emanzipation der Juden wurde, seit die rechtliche Gleichstellung durch die Revolution in Frankreich erreicht war, in vielen europäischen Ländern geführt, sie war weitgehend von sozial und kulturell determinierter Ablehnung bestimmt. 1879/80 war "die Judenfrage" in Deutschland einerseits Gegenstand eines Gelehrtenstreites, den der Historiker Heinrich von Treitschke[3] mit Überfremdungsängsten ausgelöst hatte, andererseits wurde sie instrumentalisiert durch den Berliner Hofprediger Adolf Stoecker[4] in dessen christlich-sozial argumentierender Kampagne gegen die Arbeiterbewegung. In Österreich vertrat der Wiener Bürgermeister Karl Lueger[5] ähnliche Positionen.

Die fanatischen Judenfeinde organisierten sich in Parteien und Verbänden. In Dresden existierte seit 1881 die "Deutsche Reformpartei"; in Kassel wurde 1886 die "Deutsche Antisemitische Vereinigung" ins Leben gerufen, deren Protagonist der Bibliothekar Otto Böckel[6] (1859-1923) war. Von 1887 bis 1903 saß er im Reichstag, er war Herausgeber völkischer Zeitschriften und betätigte sich maßgeblich im "Deutschen Volks-Bund", der ab 1900 versuchte, "national gesinnte Männer" gegen "die erdrückende Übermacht des Judentums" zusammen zu schließen. Auf dem Antisemitentag in Bochum einigten sich Anfang Juni 1889 die verschiedenen judenfeindlichen Strömungen (mit Ausnahme der christlich-sozialen Partei Adolf Stoeckers) auf gemeinsame Grundsätze und Forderungen, aber schon über der Bezeichnung des Zusammenschlusses entzweiten sich die Antisemiten wieder. Es gab nun eine "Antisemitische Deutschsoziale Partei" und eine "Deutschsoziale Partei" und ab Juli 1890 die von Böckel in Erfurt gegründete "Antisemitische Volkspartei", die ab 1893 "Deutsche Reformpartei" hieß. Im Reichstag errangen Vertreter antisemitischer Gruppierungen 1890 fünf und 1893 sechzehn Mandate. [...]

Am meisten Aufsehen im Parlament erregte der Demagoge Hermann Ahlwardt (1846-1914)[7], der ab 1892 als Parteiloser im Reichstag saß und sich als Radau-Antisemit besonders hervortat. Durch hemmungslosen Populismus war Ahlwardt, den man "den stärksten Demagogen vor Hitler in Deutschland" genannt hatte, vorübergehend erfolgreich. Wegen Verleumdung und Erpressung gerichtsnotorisch und vielfach bestraft, als Volksschulrektor nach Unterschlagungen entlassen, verbreitet Ahlwardt als Verfasser zahlreicher Pamphlete in den 80er Jahren des 19. Jahrhunderts rastlos und wirkungsvoll antisemitische Propaganda. Politischen Einfluss erlangten die Antisemiten im Kaiserreich nicht. Aber ihre Propaganda entfaltete Wirkung: Juden wurden mit allen nur denkbaren schlechten Eigenschaften belegt, deren Grund, so erklärten die Antisemiten, liege in der "Rasse".

Erster Weltkrieg

Im Ersten Weltkrieg wurden die antijüdischen Vorbehalte in Deutschland neu aufgeladen. Ungeachtet der Tatsache, dass die deutschen "Juden" die Kriegsbegeisterung des Sommers 1914

---

[2] Wilhelm Marr (1819-1904) war ein deutscher, linksorientierter Journalist, der sich im Vormärz für die Demokratie einsetzte. In diesem Zusammenhang machte er das Vorurteil stark, die Juden hätten wirtschaftsliberale Kapitalinteressen, die mit seinem Demokratieverständnis nicht zu vereinbaren seien.

[3] Heinrich von Treitschke (1834-1896) war ein deutscher Historiker, Publizist und Mitglied des Reichstags. Er veröffentlichte 1879 in einem breit diskutierten Aufsatz den Satz: „Die Juden sind unser Unglück".

[4] Adolf Stoecker (1835-1909) war ein evangelischer Theologe und Politiker. Er gründete die „Berliner Bewegung", die ein antisemitisches, antikapitalistisches und antiliberales Programm verfolgte.

[5] Karl Lueger (1844-1910) war ein österreichischer Politiker und Wiener Bürgermeister von 1897-1910. Er verfolgte ein antisemitisches Programm.

[6] Otto Böckel (1859-1923) war ein rechtsgesinnter Politiker, Bibliothekar und Volksliedforscher, der für den Wahlkreis Marburg-Kirchhain im Reichstag vertreten war und dort ein antisemitisches Programm vertrat.

[7] Herrmann Alhwardt (1846-1914) war ein Volksschullehrer und ein parteiloser Reichstagsabgeordneter von 1892-1902, der ein antisemitisches Programm vertrat und antisemitische Propaganda verbreitete.

teilten und dass die Zahl der jüdischen Freiwilligen überdimensional – gemessen am jüdischen Bevölkerungsanteil – groß war, machte das Gerücht von der "jüdischen Drückebergerei" die Runde und als zweites antisemitisches Stereotyp war die Überzeugung landläufig, dass Juden als die "geborenen Wucherer und Spekulanten" sich als Kriegsgewinnler an der Not des Vaterlandes bereicherten. In zahlreichen Publikationen wurden diese Klischees verbreitet, so etwa in einem Flugblatt, das im Sommer 1918 kursierte, auf dem die jüdischen Soldaten lasen, wovon ihre nichtjüdischen Kameraden und Vorgesetzten trotz der vielen Tapferkeitsauszeichnungen (30.000) und Beförderungen (19.000) und trotz der 12.000 jüdischen Kriegstoten bei insgesamt 100.000 jüdischen Soldaten überzeugt waren: "Überall grinst ihr Gesicht, nur im Schützengraben nicht." Entgegen der Wahrheit hielt die Mehrheit der Deutschen an ihrem negativen Judenbild fest. [...]

Nach dem Ersten Weltkrieg kamen Rassismus und antisemitische Propaganda zu neuer Blüte. Die Ängste deklassierter Kleinbürger und verletzter deutscher Nationalstolz machten "den Juden" zum Schuldigen. In den Werken zur Rassenkunde eines Hans F. K. Günther ging in den 20er Jahren die Saat des 19. Jahrhunderts wieder auf und bereitete die Wege für politische Agitation. Am weitesten verbreitet waren Günthers "Rassenkunde des deutschen Volkes" (München 1922, 16. Auflage 1933), seine "Kleine Rassenkunde des deutschen Volkes" (München 1929) und die "Rassenkunde des jüdischen Volkes" (München 1930). Mit solchen "wissenschaftlichen" Schriften wurde die Bahn geebnet für Schmähschriften gegen "die Juden", mit denen rechtsradikale Parteien wie die NSDAP auf Stimmenfang gingen.

Nationalsozialismus

Antisemitismus diente den Nationalsozialisten als Erklärungsmuster für alles nationale, soziale und wirtschaftliche Unglück, das die Deutschen seit dem verlorenen Ersten Weltkrieg erlitten hatten, und Antisemitismus war das Schwungrad, mit dem Hitler seine Anhänger in Bewegung brachte. Die Überzeugungen, die in Hitlers "Mein Kampf" zu lesen waren, die von ihm und seinen Unterführern seit den Anfängen der Partei gepredigt wurden und in der Forderung nach "Lösung der Judenfrage" kulminierten, gingen auf die "Erkenntnisse" und Behauptungen der Sektierer und Fanatiker zurück, die im letzten Drittel des 19. Jahrhunderts den rassistisch begründeten "modernen Antisemitismus" propagierten.

Im Programm der völkischen und nationalistischen Parteien der Nachkriegszeit, vor allem der NSDAP ab 1920 und in der Deutschnationalen Volkspartei bildete Antisemitismus das ideologische Bindemittel, mit dem Existenzängste und Erklärungsversuche für wirtschaftliche und soziale Probleme konkretisiert wurden, um republik- und demokratiefeindliche Verzweifelte als Anhänger zu gewinnen.

Die pathologischen Vorstellungen im Weltbild Hitlers, die in Phantasien von der jüdischen Weltverschwörung gipfelten (und sie mit der von vielen als existenzbedrohend empfundenen Gefahr des Bolschewismus verknüpften), trafen, nachdem die vor dem Ersten Weltkrieg ausgebrachte Saat des Rassenantisemitismus zu sprießen begann, auf verbreitete Ängste im Publikum. Durch Propaganda wurden die Emotionen geschürt.

Im Programm der NSDAP waren seit 1920 die Lehr- und Grundsätze des Antisemitismus fixiert, die in den Pamphleten und Traktaten des 19. Jahrhunderts publiziert worden waren:

- "Staatsbürger kann nur sein, wer Volksgenosse ist. Volksgenosse kann nur sein, wer deutschen Blutes ist, ohne Rücksicht auf Konfession. Kein Jude kann daher Volksgenosse sein."
- "Wer nicht Staatsbürger ist, soll nur als Gast in Deutschland leben können und muß unter Fremdengesetzgebung stehen."
- "Das Recht, über Führung und Gesetze des Staates zu bestimmen, darf nur dem Staatsbürger zustehen."

- "Jede weitere Einwanderung Nichtdeutscher ist zu verhindern. Wir fordern, daß alle Nichtdeutschen, die seit dem 2. August 1914 in Deutschland eingewandert sind, sofort zum Verlassen des Reiches gezwungen werden."

Mit dem Machterhalt der NSDAP wurde der moderne Antisemitismus 1933 Staatsdoktrin. Durch legislatorische Akte wie das "Gesetz zur Wiederherstellung des Berufsbeamtentums" (1933), das Juden aus dem öffentlichen Dienst entfernte, und vor allem die "Nürnberger Gesetze" von 1935, die alle deutschen Juden zu Staatsangehörigen minderen Rechts machten, wurde die rassistische Ideologie mit Berufsverboten und unzähligen administrativen Schikanen in die Tat umgesetzt. Der Boykott jüdischer Geschäfte am 1. April 1933 war ein erster Akt staatlich legitimierter Ausgrenzung. Der zweite Gewaltakt, die "Reichskristallnacht" 1938 (Novemberpogrome), bezeichnete das Ende der Judenpolitik, die mit Mitteln der Gesetzgebung und Verwaltung darauf zielten, die Juden aus Deutschland zu vertreiben, nach dem sie entrechtet und ausgeplündert waren. Die Novemberpogrome sind die Wegmarke, von der an, mit den Stufen der Ghettoisierung, Konzentrierung und Stigmatisierung, die physische Vernichtung vorbereitet und ins Werk gesetzt wurde. Der Verpflichtung zur Zwangsarbeit, der Kennzeichnung (Judenstern ab September 1941) und dem Verbot der Auswanderung folgte die "Endlösung der Judenfrage", die als Völkermord 1941-1945 im ganzen deutschen Herrschaftsbereich die letzte Konsequenz der Ideologie des Antisemitismus bildete.

Quelle: Benz, W., Antisemitismus im 19. und 20. Jahrhundert, http://www.bpb.de/politik/extremismus/antisemitismus/37948/19-und-20-jahrhundert [01.02.2019].

Die Erziehungsideologie Adolf Hitlers

Am 30. Januar 1933 wurde Adolf Hitler, der 1889 in Österreich-Ungarn geboren wurde, zum Reichskanzler ernannt, wodurch der Weg der „Machtübernahme" der NSDAP frei wurde. Bereits in den 1920er Jahren verschriftlichte Hitler sein Bekenntnisbuch „Mein Kampf" in zwei Bänden. Hitler schrieb den ersten Band während der Festungshaft in Landsberg, die er aufgrund des gescheiterten Putschversuches am 9. November 1923 in München absitzen musste. Den zweiten Band verfasste er anschließend in Berchtesgaden. 1930 wurden beide Bände als „Volksausgabe" herausgegeben, die zu günstigem Preis erhältlich war und die in den folgenden Ausgaben nur noch wenig verändert wurde. Im zweiten Band seiner Kampfschrift entwarf Hitler Erziehungsgrundsätze, welche die nationalsozialistische Pädagogik prägten. Hitlers Ansichten über Erziehung, die er in den 1920er Jahren entwickelte, blieben für ihn bis 1945 gültig.

Wenn wir als erste Aufgabe des Staates im Dienste und zum Wohle seines Volkstums die Erhaltung, Pflege und Entwicklung der besten rassischen Elemente erkennen, so ist es natürlich, daß sich diese Sorgfalt nicht nur bis zur Geburt des jeweiligen kleinen jungen Volks- und Rassegenossen zu erstrecken hat, sondern daß sie aus dem jungen Sprößling dann[1] ein wertvolles Glied für eine spätere Weitervermehrung erziehen muß.

Und so wie im allgemeinen die Voraussetzung geistiger Leistungsfähigkeit in der rassischen Qualität des gegebenen Menschenmaterials liegt, so muß auch im einzelnen die Erziehung zuallererst die körperliche Gesundheit ins Auge fassen und fördern; denn in der Masse genommen wird sich ein gesunder, kraftvoller Geist auch nur in einem gesunden und kraftvollen Körper finden.[...] *Der völkische Staat hat in dieser Erkenntnis seine gesamte Erziehungsarbeit in erster Linie nicht auf das Einpumpen bloßen Wissens einzustellen, sondern auf das Heranzüchten kerngesunder Körper. Erst in zweiter Linie kommt dann die Ausbildung der geistigen Fähigkeiten. Hier aber wieder an der Spitze die Entwicklung des Charakters, besonders die Förderung*

[1] 1929: *dann* ersetzt durch: auch

der Willens- und Entschlußkraft, verbunden mit der Erziehung zur Verantwortungsfreudigkeit, und erst als Letztes[2] *die wissenschaftliche Schulung* [...].
Der völkische Staat muß dabei von der Voraussetzung ausgehen, *daß ein zwar wissenschaftlich wenig gebildeter, aber körperlich gesunder Mensch mit gutem, festem Charakter, erfüllt von Entschlußfreudigkeit und Willenskraft für die Volksgemeinschaft*[...] *wertvoller ist als ein geistreicher Schwächling* [...]. Ein Volk von Gelehrten wird, wenn diese dabei körperlich degenerierte, willensschwache und feige Pazifisten sind, den Himmel nicht erobern, ja nicht einmal auf dieser Erde sich das Dasein zu sichern vermögen. Im schweren Schicksalskampf unterliegt selten[3], der am wenigsten weiß, sondern immer derjenige, der aus seinem Wissen die schwächsten Konsequenzen zieht und sie am kläglichsten in die Tat umsetzt. [...] *Ein verfaulter Körper wird durch einen strahlenden Geist nicht im geringsten ästhetischer gemacht*, ja, es ließe sich höchste Geistesbildung gar nicht rechtfertigen, wenn ihre Träger gleichzeitig körperlich verkommene und verkrüppelte, im Charakter willensschwache, schwankende und feige Subjekte wären. [...] Die körperliche Ertüchtigung ist daher im völkischen Staat nicht eine Sache des einzelnen, auch nicht eine Angelegenheit, die in erster Linie die Eltern angeht und die erst in zweiter oder dritter die Allgemeinheit interessiert, sondern eine Forderung der Selbsterhaltung des durch den Staat vertretenen und geschützten Volkstums. So wie der Staat, was die rein wissenschaftliche Ausbildung betrifft, schon heute in das Selbstbestimmungsrecht des einzelnen eingreift und ihm gegenüber das Recht der Gesamtheit wahrnimmt, indem er, ohne Befragung des Wollens oder Nichtwollens der Eltern, das Kind dem Schulzwang unterwirft, so muß in noch viel höherem Maße der völkische Staat dereinst seine Autorität durchsetzen gegenüber der Unkenntnis oder dem Unverständnis des einzelnen in den Fragen der Erhaltung des Volkstums. Er hat seine Erziehungsarbeit so einzuteilen, daß die jungen Körper schon in ihrer frühesten Kindheit zweckentsprechend behandelt werden und die notwendige Stählung für das spätere Leben erhalten. Er muß vor allem dafür sorgen, daß nicht eine Generation von Stubenhockern herangebildet wird. [...] *Die gesamte Bildungs- und Erziehungsarbeit des völkischen Staates muß ihre Krönung darin finden, daß sie den Rassesinn und das Rassegefühl instinkt- und verstandesmäßig in Herz und Gehirn der ihr anvertrauten Jugend hineinbrennt. Es soll kein Knabe und kein Mädchen die Schule verlassen, ohne zur letzten Erkenntnis über die Notwendigkeit und das Wesen der Blutreinheit*[4] *geführt worden zu sein* [...]. Damit wird die Voraussetzung geschaffen für die Erhaltung der rassenmäßigen Grundlagen unseres Volkstums und durch sie wiederum die Sicherung der Vorbedingungen für die spätere kulturelle Weiterentwicklung [...].
Denn alle körperliche und alle geistige Ausbildung würde im letzten Grunde dennoch wertlos bleiben, wenn sie nicht einem Wesen zugute käme, das grundsätzlich bereit und entschlossen ist, sich selbst und seine Eigenart zu erhalten. [...] *Indem wir uns immer wieder mit anderen Rassen paaren, erheben wir wohl diese aus ihrem bisherigen Kulturniveau auf eine höhere Stufe, sinken aber von unserer eigenen Höhe für ewig herab* [...].

Quelle: Hitler, A. (2016). *Mein Kampf. Eine kritische Edition*. Bd. II Hrsg. v. C. Hartmann; T. Vordermayer; O. Plöckinger; R. Töppel (S. 1041-1087). München: Institut für Zeitgeschichte [Herv. im Original].

1. Erläutern Sie, welche Funktion die Erziehung im nationalsozialistischen Staat hat.
2. Arbeiten Sie heraus, welchen Stellenwert Körper, Wille und Wissen in den Erziehungsvorstellungen Adolf Hitlers haben.

---

[2] 1937: *Letztes* ersetzt durch: letztes

[3] 1944: eingefügt: der

[4] 1930: *Blutsreinheit* ersetzt durch: Blutreinheit

Hans F. K. Günther: Vererbung und Erziehung

Hans F.K. Günther (geb. 1891) galt durch seine rassenkundlichen Schriften als bahnbrechender Anthropologe des Nationalsozialismus. Seine „Rassenkunde des deutschen Volkes" und seine „Rassenkunde des jüdischen Volkes" sollten zum Bücherschatz jedes deutschen „Volksgenossen" gehören. Er wurde durch den thüringischen Minister Frick (NSDAP) 1930 auf einen neu gegründeten Lehrstuhl für Sozialanthropologie an der Universität Jena berufen. [...] 1935 wurde Günther an die Universität Berlin auf einen Lehrstuhl für Rassenkunde, Völkerbiologie und ländliche Soziologie berufen, erhielt ein entsprechendes Institut in Berlin-Dahlem und zu seinem 50. Geburtstag 1941 in „Anerkennung seiner bahnbrechenden Verdienste in der Rassenforschung" die Goethe-Medaille für Kunst und Wissenschaft von Adolf Hitler verliehen.

Quelle: Gamm, H.-J. (1984). *Führung und Verführung. Pädagogik des Nationalsozialismus* (S. 85). Frankfurt a.M.: Campus.[1]

Ich wende mich zu den *Folgerungen* aus der heute unumstößlich gewordenen Erkenntnis, daß im Leben des Menschen wie aller Lebewesen die Vererbung die ausschlaggebende Macht ist gegenüber der Umwelt – und zwar zu den Folgerungen für die Erziehung [...].

Erziehung ist ein Anpassungsvorgang [...]. Erziehung kann also niemals am Anlagebestand etwas ändern, kann zum Anlagebestand eines Volkes bei noch so emsiger Bemühung nichts hinzufügen. Sie wirkt sich aus auf dem Gebiete des Erwerbbaren, nicht des Vererblichen – wobei die Fähigkeit des Erwerbs oder das Nichterwerben-Können natürlich selbst wieder von Erbanlagen abhängig ist, wie die Fähigkeit des Darbietens von Erziehungsreizen durch den Erzieher wiederum von dessen Erbanlagen abhängig ist. [...]

Erziehung kann am Anlagebestand eines Volkes nichts ändern. Daher geht der Weg der Aufartung, der Hebung für ein Volk, nicht über die Erziehung [...], sondern allein über die *Auslese*. Ein Volk kann auf die Dauer nur gehoben werden durch Kinderreichtum der Erblich-Besten in allen seinen Ständen, durch Kinderarmut und Kinderlosigkeit der Erblich-Minderwertigen in allen seinen Ständen. Erziehung kann sich immer nur richten auf die Einzelmenschen und deren Hebung aus einem Gemeinschaftsgeiste, zu dem erzogen werden soll; sie kann sich nicht richten auf die Erbverbesserung, die *Aufartung* dieses Volkes – oder eben nur mittelbar, indem sie auch zur Einsicht in die Bedingungen der Erbverbesserung erzieht. [...]

Wie wird nun die Erkenntnis von der Macht der Vererbung auf die Erzieherschaft wirken? Wird sie eine *Entmutigung* hervorrufen? – Das muß sie durchaus nicht. [...] Eine überlegte Erziehungslehre wird [...] die Erbanlagen nicht übersehen, sondern wird vielmehr versuchen, sich ein Bild zu machen von dem Bestand an *unabänderlichen* Zügen des zu erziehenden Menschen, in denen das Angeborene sich kundgibt: dann erst wird sie mit Überlegungen und mit Sinn erziehen können [...].

Der Lehrer wird z.B. versuchen zu erkennen, was an einer geringeren Leistung der *Anlage*, was der *Umwelt* zuzuschreiben sein wird. Wenn er nach Belehrung durch die Vererbungsforscher den Erzieher*wahn* aufgeben wird, man könne beinahe alles aus beinahe allen machen, beinahe alle zu beinahe allem erziehen, so wird seine Erzieher*ehre* erfordern, daß er zu einer Vorstellung gelange, innerhalb welcher Grenzen ein Zögling in seinen Leistungen oder auch in der Auswirkung seines vererbten Wesens gebessert werden kann.

---

[1] Quelle des Fotos: *Bundesarchiv, Bild 183-1989-0912-500 / CC-BY-SA, CC BY-SA 3.0 de, https://commons.wikimedia.org/w/index.php?curid=5347444* [01.02.2019].

Kann Erziehung die Menschheit, eine Menschengruppe, ein *Volk* bessern? – Nein, ein Volk als eine Vorfahren- und Nachfahrengemeinschaft kann nur gebessert werden durch Kinderreichtum seiner Bessergearteten und Kinderarmut seiner Schlechtergearteten.

Kann Erziehung einen *Menschen* bessern? – An dem unabänderlichen Bestand seines Wesens wird sie nichts ändern können. „So mußt du sein, dir kannst du nicht entfließen!“ – Aber eine überlegene und geschickte Erziehung wird innerhalb gewisser Grenzen einzelne zu fördernde Eigenschaften aus dem unabänderlichen Wesensbestand eines Menschen aufrufen können gegen bestimmte zurückdrängende Eigenschaften des gleichen Menschen. [...] Ein Mensch kann durch verkehrte Erziehung oder aus Böswilligkeit *verzogen*, verbildet werden, verdorben werden – ebenfalls wieder innerhalb bestimmter Grenzen. [...] Somit als Zusammenfassung: die Kunst des Erziehens besteht darin, [...] *abzuschätzen*, welcher Spielraum für die Erziehungseinflüsse gegeben ist, welche Eigenschaften gegen andere betont werden sollen oder dürfen; *abzuschätzen*, inwieweit ohne Gefahr der Verfälschung des Zöglings der Auswirkung seiner Anlagen eine gewisse Richtung zu geben versucht werden soll und darf. Erziehung soll ja nicht irgendwelche Heuchelei und Vortäuschung bewirken. [...]

Von dem völkischen Vorbilde aus bestimmt sich, welche Eigenschaften bei dem Schüler *betont*, welche in ungefährlichem Grade *zurückgedrängt* werden sollen. Das völkische Vorbild muss so beschaffen sein, daß es lebensförderlich wirkt, d.h. zur Mehrung der höherwertigen Anlagen in dem Volke beiträgt [...].

Quelle: Günther, H. F. K. (1936). *Führeradel durch Sippenpflege* (S. 104-124). München: Lehmann [Herv. im Original].

1. Arbeiten Sie heraus, welche Funktion Erziehung für Günther hat.
2. Vergleichen Sie die Vorstellungen Hitlers und Günthers in Bezug auf die Frage, in welchem Verhältnis Erziehung und Vererbung stehen.

Ernst Hojer: Konzeptionelle Widersprüche

Die Rassenideologie Hitlers spricht eine so deutliche Sprache, daß man über ihre wahren Intentionen nicht hätte im Zweifel zu sein brauchen. Daß sie im ganzen wenig originell war, ist bekannt. Man muss sich nur klar machen, daß Hitler, dem alle Begriffe und Ideen als etwas Subjektives und Willkürliches galten, keine wissenschaftliche Lehre vortragen wollte.

Selbstverständlich ist es ganz unmöglich, aus konstanten Rassefaktoren im biologischen Sinne die ganze Weltgeschichte zu begreifen. So ist denn Hitler auch gar nicht imstande, genau zu sagen, was Rasse eigentlich ist.

Sie gilt ihm einerseits als bloßes Naturprodukt: In diesem Falle ist die Stärke einer Rasse und deren Kultur nichts anderes als eine Naturgesetzlichkeit, die über den Menschen von vornherein bestimmt. Er ist nicht frei, sondern in allem was er ist und hervorbringt, nur Produkt rassischer Erbfaktoren. Dann allerdings ist es sinnlos, sich gegen die Natur stellen zu wollen und der Vermischung Einhalt zu gebieten, denn die Rasse ist stärker als das Bewußtsein. Unter solchen Voraussetzungen ist auch Erziehung im Grunde überflüssig, denn die alles bestimmenden, determinierenden Erbfaktoren besorgen in strenger Unerbitterlichkeit ihr Werk von selbst: der Erzieher ist bestenfalls Züchter.

Andererseits aber ist Rasse für Hitler und die Ahnherren der neueren Rassenlehre jedoch gerade nicht etwas von Natur Vorgegebenes, sondern erst zu Schaffendes: dann bestimmt das Bewußtsein, was Rasse sein solle. Da also die Rasse den Menschen bestimmt, der Mensch aber zugleich auf die Rasse einwirkt und Rasse schafft, ist Rasse im biologischen Sinne gar nicht faßbar. Hierin liegt einer der zahlreichen Widersprüche der Hitlerschen Doktrin. Hitler konstruiert eine „reine Rasse“, den Arier, als Typus des germanischen Herrenmenschen und des

von Natur Edlen, und setzt ihm den Juden als Verkörperung des Bösen entgegen. Das ist nichts anderes als ein Mythos von aggressiver Willkür, in dem die Mächte des Lichts und der Finsternis miteinander kämpfen und Freund und Feind sich nach Belieben festlegen lassen. Es gibt nach diesem Schema so etwas wie eine reine Menschennatur, die aber durch die Erbsünde der Rassenschande verderbt ist und die durch die neue Volksgemeinschaft, die der Führer hervorbringt, wieder zu ihrer wahren Bestimmung in einem neuen Reiche des Heils gelangt.
Freilich ist nicht zu erklären, warum der von Natur gute und starke Arier von dem minderwertigen Juden überhaupt beeinflußt werden kann. Offenbar muß in der reinen Rasse apriori selbst etwas liegen, wodurch die Entartung überhaupt erst möglich wird. Das aber bedeutet, daß die sogenannte reine Rasse von Natur selber problematisch und für jene negativen Einflüsse zugänglich ist: Im Grunde ihrer vermeintlichen Stärke liegt schon die Möglichkeit ihrer Schwäche.
Der Begriff einer eindeutigen reinen Rasse ist damit so wenig aufrechtzuerhalten wie der einer eindeutigen reinen Natur. Aber um Einsicht in Widersprüche ist es Hitler gar nicht zu tun. Wenn Rasse von Natur aus nämlich gar nicht festzulegen ist, dann muß eben die sogenannte Erkenntnis, die nationalsozialistische Ideologie, bestimmen, was reine Rasse ist. Diese muß willkürlich gedeutet werden nach dem Motto: Was Rasse ist, bestimmt der Führer. Damit hat der Nationalsozialismus ein bequemes Mittel in der Hand, alles das, was er bekämpft als rassenfremd und als Verbrechen am deutschen Volkstum zu brandmarken: Demokratie, Marxismus und Sozialdemokratie ebenso wie Liberalismus, Humanismus und Parlamentarismus, sie alle gelten als Todfeinde des germanischen Führerstaates und im Kern jüdisch nach dem Leitspruch: Was ich einmal nicht leiden kann, das seh' ich als verjudet an. [...]

Quelle: Hojer, E. (1997). *Nationalsozialismus und Pädagogik. Umfeld und Entwicklung der Pädagogik Ernst Kriecks* (S. 26-27). Würzburg: Königshausen und Neumann.

> Stellen Sie dar, welche Widersprüche Hojer in der Erziehungskonzeption Hitlers aufzeigt und beurteilen Sie seine Position.

Der totalitäre Anspruch der nationalsozialistischen Erziehung

Am 2.12.1938 hielt Adolf Hitler eine berühmte Rede in Reichenberg im Sudetengebiet, in der er den totalen Erziehungsanspruch des NS-Regimes artikulierte.

Diese Jugend, die lernt ja nichts anderes als deutsch denken, deutsch handeln, und wenn diese Knaben mit zehn Jahren in unsere Organisation hineinkommen und oft zum ersten Mal überhaupt eine frische Luft bekommen und fühlen, dann kommen sie vier Jahre später vom Jungvolk in die Hitlerjugend, und dort behalten wir sie wieder vier Jahre. Und dann geben wir sie erst recht nicht zurück in die Hände unserer alten Klassen- und Standeserzeuger, sondern dann nehmen wir sie sofort in die Partei, in die Arbeitsfront, in die SA oder in die SS, in das NSKK[1] und so weiter.
Und wenn sie dort zwei Jahre oder anderthalb Jahre sind und noch nicht ganze Nationalsozialisten geworden sein sollten, dann kommen sie in den Arbeitsdienst und werden dort wieder sechs und sieben Monate geschliffen, alle mit einem Symbol, dem deutschen Spaten (Beifall).
Und was dann nach sechs oder sieben Monaten noch an Klassenbewußtsein oder Standesdünkel da oder da noch vorhanden sein sollte, das übernimmt dann die Wehrmacht zur weiteren Behandlung auf zwei Jahre (Beifall), und wenn sie nach zwei oder drei oder vier Jahren

[1] Nationalsozialistisches Kraftfahrkorps.

zurückkehren, dann nehmen wir sie, damit sie auf keinen Fall rückfällig werden, sofort wieder in die SA, SS und weiter, und sie werden nicht mehr frei ihr ganzes Leben (Beifall). Und sie sind glücklich dabei, langsam verschwinden in ihrem ganzen Gesichtsfeld alle diese lächerlichen Vorurteile, unter denen vielleicht ihre Väter noch leiden mögen. Sie sehen sich ganz anders an. Sie haben allmählich den Menschen kennengelernt. (Beifall). Und wenn mir einer sagt, ja, da werden aber doch immer noch welche überbleiben: Der Nationalsozialismus steht nicht am Ende seiner Tage, sondern erst am Anfang. (Langanhaltender Beifall).[2]

Quelle: Adolf Hitler: Rede in Reichenberg am 2.12.1938. Zit. n.: Horn, K.-P. & Link, J.-W. Einleitung/Vorwort. In Dies. (Hrsg.), *Erziehungsverhältnisse im Nationalsozialismus. Totaler Anspruch und Erziehungswirklichkeit* (S. 7-8). Bad Heilbrunn: Klinkhardt.

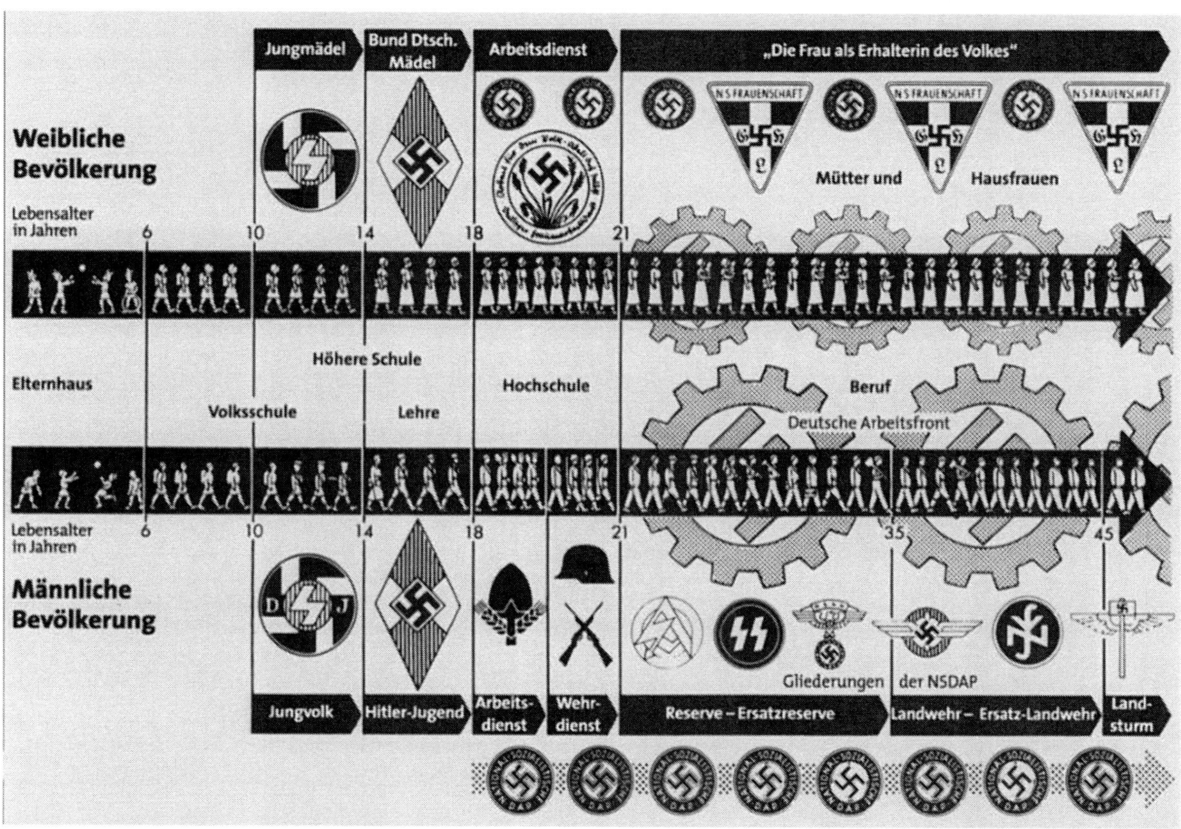

Der Weg durch die NS-Organisationen[1]

1. Nennen Sie die Organisationen, die Kinder und Jugendliche durchlaufen sollen.
2. Arbeiten Sie das Vokabular heraus, mit dem Hitler pädagogische Handlungen beschreibt. Interpretieren Sie das Vokabular im Hinblick auf die Frage, welche Vorstellungen von Erziehung mit ihm ausgedrückt werden.
3. Diskutieren Sie, welche Funktion der Erziehung sich in der These Hitlers zeigt, dass Kinder und Jugendliche bei dem Durchgang durch die erzieherischen Organisationen „glücklich" seien?

---

[2] Im Rundfunk wurde die Rede so, wie zitiert, übertragen, aber im Völkischen Beobachter nur verkürzt abgedruckt - es fehlt der letzte Absatz.

[1] Quelle: Horn, K.-P. & Link, J.-W. Einleitung/Vorwort. In Dies. (Hrsg.), *Erziehungsverhältnisse im Nationalsozialismus. Totaler Anspruch und Erziehungswirklichkeit* (S. 9). Bad Heilbrunn: Klinkhardt.

Ernst Krieck: Nationalpolitische Erziehungsmethoden

Ernst Krieck wurde 1882 geboren und starb 1947 kurz vor seiner Entlassung im alliierten Internierungslager Moosburg. Nach dem Besuch der Realschule und des Lehrerseminars in Karlsruhe wurde er Volksschullehrer und bildete sich nebenher autodidaktisch weiter. Bereits 1922 erschien seine Schrift „Philosophie der Erziehung", für die er den Ehrendoktortitel der Universität Heidelberg bekam. Er gab seine Lehrertätigkeit auf und arbeitete als Schriftsteller. Bereits vor der „Machtübernahme" bekannte sich Krieck offen zum Nationalsozialismus. 1933 wurde er an die Universität zu Frankfurt am Main berufen. Krieck wurde 1934 ihr Rektor und wechselte dann an die Universität Heidelberg, wo er den Lehrstuhl für Philosophie und Pädagogik übernahm. Er veröffentlichte zahlreiche Schriften, die die nationalsozialistische Staatsidee thematisieren. Der folgende Textauszug entstammt aus seiner pädagogischen Schrift „Nationalpolitische Erziehung", die 1932 erschien und in der er seine nationalsozialistische Erziehungskonzeption zusammenfasst. Diese Schrift war unter Pädagogen und Erziehungswissenschaftlern sehr verbreitet.

[Den Brunnen, d. Hrsg.] aller bewegenden, geschichtsbildenden Mächte reißt der Nationalsozialismus mit seinen Methoden der Massenbewegung und Massenerregung neu auf, um sie als Gestaltungstriebe in eine neu werdende Welt einströmen zu lassen. An dieser Stelle hat ja alle revolutionäre Kraft ihren Ursprung, die Geschichte ihren Jungbrunnen, solange die Völker diesen unterirdischen Quell der Erneuerung in sich tragen. Aus einem revolutionären Instinkt heraus arbeitet die nationalsozialistische Agitation vorwiegend nicht mit intellektuellen Beweisen und Argumenten, sondern mit der Urkraft des Rhythmus, der auf der Grenze alles Rationalen und Irrationalen beheimatet ist, und mit allem, was dem Rhythmus verwandt ist und seine erregende Kraft ausströmt. Der Sprechchor ist dieser Art und die ganze Kunst der Beherrschung, der Erregung und Lenkung von Massenversammlungen. Aus demselben Instinkt heraus arbeitet der Nationalsozialismus auch lieber mit dem Symbol und seiner eindringlichen Anschaubarkeit als mit dem rationalen Begriff: Hakenkreuz, Grußformen, Drittes Reich haben die unmittelbare, dem Unterirdischen verwandte Bewegungskraft alles Symbolischen. [...]
In der nationalsozialistischen Kunst der Massenerregung und Massenbewegung sind für künftige nationale und politische Erziehung stärkste Ansätze, Anregungen und Elementarkräfte vorhanden. Eine Erziehung wird im selben Maße zum Ziel führen, den Menschen formen und bilden, als sie ihn selbst zuerst formbar und bildsam machen kann. Bildsamkeit ist nicht eine fest in der Anlage gegebene, unveränderliche Größe, wie die Pädagogik in der Regel voraussetzt, sondern sie ist selbst wandelbar, der Steigerung fähig im Grade, als der Mensch durch Erregung im Inneren geweitet, gehoben, in Schwingung versetzt und damit in seiner Aufnahmebereitschaft, Empfänglichkeit und Formbarkeit gesteigert wird. In diesem Zustand wurzeln sich elementare und grundlegende Anschauungen, Erkenntnisse, Richtungen und Haltungen um so stärker und nachhaltiger fest, je einfacher, mächtiger und eindrucksvoller auch die in den aufgelockerten Acker der Seele gestreuten Einflüsse, Weckungen, Worte, Handlungen sich darbieten. Zugleich werden in den Zuständen ekstatisch gesteigerter Erregtheit nicht nur die Sinne wacher, die Phantasie ausgreifender, die Seelen flüssiger, sondern die Vielen einer versammelten Menge verschmelzen zur seelischen Einheit, zur Gefühlseinung, zur Gemeinschaft: Masse wird lenkbar und formbar in der seelischen Erregtheit. [...]
Alle Erziehung, die den Menschen ganz erfassen, ausrichten und durchformen soll, stellt eine dreifache Aufgabe dar, die umrissen ist durch die drei Begriffe Haltung, Können und Wissen. Das wirkende Zentrum im Menschen ist seine Haltung, seine geprägte Form, der Charakter, die Gesinnung, die feste und sichere Willensrichtung. Ihr entspricht ein eigenes Zucht- und

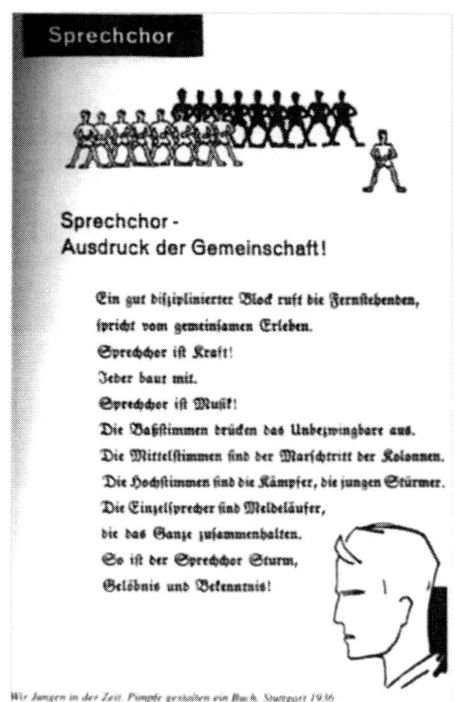

Übungssystem, das für das Ganze der Erziehung grundlegend ist, das aber in der letzten Periode abendländischer Kultur mit ihrem entschiedenen Übergewicht alles Rationalen und Technischen völlig in den Hintergrund gedrängt, entwertet oder gar vergessen wurde. Gewiß ist es bis zu einem gewissen Grade auch möglich, Haltung und Gesinnung zu beeinflussen von der Schulung des technischen Könnens her und durch den belehrenden, vorwiegend durch den Verstand einwirkenden Unterricht, wie denn diese beiden auch sich gegenseitig beeinflussen und stützen können. Dabei bleibt aber das Zentrum schwach. Am Beginn einer neuen Epoche der Geschichte und Kultur führt das revolutionäre Prinzip indessen auch die Notwendigkeit einer unmittelbaren, nach seinen Rassewerten, Ordnungen und Zielen ausgerichteten Züchtung und Formung des Menschentums herauf, womit dann die Schulung des Könnens und die Bildung des Wissens und Weltbildes erst ihre feste Grundlage und ihr tragendes Rückgrat erhält. [...] Durch ein solches Übungssystem werden nicht nur diejenigen Anlagen und Möglichkeiten im Menschen, die zur Vollführung seiner Aufgabe, zur Erfüllung seines Ziels nötig sind, geweckt, erregt, in die Entfaltung herausgerufen, sondern es erfolgt damit auch eine feste Ausrichtung, eine zielbewußte Haltung, eine formende Prägung. Typisch gleiche Haltung und Richtung in einem Menschenkreis schafft aber auch die Voraussetzung für seine Zusammenfassung in einer entsprechenden Ordnung und Organisation: es entsteht die innere Gemeinsamkeit und Verbundenheit, aus den zerstreuten Vielen die Ganzheit, aus den Einzelnen die organische Einheit und Macht. Der Nationalsozialismus hat also die aus den Instinkten seiner Führer in Anwendung gebrachten Elementarmittel und Methoden der Massenerregung und Massenbewegung auszubauen zu einer allgemeinen Zuchtform, einem Übungssystem, das im ganzen Volk und in den einzelnen Volksgenossen die Rassewerte weckt, die Rasseeigenschaften und das Rassebewußtsein zum Höchstmaß entfaltet, womit nicht nur die einzelnen Volksgenossen geformt, sondern auch die Volkseinheit ins Bewußtsein gehoben, also die gemeinschaftlichen Querverbindungen gefestigt werden: aus Masse wird Volk, aus Volk rassebewußte Nation mit geschlossener Macht, mit einheitlicher politischer Haltung und Willensrichtung.

Quelle: Krieck, E. (1932). *Nationalpolitische Erziehung* (S. 37-42). Leipzig: Armanen-Verlag.[1]

1. Arbeiten Sie die Erziehungsmethoden der nationalpolitischen Erziehung nach Krieck heraus und erläutern Sie seine Begründung für den Einsatz dieser Methoden.
2. Erläutern Sie, inwiefern die Erziehungsmethoden auf „Haltung, Können und Wissen" bezogen sind.
3. Diskutieren Sie, welche Rolle der Erzieher in der Konzeption Kriecks spielt.
4. Interpretieren Sie das Bild „Sprechchor – Ausdruck der Gemeinschaft" vor dem Hintergrund Ihrer Kenntnis der nationalsozialistischen Erziehungsmethoden nach Krieck.

[1] Quelle der Abbildung: Herrmann, U. (1993) Formationserziehung. Zur Theorie und Praxis edukativ-formativer Manipulation von jungen Menschen in der Zeit des Nationalsozialismus. In U. Herrmann & U. Nassen (Hrsg.), *Formative Ästhetik im Nationalsozialismus. Intentionen, Medien und Praxisformen totalitärer ästhetischer Herrschaft und Beherrschung* (S. 101-113). Weinheim u. Basel: Beltz.

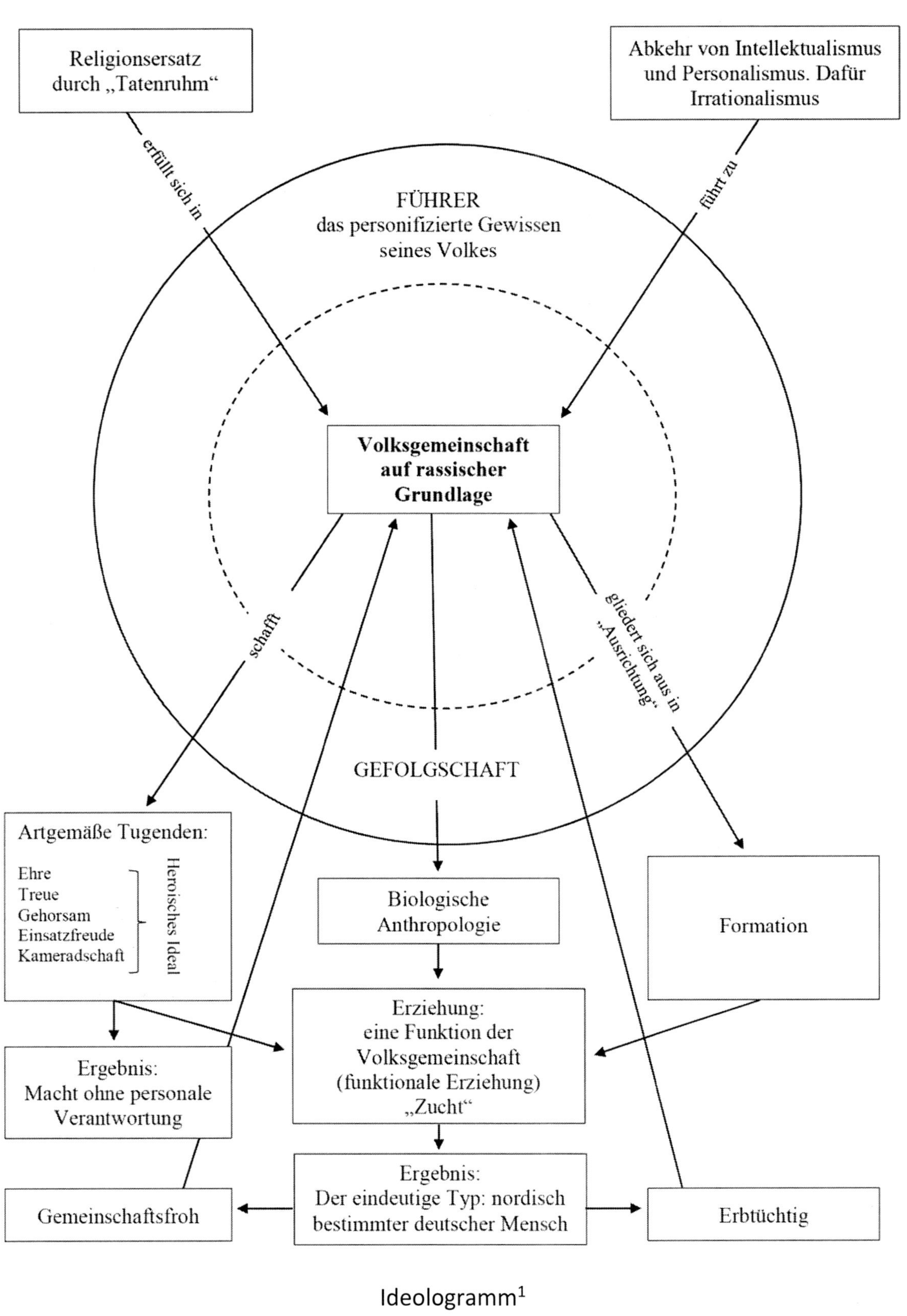

Ideologramm[1]

[1] Quelle: Gamm, H.-J. (1983). *Führung und Verführung. Pädagogik des Nationalsozialismus* (S. 17). Frankfurt a.M.: Campus.

Nationalsozialistische Erziehung – ein Teil der Pädagogik oder Un-Pädagogik?
In der Erziehungswissenschaft wurde die Frage kontrovers diskutiert, ob die erzieherischen Konzeptionen und Praktiken der Nationalsozialisten als Teil der Pädagogik verstanden werden können oder nicht. In dieser Auseinandersetzung geht es nicht um neue Erkenntnisse der historischen Forschung über Erziehung im Nationalsozialismus, sondern um eine Perspektive, aus der die nationalsozialistische Diktatur erziehungswissenschaftlich betrachtet werden kann. Im Folgenden sind Auszüge aus drei wissenschaftlichen Positionen abgedruckt.

Herwig Blankertz: NS-Pädagogik als Un-Pädagogik
Wer die zwölfjährige Herrschaft des Hitler-Faschismus über Deutschland von ihrem Ende her und von den ungeheuren Verbrechen, die in dieser Zeit im Namen des deutschen Volkes verübt worden sind, betrachtet, kann geneigt sein, den Begriff der Pädagogik hier überhaupt vermeiden zu wollen. Der totale Zugriff des NS-Staates auf den Menschen hatte, von seiner eigenen Logik her, keinen Raum für eine noch so begrenzte pädagogische Autonomie. Erziehung sollte bruch- und lückenlos in den Dienst der Herrschaftssicherung eingestellt sein: Überwältigung des Mitbürgers, Indoktrination der Jugend, emotionale Umgehung des Bewußtseins, Drill, Dressur, letztlich „Vitalkorrektur“ wären dann die zur Charakterisierung der NS-Pädagogik ausreichenden Begriffe. Selbstverständlich müßte dann dieser dunkle Abschnitt deutscher Vergangenheit in einer Geschichte der Pädagogik isoliert werden als eine Art „Un-Pädagogik“, die im strikten Widerspruch zu allen beglaubigten Überlieferungen der europäischen Erziehungsgeschichte stand und von den Nachfahren nur als ein – jedenfalls aus der Sicht der Pädagogik – nicht verständlicher Absturz in die Barbarei zur Kenntnis genommen werden könnte. Für eine so angelegte Darstellung stünde Material in Hülle und Fülle zur Verfügung. Es ließe sich zeigen, wie die anthropologischen und psychosozialen Voraussetzungen der Verführbarkeit des Menschen zu einer Technik der Verführung gemacht wurden. [...] Dort, wo kein Erziehungsanspruch mehr behauptet, sondern nur noch von „Behandlung“ gesprochen wurde, demaskierte sich die auch im Zugriff auf die Jugend des eigenen Volkes maßgebliche Entwürdigung des Menschen zum bloßen Mittel: Die vollständige Destruktion der pädagogischen Verantwortung war die eigentliche NS-Pädagogik.

Quelle: Blankertz, H. (1982). *Die Geschichte der Pädagogik* (S. 272-273). Wetzlar: Büchse der Pandora.

Heinz-Elmar Tenorth: Nationalsozialistische Pädagogik als Teil der Pädagogik
Wer, gestützt auf den Begriff der Un-Pädagogik, also strikt alle Affinitäten abweist und alle Vergleiche der Erziehungsverhältnisse abwehrt, der [...] dispensiert sich auch von der Frage, warum die gutgemeinten pädagogischen Ideen [z.B. der reformpädagogischen Bewegung, d. Hrsg.] sich derart instrumentalisieren ließen; schließlich kann ein Erziehungshistoriker mit dem Begriff der „Un-Pädagogik“ nicht einmal mehr pädagogisch erklären, wie die Entstehung resistenten Verhaltens oder die Einsicht in den verbrecherischen Charakter der NS-Herrschaft z.B. durch die situative Begegnung von Lehrern und Schülern möglich war, wenn dieser Situation, als Un-Pädagogik gedeutet, alle Merkmale von Erziehung im Sinne legitimer Pädagogik fehlten. [...]
Der Begriff der Un-Pädagogik, isoliert, beraubt um das Komplementärstück zur Kennzeichnung der NS-Pädagogik, daß sie auch „Erbe der Pädagogischen Bewegung“ war, nimmt der historischen Analyse zugleich die Möglichkeit, die Erziehungsverhältnisse nach 1933 in ein theoretisches Verständnis von Erziehung einzubinden, und er würde deshalb gerade die

Lernmöglichkeiten versperren, die aus der Analyse der Erziehungswirklichkeit des Nationalsozialismus zu gewinnen wären – besonders für die (Selbst-)Gefährdungen pädagogischer Arbeit.

Quelle: Tenorth, H.-E. (1989). Erziehung und Erziehungswissenschaft von 1930-1945. Über Kontroversen ihrer Analyse. *Zeitschrift für Pädagogik 35*, S. 268.

Benjamin Ortmeyer: Notwendigkeit einer Differenzierung

Von noch grundsätzlicherer Bedeutung ist die Frage nach der Pädagogik oder Unpädagogik des Nazismus. Auch hier ergibt die Debatte innerhalb der Erziehungswissenschaft, dass ein schrankenloser, rein funktionalistischer Begriff der Erziehung letztlich in der Tat auch das KZ wertfrei zum Erziehungsmittel erklärt. Bei der Betrachtung dieser provokativen Feststellung kann es jedoch gerade für die Geschichte der Pädagogik nicht hilfreich sein, nur einen engen, auf Emanzipation und Aufklärung, Selbstbewusstsein und Mündigkeit der Educandi angelegten Begriff der Pädagogik zu verwenden. In der Tat würde sich die Geschichte der Pädagogik so verengen, dass etwa die Schulwirklichkeit bis heute kaum oder wenig Platz beanspruchen würde. Es ist also lohnend und nötig, über die Grenzen zwischen emanzipatorischer und reaktionärer Erziehung sowohl in der Erziehungstheorie als auch in der Praxis der Erziehung zu streiten. Nicht jede nicht-emanzipatorische Erziehung (etwa die nationalistische Erziehung der Weimarer Republik) sollte kurzerhand zur Un-Pädagogik erklärt werden, denn sonst könnten allzu leicht die jeder Pädagogik innewohnenden Gefahren der Manipulation übersehen werden. Aber es muss bei der Analyse des Erziehungsbegriffs in der NS-Zeit eine weitere Unterscheidung hinzukommen: Der Nazismus unterscheidet im eigenen Einflussbereich sehr deutlich, wer erzogen und wer nicht erzogen werden soll. Die Feinde, insbesondere die jüdischen Feinde, die Sinti und Roma sollten vernichtet, nicht erzogen werden. Die reaktionäre Erziehung deutscher Jugendlicher zum Herrenmenschentum einschließlich der nazistischen Erziehung zum angeblichen „Heldentod" durch den Nazismus bezieht sich auf eine Kategorie der „Erziehbaren". Die Realität der nazistischen Behandlung der zu Feinden erklärten Menschen auch in den „ersten KZs" verweist auf die prinzipiell davon zu unterscheidende Kategorie der „Nichterziehbaren".

Quelle: Ortmeyer, B. (1998). Das Thema NS-Pädagogik in der Geschichte der deutschen Erziehungswissenschaft. Ein Überblick 1945-1995. In Ders., *Schicksale jüdischer Schülerinnen und Schüler – Leerstelle deutscher Erziehungswissenschaft?* (S. 15). Bonn: Wehle.

1. Fassen Sie die Positionen der Autoren jeweils zusammen und erstellen Sie eine tabellarische Gegenüberstellung.
2. Diskutieren Sie vor dem Hintergrund der Positionen und Ihrer pädagogischen Kenntnisse die Frage, ob und inwiefern die Ihnen bekannten nationalsozialistischen Erziehungsansätze als Teil der Pädagogik zu verstehen sind.

2.2 Die Neuausrichtung des Schulwesens ab 1933

2.2.1 Die „Nazifizierung“ der Schule

Die Regelschule spielte im Rahmen der vom NS-Regime angestrebten Kontrolle sämtlicher Lebensbereiche eine wichtige Rolle. Die erste Phase der NS-Schulpolitik von 1933 bis 1936 galt vorrangig der Machtdurchsetzung und der sog. „Gleichschaltung“ des Schulwesens. Dieser Prozess ist von der Wissenschaft als „Nazifizierung“ beschrieben worden. Bekannte demokratische Reformschulen der Weimarer Republik – wie die Karl-Marx-Schule in Berlin-Neukölln – wurden im Sinne der Nationalsozialisten neu ausgerichtet oder – wie das Landerziehungsheim Walkemühle in der Nähe von Kassel – zerschlagen. Prominente Gegner des Dritten Reiches innerhalb der Lehrerschaft wurden verfolgt, ins Ausland gedrängt oder in ersten Konzentrationslagern in sog. „Schutzhaft“ genommen. Bekanntermaßen demokratisch ausgerichtete Kollegien wurden aufgelöst, Lehrpersonal und Schulleiterinnen und Schulleiter entlassen oder strafversetzt. Mit dem "Gesetz zur Wiederherstellung des Berufsbeamtentums" vom 7. April 1933 schufen sich die Nationalsozialisten eine formale Rechtsgrundlage zur Entlassung von jüdischen, sozialistischen und pazifistischen Pädagoginnen und Pädagogen. Wenig später wurde mit dem am 25. April 1933 erlassenen "Gesetz gegen die Überfüllung deutscher Schulen und Hochschulen" die "Rassenzugehörigkeit" als Kriterium für den Zugang zu höheren Schulen und zum Hochschulstudium eingeführt. Der Anteil jüdischer Schüler und Studenten an der gesamten Schüler- und Studentenschaft durfte nun nicht mehr den jüdischen Anteil an der Gesamtbevölkerung von knapp einem Prozent überschreiten. Daraufhin halbierte sich die Zahl jüdischer Schüler an den öffentlichen Schulen bis 1935, bevor sie nach der Pogromnacht von 1938 gegen Null tendierte.

Nun wird es in den Schulen schön;
Denn alle Juden müssen gehn,
Die Großen und die Kleinen.
Da hilft kein Schrein und Weinen
Und auch nicht Zorn und Wut.
Fort mit der Judenbrut!–
'Nen deutschen Lehrer wollen wir,
Der uns den Weg zur Klugheit führ',
Der mit uns wandert, spielt und dann
Auch Zucht und Ordnung halten kann!
Der mit uns fröhlich ist und lacht,
Damit das Lernen Freude macht!

Aus einem in Grundschulen genutzten Bilderbuch aus dem Jahr 1936[1]

Ab 1936/37 verstärkte das NS-Regime die ideologische Umgestaltung des Schulunterrichts. In erster Linie dienten die "gesinnungsbildenden" Fächer wie Deutsch und Geschichte der nationalsozialistischen Einflussnahme, der es um die Vermittlung von "vaterländischer Größe" und von Heroismus ging. Der Geschichtsunterricht sollte sich auf die deutsche Geschichte und die der "nordischen Rasse" beschränken. Im Biologieunterricht wurden "Vererbungslehre" und "Rassenkunde" eingeführt. Um das nationalsozialistische Ideal "körperlicher Ertüchtigung" gegenüber einer geistig-intellektuellen Erziehung umzusetzen, erhielt der Sportunterricht eine

---

[1] Quelle: Bauer, E. (1936). *Trau keinem Fuchs auf grüner Heid und keinem Jud bei seinem Eid. Ein Bilderbuch für Groß und Klein* (Ohne Paginierung), Nürnberg: Stürmer-Verlag.

erhöhte Stundenzahl und nahm Kampfsportarten in den Lehrplan auf. Die reformpädagogischen Neuerungen von Unterricht und Schulleben, die – wie z.B. die Schülermitverwaltung – nach 1919 in der Volksschule eingeführt worden waren, wurden, soweit sie auf individuelle Mündigkeit und Teilhabe zielten, endgültig rückgängig gemacht. Im höheren Schulwesen wurden die traditionsreichen Ideale der klassisch-humanistischen Bildung als "undeutsch" attackiert. Neben den neuen ideologischen Inhalten prägten Rituale und NS-Symbole wie Hakenkreuzfahnen, Hitlerporträts und Hitlergruß immer deutlicher den Schulalltag.
Trotz aller Maßnahmen des NS-Staats blieb die Regelschule in ihren Grundzügen eine weitgehend traditionelle Bildungsinstitution, die dem revolutionären Anspruch des NS-Regimes kaum gerecht wurde. Anders sah es an den Rändern des Systems aus, wo die Prinzipien von „Ausmerze" und „Auslese" konsequent verfolgt wurden. Das Sonderschulwesen wurde neu ausgerichtet, und als Ergänzung zum allgemeinen Regelschulwesen wurden "Eliteschulen" aufgebaut, die der unmittelbaren politischen Kontrolle der Nationalsozialisten unterstellt wurden.

Helene Bornkessel (*1920): Machtübernahme 1933 in meiner Schule

In meiner Klasse kamen schon 1932 einige Jungen in der HJ-Uniform in die Schule. Andere trugen Abzeichen der SPD oder KPD: Morgens gab es, bis der Lehrer kam, heftige politische Grölereien. "Parteipolitik ist in der Schule verboten", rief der Lehrer dazwischen und der Unterricht begann. Am Tag nach der Machtübernahme begann der Schulleiter mit dem Unterricht. "Wir haben heute einen denkwürdigen Tag. Adolf Hitler ist Reichskanzler geworden. Prägt euch diesen Tag gut ein. Ihr werdet noch lange daran denken." Dann gab es schulfrei. Ich konnte mir einen Schlitten borgen und den Tag am Voßberg nutzen. Wir hatten reichlich Schnee, Raureif und einen blauen sonnigen Himmel. Diesen Anblick habe ich mir eingeprägt [...].

Danach wurde es ruhiger in der Klasse. Es wurden nur noch gemeinsame Parolen besprochen und Nazilieder gesungen. Dass der Vater des Kommunisten abgeholt wurde, flüsterte sich herum. Zum 1. Mai sollten wir einen Aufsatz schreiben. Der sollte aber nichts mit der Natur zu tun haben. "Ihr dürft auch Sätze aus den Zeitungen verwenden", verkündete der Schulleiter. Aufsätze waren nicht mein Fall, und eine Zeitung hatten wir auch nicht, auch mehrere Nachbarn nicht. Eine Straße weiter bekam ich dann eine Zeitung. Da stand in großen Lettern beschrieben, wie aus dem ehemaligen Kampftag ein Feiertag für die Arbeiter wurde. Ich schrieb einige Sätze ab und fand als Schlusssatz: "Vaterland in tausend Jahren kam dir solch ein Frühling kaum". Nach einigen Tagen bekamen wir die Arbeit zurück. Mein Aufsatz wurde als erster vorgelesen und war vom Schulleiter mit einer 1 benotet. Ich war stolz, es war die erste 1 in meiner Schulzeit, außer im Turnen. Hinterher wurde ich von den Klassenkameraden gerügt: So was schreibt man doch nicht! Auch als ich meine 1 stolz im Familienkreis und bei Nachbarn zeigte, wurde ich gerügt. Ich verstand es nicht, der Schulleiter war doch zufrieden?

Im Sommer organisierte der Schulleiter dann noch einen Ausflug. Mit Lastwagen sollte es nach Lübeck und Travemünde gehen. Hierfür sollten die Hitlerjungen Hakenkreuzfahnen sichtbar an den Wagen anbringen. Und das taten sie auch mit Begeisterung. Naziparolen grölend kamen wir von der Fahrt zurück. Etliche Eltern waren entsetzt, aber der Schulleiter wurde bald darauf an eine große namhafte Schule versetzt. Diese bekam dann den Namen "Hermann Göring Schule". Von dort kam ein unscheinbarer Schulleiter zu uns an die Dorfschule Tonndorf. Ihm wurden viele Schwierigkeiten in den Weg gelegt, vor allem von den Hitlerjungen: Er ließ sich selten aus der Ruhe bringen. Einige Jahre nach dem Krieg erfuhr ich, dass es eine Strafversetzung war. Der unscheinbare Schulleiter kam 1945 an seine Schule zurück. Wo ist der andere geblieben?

Quelle: *https://www.dhm.de/lemo/zeitzeugen/helene-bornkessel-machtuebernahme-1933-in-meiner-schule* [01.02.2019].

Schulfeiern und Veranstaltungen im Nationalsozialismus

Aus der Chronik des Städt. Lyzeums Berlin-Hermsdorf

Schuljahr 1931/32

29.6.	Freiherr-vom Stein-Feier[1] [...]
11.8.	Verfassungsfeier[2]. Festrede [...]
22.12.	Weihnachtsfeier. Krippenspiele
6.2.	Ruderball
23.3.	Schulbabschluß. Entlassungsfeier
14.4.	Schulanfang

Schuljahr 1934/35

20.4.	Feier [...] zum Geburtstag des Führers
24.4.	Kolonien-Gedenkstunde [...]
1.5.	Feier des Tages der Arbeit[3]
11.5.	Muttertag. Feier. Rede [...]
17.5.	Saarfeier der V.d.A. Gruppe.[4] [...]
7.8.	Hindenburg-Trauerfeier[5] Ansprache der Direktorin. Rundfunk.
11.8.	Tannenberg-Feier.[6] Turnfest [...]
8.9.	Lönsfeier[7] [...]
19.9.	Vortrag: Deutschland als Kulturpionier in den Kolonien. [...]
24.9.	Erntedankfest, gleichzeitig Schlußfeier
12.11.	Schillerfeier [...]
28.11.	Hausmusikabend
22.12.	Weihnachtsfeier. Schlußfeier
18.1.	Reichsgründungsfeier. Ansprache [...]
30.1.	Gedenkfeier, III. Reich. Festrede [...]
14.2.	Geräte-Wett-Turnen [...]
1.3.	Saarfeier. Festrede [...]
18.3.	Heldengedenkfeier. Ansprache [...]
29.3.	Entlassungsfeier
4.4.	Schlußfeier

Quelle: Auszüge aus den Schulberichten der Jahre 1931/32 und 1934/35: *http://goobiweb.bbf.dipf.de/viewer/toc/1048415902/1/LOG_0000/* [01.02.2019].

Um Schulfeiern im nationalsozialistischen Sinn zu gewährleisten, wurden präzise Vorgaben gemacht, die die Schulen streng einzuhalten hatten. Darüber hinaus wurden für sämtliche Feieranlässe Materialien zur Verfügung gestellt, an denen sich die Schulen bis ins Detail orientieren konnten. Die folgenden Auszüge stammen aus dem Buch „Die völkische Schulfeier", hg. von Hubert Breuer (1940, 3. Aufl.). Bochum: Kamp.

---

[1] Freiherr-vom Stein (1757-1831) war der bekannteste Vertreter der sog. „Preußischen Reformen" zu Beginn des 19. Jahrhunderts.

[2] Gedenktag der Unterzeichnung der Verfassung der Weimarer Republik.

[3] Von den Nationalsozialisten 1933 eingeführter Feiertag.

[4] Abkürzung für „Volksbund für das Deutschtum im Ausland". Das Saarland stand 1934 noch unter internationaler Verwaltung des Völkerbundes. Nach einer Volksabstimmung wurde es am 1.3.1935 ins Deutsche Reich eingegliedert.

[5] Am 2.8.1935 starb der Reichspräsident Paul von Hindenburg, der Hitler am 30.1.1933 zum Reichskanzler ernannt hatte. Am 7.8. wurde Hindenburgs Beisetzung im Tannenberg-Denkmal von den Nationalsozialisten als nationale Gedenkfeier organisiert.

[6] Die Tannenberg-Feier erinnert an verschiedene Schlachten im Osten Deutschlands. Die letzte wurde 1914 unter dem Oberbefehl Hindenburgs gegen Russland geführt.

[7] Herman Löns (1866-1914) galt nach 1918 als prominentester sog. „Heimatdichter". Seine nationalistische und antisemitische Einstellung sowie sein Tod als Kriegsfreiwilliger im Ersten Weltkrieg leisteten seiner Vereinnahmung durch den NS Vorschub.

Wir hissen die Fahne

Vorbemerkungen: Die Flaggenhissung ist eine Gemeinschaftsfeier, daher haben alle Kinder an ihr teilzunehmen, auch die, die sonst zu dieser Stunde keinen Unterricht haben. [...] Zur Feier marschieren die einzelnen Klassen geschlossen an. Um auch jede noch so geringe Störung zu vermeiden, kennt jede Klasse ihren Platz. Daß der Ort der Flaggenehrung der Feier entsprechend angemessen sein muß, ist wohl eine Selbstverständlichkeit. Da die Flaggenehrung eine Feier ist, die mehrmals im Laufe eines Jahres wiederkehrt, ist es leicht möglich, daß sie bei den Kindern verflacht und an Wirkung verliert. Dieses muß jedoch unter allen Umständen unterbunden werden. Wie erreichen wir das? Unter keinen Umständen dürfen sich die Feiern wiederholen. Sie sind immer wieder bis ins Kleinste auszubauen und entsprechend vorzubereiten. Nur dann kann die Feier als gelungen angesehen werden, wenn die Kinder etwas von dem Feuer in sich spüren, das in den Herzen der ersten Kämpfer der Bewegung glühte, wenn es darauf ankam, die Fahne zu verteidigen.

Vorspruch: „Wer auf die Hakenkreuzfahne schwört, hat nichts mehr, was ihm selber gehört!"

Lied: Auf, hebt unsere Fahnen [...]

Gedicht: Die Fahne

Hütet die Fahne,
unseres Heiligtumes
lodernde Flamme,
die sich aus Finsternis
in des Ruhmes
dämmernden Morgen
blutrot erhebt!

Ein lebendes Kreuz
Im Strahlenkranz,
trägt sie
den Augenglanz
der erschossenen Brüder,
schlägt sie
den Atem ruhmreicher Heere
neu uns entgegen!

Hütet die Fahne!
Hütet das Kampfreiche
Tuch!
Seht, wie es königlich
Aufragt aus Schmach
in den Tag
der neueroberten Ehre
aus dem sich
der Adler erhebt
zu befreienden Flug!

Hört, wie der Führer spricht:
„Hütet die Fahne!
Ewig bleibt der Kampf!
Hört mich, ihr Brüder,
hört, wie ich mahne:
Hütet das Licht!" [...]

Ansprache: Sinn und Bedeutung der Hakenkreuzfahne

Flaggenhissung:

Ein Kind: Achtung!
Das – Banner – hoch!
(Flagge wird gehißt.)

Alle Kinder: Flieg, Banner – auf
am Bannermast!
Rufe zuhauf.
Knattre ohn' Rast. [...]

Ein Kind Die Fahne steht. Es steht der Bann
gerichtet und in Reih'n.
Wir treten vor der Fahne an
und wollen schwören,
Mann für Mann
bereit zu sein.

Alle Kinder: zu sein.

Ein zweites Kind: Die Fahne ist das Testament,
mit dem das Reich beginnt.
In ungeheurem Brand verbrennt,
woran ihr nicht mehr glauben könnt,
und seid bereit.

Alle Kinder: wir sind. [...]

Einer: Hier steht die Jugend
und sie neigt ihr Haupt zum Schwur,
den wir der Fahne leisten sollen.

Der Fahneneid [...]

Lied: Wir tragen die Fahne [...]

Feuerspruch:
Was auch daraus werde:
Steh zur deutschen Erde,
bleibe wurzelstark!
Kämpfe, blute, werde
für dein höchstes Erbe!
Siege oder sterbe,
deutsch sei bis ins Mark!

Was dich auch bedrohe;
eine heil'ge Lohe
gibt dir Sonnenkraft!
Laß dich nimmer knechten,
laß dich nie entrechten!
Gott gibt den Gerechten
Wahre Heldenkraft!

Heinrich Gutberlet

Die Feier endet mit Absingen des Deutschland- und Horst-Wessel-Liedes. Sieg Heil auf den Führer, der uns die Hakenkreuzfahne schenkte.

Vererbungslehre und Rassenkunde im Unterricht (Richtlinien, 1935)[1]

Über die Notwendigkeit der Blutreinheit

[...] Diese Schulung von Sehen, Fühlen, Denken und Wollen muß bereits in den höheren und mittleren Schulen auf der Unterstufe – in den Volksschulen beginnt sie im fünften Schuljahr – einsetzen, auf der Mittelstufe ergänzt werden und sich auf der Oberstufe vertiefen, so daß nach des Führers Willen "kein Knabe und kein Mädchen die Schule verläßt, ohne zur letzten Erkenntnis über die Notwendigkeit und das Wesen der Blutreinheit geführt zu sein". Da die Vererbungslehre die Grundlage für alle Fragen der Rassen- und Familienkunde, der Rassenpflege und Bevölkerungspolitik bildet, ist sie besonders zu pflegen. Diese Aufgabe fällt fast ausschließlich der Biologie zu. [...] Die Familienkunde bietet eine wichtige Ergänzung der Erbkunde und läßt sich schon auf der Unterstufe in verschiedenen Fächern betreiben, indem der Schüler angeleitet wird, sich als Glied in einer Kette von Geschlechtern zu sehen. Dem dient zunächst das Anlegen von Ahnentafeln, Nachkommentafeln und Sippschaftstafeln. [...]

Über Missbildungen in Sippe und Familie

Die Familienkunde darf aber nicht bei solchen einfachen Zusammenstellungen stehenbleiben. Sie muß darüber hinaus erstreben, zuverlässige Unterlagen für die Gesamterscheinung aller Sippschaftsangehörigen zu liefern. Dazu gehören: Beschreibungen von Gestalt, Gang, Haut-, Haar- und Augenfarbe, Krankheiten, Mißbildungen, seelische Eigenschaften, besondere Begabungen, Zeichnungen, Handschriften usw. Das Ergebnis muß vor allem in einer Stärkung des

---

[1] Einschließlich der Überschrift im Original-Text der ministeriellen Verordnung von 1935. Lediglich die Zwischenüberschriften wurden wegen einer besseren Lesbarkeit eingefügt.

Willens zu rassenbewußter Familienpflege und schließlich in einer Erweiterung des Familiensinns zum Volkgemeinschaftswillen hin bestehen. [...] Hierbei ist besonders herauszuarbeiten, daß für die Zukunft eines Volkes es allein entscheidend ist, ob die tüchtigsten Erbstämme im Lauf der Geschlechter erhalten und gefördert werden, oder ob umgekehrt die weniger tüchtigen Erblinien sich allmählich stärker ausbreiten, während die hochwertigen zugrunde gehen [...]. Die furchtbaren Folgen rassenpflegerischen Leichtsinns für die Nachkommen sind mit Ernst darzulegen. Als vorbeugende Mittel, die zur Bekämpfung der Volksentartung angewendet werden, sind die Maßnahmen zu behandeln, die zur Erzielung gesunder Nachkommen ergriffen werden (Gesetz zur Verhütung erbkranken Nachwuchses). [...]

Über das nordisch-bestimmte Rassengemisch

Die Rassenkunde, die auf den Ergebnissen der Erblehre aufgebaut ist, hat vor allem darauf hinzuweisen, daß der Schüler den Unterschied zwischen Rasse und Volk und weiter die Begriffe Nation, Sprach-, Kultur- und Bekenntnisgemeinschaft klar erfaßt. Bei der Besprechung der europäischen Rassen und insbesondere der Rassenkunde des deutschen Volkes muß das nordisch-bestimmte Rassengemisch des heutigen deutschen Volkes gegenüber andersrassigen, fremdvölkischen Gruppen, besonders also dem Judentum gegenüber, herausgestellt werden. Wichtig ist die Tatsache, daß allen deutschen Stämmen und allen Volksgenossen Einschläge nordischen Blutes gemeinsam sind und daß dieses uns in Wahrheit blutmäßig zusammenhält. Hier liegt die biologisch-rassenkundliche Grundlage des Erlebnisses der Volksgemeinschaft. [...] Es muß betont werden, daß das äußere rassische Erscheinungsbild nicht den Anlagen und inneren Eigenschaften zu entsprechen braucht und daß das sicherste Kennzeichen einer Rasse die charakterlich-seelische und geistige Haltung und Leistung ist (vergl. die Rede des Führers auf der Kulturtagung in Nürnberg 1933). [...]

Über die biologischen Wurzeln in der germanischen Frühgeschichte

In der germanischen Frühgeschichte liegen auch die einzigen biologischen Wurzeln unseres Wesens und unserer politischen und kulturlichen Entwicklung. Was von anderen Rassen und Völkern dabei übernommen ist, konnte und kann nur dann aufbauend sein, wenn es aus rasseverwandtem Wesen stammt. Wo das nicht der Fall ist, muß es als nutzloser oder zersetzender Fremdstoff angesprochen werden. Nach diesem Grundsatz hat eine strenge Wertung der von fremden Völkern übernommenen Kulturgüter stattzufinden. So muß die Jugend die deutsche Geschichte als einen steten, auf und ab wogenden Kampf um die Erhaltung und Gestaltung germanisch-deutschen Wesens erleben, das sich gegen die Überdeckung durch fremde Einflüsse wehrt und um Lebensraum ringt. Dieser gewaltige Kampf ist nicht von den Massen, sondern vor allem von den großen Führern getragen worden. Deren Leben und Streben bildet daher das feste Gerüst jedes Geschichtsunterrichts. [...]

Über die Verantwortung deutscher Erzieher und deutscher Jugend heute

[...] Was für die Geschichte gesagt ist, gilt entsprechend für Deutsch, Kunstunterricht und auch Singen. Sie alle haben sich der Gestaltung germanisch-deutschen Wesens einzuordnen, sowohl in wertender Rückschau wie in vorschauendem Aufbauwillen. Auch die übrigen Unterrichtsfächer werden mancherlei Hilfe zu leisten vermögen. So kann die Behandlung bedeutender Fachvertreter (Mathematiker, Naturwissenschaftler, Sprachforscher), die Wahl der Unterrichtsbeispiele (Rechnen, Mathematik), des Lesestoffes (Fremdsprachen) die organische Lebensauffassung und die politische Willensbildung wesentlich fördern. Dazu müssen aber auch diese Fächer und ihre Vertreter von den Grundgedanken und Zielen der Rassenkunde und Rassenpflege sich durchdringen und bestimmen lassen. [...]

Der Reichs- und Preußische Minister für Wissenschaft, Erziehung und Volksbildung. Rust

Quelle: *Deutsche Wissenschaft, Erziehung und Volksbildung*, 3(1935) 43-46.

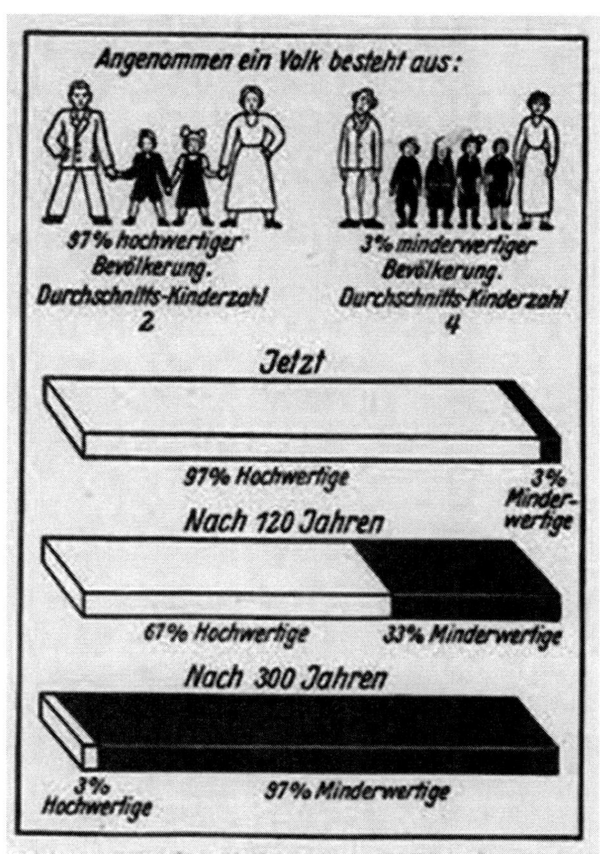

Aus einem Schulbuch für die 6. Klasse[1]

1. Fassen Sie die Maßnahmen der „Nazifizierung" des Regelschulwesens in einer Tabelle zusammen und erörtern Sie, welche Zielsetzungen mit diesen Maßnahmen verbunden waren.
2. Ordnen Sie die Erinnerungen von Helene Bornkessel in diesen Kontext ein.
3. Analysieren Sie die Texte der Schulfeier vor dem Hintergrund Ihrer Kenntnisse zur NS-Ideologie.
4. Arbeiten Sie aus den Richtlinien von 1935 die Ziele des rassenkundlichen Unterrichts heraus. Interpretieren Sie die Aussage: „Es muß betont werden, daß das äußere rassische Erscheinungsbild nicht den Anlagen und inneren Eigenschaften zu entsprechen braucht und daß das sicherste Kennzeichen einer Rasse die charakterlich-seelische und geistige Haltung und Leistung ist".

[1] Quelle: E. Kruse & P. Wiedow (1942). *Lebenskunde für Mittelschulen. Klasse 6.* Leipzig: Teubner.

Schule im Nationalsozialismus in autobiografischer Sicht

In einer Analyse von autobiografischen Erinnerungen an Kindheit und Jugend in der NS-Zeit unterscheidet der Erziehungswissenschaftler Wolfgang Klafki sechs zentrale Einflussfaktoren für das Aufwachsen im „Dritten Reich“:

- *Elternhaus und Familie*
- *Schule*
- *nationalsozialistische Jugendorganisationen*
- *politisch-ästhetische Inszenierungen des NS-Systems (z. B. Feiern, Propagandafilme)*
- *Elemente systemfremder jugendlicher Subkulturen, etwa heimlich gehörte amerikanische Swingmusik, westliche Modeelemente in der Kleidung usw.*
- *Begegnungen von Jugendlichen mit Nazi-Gegnern oder Opfern des nationalsozialistischen Terrors.*

Die Hauptfrage der Untersuchung lautete, welche Rolle nach den Selbstaussagen der autobiografischen Berichterstatter diese Faktoren spielten: Bewirkten Sie bei der jeweiligen Person eher eine Identifizierung mit dem nationalsozialistischen System – wirkten sie "identifikatorisch" – oder lösten sie eher Kritik am System, bzw. mehr oder minder weitgehende Distanzierungsschritte, aus – wirkten sie „distanzschaffend“?

Lassen die Quellen eine Aussage darüber zu, ob es unter den Faktoren, die auf junge Menschen in der NS-Zeit einwirkten, in der Mehrzahl der Fälle einen besonders hervorstechenden Faktor gegeben hat? Die Antwort lautet: Ja!

Als entscheidender Faktor für die politisch-moralische Grundorientierung im NS aufwachsender Menschen erscheint, mindestens bis zur Pubertät, in den meisten Autobiografien die Familie. Das gilt zum einen dann, wenn in den Herkunftsfamilien die politisch-moralische Wertorientierung im wesentlichen einheitlich ausgeprägt war bzw. von einem dominierenden Familienmitglied bestimmt wurde; sei es, daß solcher Wert-Konsens pronazistisch war, sei es, daß ein Junge oder ein Mädchen eine betont distanzierte oder anti-nationalsozialistische familiäre Sozialisation und Erziehung erlebte. Das war z. B. bei Heinrich Böll, der nach 1945 einer der namhaftesten deutschen Schriftsteller wurde, der Fall. Die Familie, in der er aufwuchs, war im Zwischenfeld zwischen proletarischer und kleinbürgerlicher Existenz angesiedelt und zugleich von einem liberalen Katholizismus bestimmt. [...] Die Fälle, in denen sich die im NS aufwachsenden Jungen oder Mädchen von den Grundorientierungen ihrer Familien oder der für sie bis dahin dominierenden familiären Bezugspersonen ganz oder fast ganz lösten, sind selten. In solchen Fällen scheint ein zunächst eher unpolitisches Motiv der in die Pubertät eintretenden Jungen oder Mädchen eine entscheidende Rolle gespielt zu haben: der Wunsch, sich gegenüber der Familie zu verselbständigen. Die Bedingungskonstellation im NS war nun folgende: Das nationalsozialistische System machte den jungen Menschen gleichsam das Angebot, gegenüber ihrem Elternhaus eine selbständige Position aufzubauen, indem es ihnen eine neue Identifikationschance mit politischer Akzentuierung eröffnete, nämlich die Übernahme "ernster", überdurchschnittlicher Verantwortung, einer Führerinnen- oder Führerrolle, die das Selbstbewußtsein des jungen Menschen, sein Geltungsbedürfnis ansprach und ihm das Gefühl vermittelte: "Du wirst für eine große Aufgabe gebraucht". Eine solche Rolle ermöglichte dem Jugendlichen – mindestens scheinbar – aktive Mitgestaltung. – In Autobiografien von Autorinnen oder Autoren, die dem Typ "überzeugter junger Nationalsozialist" zugeordnet werden können, stößt man immer wieder auf Belege für diese sie damals motivierende Perspektive [...].

Die Schule scheint nach dem Ausweis der meisten Autobiographien im politischen Sozialisationsprozeß im Sinne nationalsozialistischer Zielsetzungen eine relativ geringe, eher bremsende als fördernde Rolle gespielt zu haben. Sie hat in diesem Sinne im Bewußtsein der Kinder und Jugendlichen deutliche Ambivalenzen erzeugt. Die besuchten Schulen sind von den Schülerinnen und Schülern meistens nicht als Institutionen, in denen relativ einheitliche nationalsozialistische Beeinflussung versucht worden ist oder tatsächlich stattgefunden hat, wahrgenommen worden. M. a. W.[1]: In der Wahrnehmung bzw. Einschätzung der autobiografischen Berichter taucht selten das Bild einer durch und durch nationalsozialistischen Schule auf.

Die meisten Berichterstatter begegneten zwar in den von ihnen besuchten Schulen jeweils einigen entschieden nationalsozialistischen Lehrerinnen und Lehrern und erlebten deren nsparteilichen Unterricht. Aber daneben stand einerseits meistens eine größere Zahl traditionell- unpolitischer bzw. vermeintlich unpolitischer Lehrkräfte; andererseits erinnern sich viele, auffällig beeindruckt, an bestimmte Lehrerinnen und Lehrer, die – bisweilen offen, meistens formal kaschiert, inhaltlich aber für alle oder mindestens einen Teil der Schüler erkennbar, – Distanz zum System oder Kritik an wesentlichen Systemelementen erkennen ließen. Obwohl die Zahl solcher Lehrerinnen und Lehrer gewöhnlich gering und ihre systemkritischen Äußerungen naheliegenderweise selten erfolgten, hatten sie nach der Einschätzung der Berichterstatter in deren Wahrnehmung ein unverhältnismäßig hohes Gewicht; sie gaben Impulse mindestens zum kritischen Aufmerken und wurden als Bekundungen persönlichen Mutes registriert. Sie bewirkten oder verstärkten Distanzierungstendenzen, sofern solche Tendenzen durch andere Sozialisationsinstanzen bereits angeregt worden waren. In diesen Fällen konnten solche Lehrerinnen und Lehrer auf dem Weg einzelner Berichterstatter zu zunehmender Abwendung vom NS sogar herausragende Bedeutung erhalten. [...]

Innerhalb der von den Autobiografen rückblickend als pronazistisch, identifikatorisch eingeschätzten Sozialisationseinflüsse tauchen fast nie "signifikante Personen" auf, d. h. Bezugspersonen, die von den Berichterstattern als für ihre persönliche Entwicklung bedeutsame, eindrucksvolle Persönlichkeiten erfahren wurden und die das, was die betreffenden Kinder oder Jugendlichen - idealisierend - als "Natonalsozialismus" verstanden, überzeugend repräsentiert hätten. Der tendenziell entgegengesetzte Befund aber ergibt sich hinsichtlich der distanzschaffenden, systemkritischen Einflüsse: Immer wieder werden hier in den Autobiografien signifikante Personen als zentrale Repräsentanten der Gegensozialisation genannt. Bis in die Stilistik der betreffenden Passagen in den Autobiographien hinein, die von Dankbarkeit, Bewunderung, ja nicht selten Verehrung geprägt sind, wird die Bedeutsamkeit dieser Frauen oder Männer für die autobiografischen Zeugen deutlich [...].

In einem erheblichen Teil der Autobiografien wird – als identifikationsstiftender Wirkungsfaktor – die emotionale Faszination bezeugt, die insbesondere für die Jungen und Mädchen in der Kindheitsphase etwa bis zur Pubertät, z. T. auch darüber hinaus, von den ästhetischen Inszenierungen der Nazis ausging: von den Massenfeiern und Fahnenaufmärschen, den Uniformen, Sprechchören und Fackelzügen, nicht zuletzt auch der NS-Programm-Musik und von manchen Filmen, u. a. dem Film über die Olympiade 1936. Allerdings scheint die rauschartige Faszinationswirkung dieser Inszenierungen bei vielen jungen Menschen im Zuge der Pubertätsentwicklung weitgehend abgeklungen zu sein.

Insbesondere für die älteren Schülerinnen und Schüler höherer Schulen enthält die autobiografische Literatur zahlreiche Belege dafür, daß an die Stelle jener nazistisch-ästhetischen Faszinationen häufig emotional hoch besetzte, ganz anders geartete, nämlich distanzschaf-

---

[1] M. a. W. Abkürzung für mit anderen Worten.

fende Sozialisationsfaktoren traten. Ich verdeutliche das an Elementen a- oder antinationalsozialistischer jugendlicher Subkulturen und nenne einige Beispiele: die Tendenz der Jungen, ihre Haare länger wachsen zu lassen; westliche Modeelemente wie die breitkrempigen Hüte und langen Staubmäntel; das Schminken bei den Mädchen; Swingmusik, Interesse für Elemente des Jazz usw. Die indirekte politische Bedeutung dieser Faktoren lag darin, daß hier Aspekte a- oder antinationalsozialistischer Lebensstile und Orientierungen zur Geltung kamen: Genuß, Lässigkeit, weltmännische Attitüden, freies Spiel, Ansätze liberaler Sexualität, spontane Motorik u. ä. Wir Jugendlichen empfanden diese Elemente durchaus als Orientierungen, die gegen die ns-offiziellen Leitbilder des "deutschen Jungen" und des "deutschen Mädchens" gerichtet waren. [...]

Quelle: Klafki, W. (1998). *Kindheit und Jugend im Nationalsozialismus in autobiografischer Sicht.* *http://archiv.ub.uni-marburg.de/sonst/1998/0003/k11.html* [01.02.2019].

Die Ergebnisse der Studie von Klafki legen nahe, dass die Nazifizierung der Regelschule nur sehr begrenzt gelungen zu sein scheint. Diskutieren Sie diesen Befund. Berücksichtigen Sie hierbei auch den Quellenwert autobiografischer Erinnerungen.

Der Quellenwert autobiografischer Texte

Der Quellenwert von autobiographischen Texten zeigt sich bei kulturgeschichtlich orientierten Fragen nach Lebenswelten und Mentalitäten von Personenkreisen und deren kollektiven Empfindungs- und Denkweisen: Sie enthüllen die „Sinnstiftungsprozesse“ des Autobiographen in Bezug auf die ihn umgebende „reale“ Wirklichkeit, das heißt die Wahrnehmung des „Objektiven“, der „empirischen“ (Um-)Welt durch das Subjekt und deren Deutung und Einordnung in den eigenen Lebenszusammenhang. Sie lassen somit den Blick des Menschen auf seine Zeit und Umwelt, auf seine gesellschaftliche Schicht, seine Mentalität, seine Beziehungen und Bindungen erkennbar werden. Da es sich nicht um Sachakten handelt, die die empirische „Wirklichkeit“ abbilden, sondern die Autobiographie einen sozialen und kommunikativen Akt der Konstruktion darstellt, sind Schreibezeitpunkt und -ambitionen des Autors quellenkritisch zu beachten.

Der autobiographische Schreibakt basiert auf einem generellen anthropologischen Interesse an der eigenen Person. Es geht um Selbstvergewisserung durch Reflexion der inneren Entwicklung und Offenlegung psychologischer Zusammenhänge, kurz: die Deutung des eigenen Ich. Ist das Interesse an der eigenen Person mit dem Bedürfnis nach deren Mitteilung verbunden und steht somit nicht die persönliche Rechtfertigung vor sich selbst – oder auch einem engen Kreis von Familienangehörigen oder Freunden – im Vordergrund, tritt der Autobiograph durch Publikation an eine weitere Öffentlichkeit. Er zielt damit auf Rechtfertigung vor Zeitzeugen und Nachwelt, in einem weiteren Sinne auf Erlangung von Deutungshoheiten. Nicht nur das individuelle Handeln, sondern das der eigenen sozialen Schicht und politischen Richtung oder Gruppierung soll erklärt und verteidigt werden. Insofern ist die Veröffentlichung autobiographischer Texte Teil von kollektiven – und konkurrierenden – Sinnbildungsprozessen gesellschaftlicher Gruppen.

Quelle: Becker, N. Autobiografien (nach 1945). In *Historisches Lexikon Bayerns* *https://www.historisches-lexikon-bayerns.de/Lexikon/Autobiographien_*(nach_1945) [01.02.2019].

2.2.2 „Auslese“ – nationalsozialistische Eliteschulen

Als Inbegriff nationalsozialistischer Elitevorstellungen galt die SS (Schutzstaffel). Ihr Aufstieg und ihre Machtstellung als eine Art Eliteorden einerseits, als gefürchtetes Polizei- und Terrorinstrument andererseits verbanden sich vor allem mit der Person Heinrich Himmlers [...]. Die SS verkörperte am reinsten die Idee nordisch-germanischen Herrenmenschentums im Sinne der Nazis, sowohl in biologischer als auch charakterlicher Hinsicht. Wichtigste Voraussetzung für die Aufnahme war die über Generationen hinweg nachweisbare „rassische Reinheit des Blutes“. Körperbau und -größe wie Physiognomie jedes einzelnen Bewerbers wurden genauestens überprüft. Wie der Saatzüchter bei der Staudenauslese wollte Himmler „rein äußerlich die Menschen ab(...)sieben“, die für den Aufbau der Schutzstaffel nicht „brauchbar“ erschienen [...]. Dem nordisch-germanischen Äußeren sollten Charakter-, Willensstärke sowie „bedingungsloser Gehorsam“ gegenüber den Befehlen des „Führers“ entsprechen. Dies galt vor allem in bezug auf die der SS gestellten Aufgaben der „Reinhaltung“ der arischen Rasse wie der Bekämpfung und der Vernichtung des „jüdischen und bolschewistischen Untermenschen“. Damit verbanden sich als Tugenden des SS-Mannes „Ehre“ und „Treue“ [...], aber auch „Härte“ und „Unbarmherzigkeit“. Himmler sprach von der SS als einem „gnadenlosen Richtschwert“ [...]. Diese Funktion übernahm die SS im Rahmen der von ihr gestellten SS-Totenkopfverbände zur Bewachung der deutschen Konzentrationslager (KZ), ebenso als Mordkommandos und „Einsatzgruppen“ in den okkupierten Gebieten während des Krieges [...]. Für die Aufnahme in die SS mußte man sich bewerben. Die Ausbildung des Nachwuchses erfolgte in sog. *SS-Junkerschulen* in Braunschweig und Bad Tölz [...]. Die „Führer“ der KZ-Stammmannschaften hatten, ehe sie „Führungsaufgaben“ im eigentlichen Sinne übernahmen [...] noch die Probe eines Sonderkurses (zu) bestehen, der [...] stets im Konzentrationslager Dachau stattfand. Dort sind in späteren Jahren auch alle KZ-Kommandanten ausgebildet worden. [...]

Die SS galt als Elite-Orden sui generis[1], gab aber zugleich das Vorbild für jede NS-Eliteerziehung ab. Diese sollte nach Möglichkeit bereits im frühen Jugendalter einsetzen, woraus sich die Funktion der NS-Ausleseschulen ergab [...]. Zu ihnen gehörten die Nationalpolitischen Erziehungsanstalten (abgek. NPEA oder Napola) und die Adolf-Hitler-Schulen (AHS). Aufgrund ihres Internatsbetriebes und ihrer strengen Abschirmung ließen sich hier körperliche Schulung, Charaktererziehung wie auch die Ausbildung eines Elitebewußtseins im Sinne der NS-Ideologie besser realisieren als in der staatlichen Halbtagsschule.

Die ersten *Napolas* wurden bereits im April 1933 [...] in Plön (Schleswig-Holstein), Köslin (Pommern) und Potsdam gegründet. [...] 1935 gab es bereits 13, 1944 37 Napolas, darunter auch zwei für Mädchen. Die meisten der Kriegs-Neugründungen entstanden in den annektierten bzw. okkupierten Gebieten [...]. Bis zum Kriegsbeginn wurden sie als politisch akzentuierte Ausleseschulen mit Internatserziehung im Rahmen des allgemeinbildenden höheren Schulwesens benutzt. Während des Krieges entwickelten sie sich immer stärker zu Nachwuchsschulen für SS und Wehrmacht. Ihre Verwaltung war [...] von der allgemeinen Schulverwaltung getrennt. Sie unterstanden einem Inspekteur unter der Oberhoheit des REM[2] [...]. Grundvoraussetzung für die Aufnahme in eine Napola war [...] die „rassische“, charakterliche, körperliche und erst zuletzt die intellektuelle „Eignung“, wobei der Hauptakzent auf „arischer Abstammung“, „Erbgesundheit“ und voller körperlicher Leistungsfähigkeit lag [...].

---

[1] Eigener Art.

[2] REM – Abkürzung für Reichserziehungsministerium.

Zur „Rekrutierung“ des Nachwuchses wurden die „jeweiligen Volksschulen im Umkreis entsprechend vorgemustert“, die für eine Aufnahme in Frage kommenden Kinder zu einer Aufnahmeprüfung eingeladen, medizinisch und intellektuell getestet und auf ihre charakterliche Eignung hin überprüft. Eigenschaften wie Mut, Durchhaltevermögen, Tapferkeit, Fähigkeit zur Einordnung, aber auch zur Übernahme von Führungsaufgaben waren gefragt. Die Aufnahme erfolgte zunächst auf Probe, d. h. der aufgenommene „Jungmann“ – so die offizielle Bezeichnung – mußte seine Eignung ständig neu unter Beweis stellen. Trotz des strengen Auslesemaßstabes hatte die Erziehungsberechtigten – im Unterschied zu den Adolf-Hitler-Schulen [...] – in der Regel „einen nach der Vermögenslage gestalteten Erziehungsbeitrag“ zu leisten, allerdings standen auch Freistellen zur Verfügung [...]. Ziel der Ausbildung war eine „allseitige nationalsozialistische Erziehung für einen vorbildlichen Dienst an Volk und Staat“ ohne Festlegung der Berufswahl (so das Aufnahme-Merkblatt für die NPEA Stuhm). Dazu fehlte allerdings ein klares Erziehungskonzept. Die inhaltliche Ausrichtung der Anstalten läßt sich am ehesten charakterisieren als eine Verbindung von paramilitärischer[3] Formationserziehung, herkömmlichem Internatsbetrieb und Höherer Schule, wobei sowohl Einflüsse der Kadettenanstalten als auch der Landerziehungsheime und der Jugendbewegung unverkennbar sind. [...] Wichtige Elemente der Anstaltserziehung waren Wehr- und Geländesport, einschließlich Kleinkaliberschießen, ab 1938 [...] auch eine fliegerische Ausbildung. Daneben gab es ein breites sportliches Angebot, z.B. Fechten, Reiten, Rudern, Segeln, Ski- und Motorradfahren. Eine praktische Ausbildung in Form des Bergwerks- und Landpraktikums, nach Möglichkeit auch einer Ausbildung in einem Handwerk, ergänzte den normalen Unterricht in der Schule. Der Berliner Erziehungshistoriker Harald Scholtz spricht von einem „Mammutprogramm“ „vielseitig sportlich-technischer Ausbildung“, die „den Grund für ein Herrenbewußtsein der Schüler“ legte, zugleich aber auch von „vielseitig-oberflächlichem Können“, „politischer Informiertheit“ (im Sinne des NS-Systems) sowie einem „jugendlich-militärischen Schliff“. [...]

Ehemalige NPEA Vogelsang in der Nordeifel[4]

Als weiterer Typus von NS-Ausleseschule entstanden [...] auf Verfügung Hitlers vom 15.1.1937 die *Adolf-Hitler-Schulen* (AHS). Sie waren als Aufbauschulen in Internatsform konzipiert, d. h. ihre Schüler kamen erst nach der 6. Klasse Volksschule im Alter von ungefähr

---

[3] Militärähnlich.

[4] Quelle: *https://commons.wikimedia.org/wiki/File:Burg_Vogelsang.PNG* [01.02.2019].

zwölf Jahren dorthin. Sie sollten sich zuvor bereits „im Deutschen Jungvolk hervorragend bewährt haben". Neben dem Abitur, das nach sechs Jahren abgelegt wurde, sah das Schulkonzept zugleich die Vorbereitung auf Führungsaufgaben in der Partei und ihren Einrichtungen vor. Die AHS konnten damit „gleichzeitig als Vorschulen" für die zur Qualifizierung des Funktionärsnachwuchses eingerichteten „nationalsozialistischen Ordensburgen" dienen (Gründungsverfügung von 1937, [...]). Die an sie geknüpften Erwartungen waren besonders hoch: Noch 1943 wurde von einem „vielseitig gebildeten, zur Härte erzogenen und im Volk verwurzelten Führerkorps der Zukunft" gesprochen, das hier heranwachse (zit. n. ebd.). Insgesamt bestanden zwölf Adolf-Hitler-Schulen, wobei eine Schule pro Gau vorgesehen war. Da sich die für die AHS geplanten Neubauten nicht so schnell realisieren ließen, erfolgte die Unterbringung ihrer sämtlichen Schüler bis 1941 in der NS-Ordensburg Sonthofen, danach teilweise in anderen Provisorien. Für die Aufnahme in die AHS galten noch schärfere Bestimmungen als für die Napolas. Die Auswahl der Schüler fand im Rahmen sog. Vor- und Endausleselehrgänge unter Führung der Hitler-Jugend statt. Die Kriterien dafür hatte die RJF[5] in besonderen „Anweisungen" erläutert, wobei wiederum „völlige Gesundheit", Herkunft „aus einer wertvollen Sippe", Führereigenschaft [...] im Mittelpunkt standen. Die für die Auswahl zuständigen „Führer" wurden angeleitet, die jungen Menschen während des Ausleselagers zu „durchschauen", „Prüfsteine" für sie „aufzurichten", „an denen sich die charakterlich wertvollen Anlagen beweisen", z. B. beim Boxen und beim Ringkampf, wo sich zeigen können sollte, „wer angreift und wer draufgeht" (Anweisung Ausleselehrgang 1938 ...). Leitbild war der „rechte Kerl", bzw. der „kleine Rädelsführer" mit angeborenem „Instinkt" zur Beherrschung anderer [...]. Die einer Ausbildung in der AHS für „würdig" befundenen Schüler brauchten weder für die Ausbildung noch für Unterhalt zu zahlen und bekamen sogar noch ein „angemessenes Taschengeld" – „auf Kosten der Partei". Der Darmstädter Erziehungswissenschaftler Hans-Jochen Gamm weist sowohl auf die „Ehre" hin, die eine solche Aufnahme für die Familie bedeutete, als auch auf die „soziale Verführungstendenz", die sich damit verband: Die kostenfreie Ausbildung „war für die meisten Eltern der dreißiger Jahre, bei denen das Durchschnittseinkommen noch ziemlich gering war, ein starker Antrieb, der ‚Auslese' ihrer Kinder zuzustimmen. Es gehörte eine andersartige Überzeugung des Elternhauses dazu, sich dieser Möglichkeit zu verschließen" [...].

Neben Napola und AHS als Ausleseschulen mit allgemeiner Hochschulreife dienten die [...] *NS-Ordensburgen* der berufsqualifizierenden Auslese und Schulung der Staats- und Parteieliten. Die Dauer ihrer Schulungslehrgänge war auf dreieinhalb Jahre veranschlagt, doch hat nur ein einziger 2jähriger Lehrgang überhaupt stattgefunden. Geplant, aber nicht mehr verwirklicht wurde eine *Hohe Schule der NSDAP*. Damit zeichnet sich ein ganzes System nazistischer Eliteerziehung ab: von den Napolas und AHS als „Vorstufen", über die Ordensburgen und SS-Junkerschulen als „wahren Hochschulen" bis zu einem sich daran „anschließenden staatspolitischen Praktikum" und der alles krönenden Parteihochschule.

Quelle: Keim, W. (1997). *Erziehung unter der Nazi-Diktatur. Bd. II: Kriegsvorbereitung, Krieg und Holocaust* (S. 105-113) Darmstadt: Primus.

1. Erläutern Sie die Kriterien der Auslese für die NS-Eliteeinrichtungen.
2. Erörtern Sie, inwiefern diese Einrichtungen für Eltern und Kinder in Deutschland attraktiv gewirkt haben könnten.
3. Diskutieren Sie die Funktion der NS-Ausleseschulen für das NS-System insgesamt.

---

[5] Reichsjugendführung.

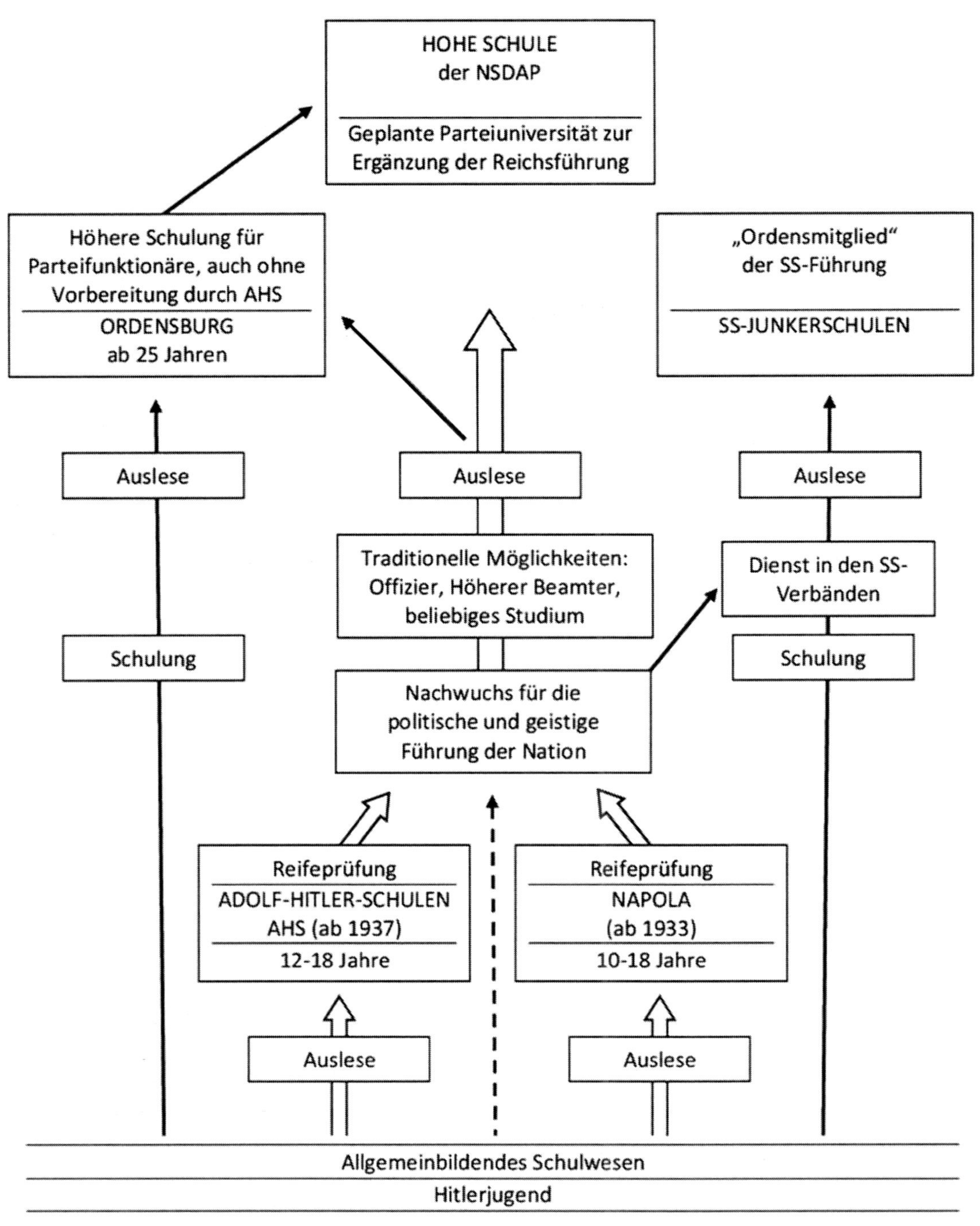

Modell-Skizze der NS-Eliterekrutierung[1]

[1] Erstellt auf der Grundlage von Gamm, H.-J. (Hg.) (1984), *Führung und Verführung: Pädagogik des Nationalsozialismus. Eine Quellensammlung* (2. Aufl., S. 384). Frankfurt/M.: Campus.

2.2.3 „Nutzbarmachung“ und „Ausmerze“ – die Hilfsschule als Teil der NS-Behindertenpolitik

Ideologische Grundlagen

Die NS-Behindertenpolitik war Teil der NS-Gesellschaftspolitik, die [...] durch die ausschließliche Orientierung am propagierten Volkswohl und damit der unbedingten Unterordnung des Individuums unter den absoluten Vorrang der Volksgemeinschaft gekennzeichnet war. [...] Die NS-Sozialpolitik hatte eine doppelte Stoßrichtung. Sie zielte zum einen [...] auf Förderung und Unterstützung der „völkisch Wertvollen“ und zugleich auf „Ausgrenzung und Ausmerze“ der „Minderwertigen“. [...] Damit praktizierte der völkische Wohlfahrtsstaat eine biologische Politik, wie sie von zahlreichen Erbbiologen und Rassenhygienikern bereits vor Jahrzehnten gefordert worden war. Ihnen allen gemeinsam war die Überzeugung von der Ungleichheit der Menschen. Diese Überzeugung bildete den Widerpart zu der aus der Aufklärung stammenden Idee von der Gleichheit aller Menschen, wie sie Rousseau in seinem Contrat Social exemplarisch entfaltet hatte. [...]

Wie bereits anklang, bemaß sich der Wert behinderter Menschen im „Dritten Reich“ nach zwei Kriterien:

- nach dem rassischen Wert und
- nach der gesellschaftlichen Brauchbarkeit, d. h. der Arbeitsfähigkeit.

Die Wertigkeit dieser beiden Kriterien variierte durchaus; entsprechend den jeweiligen Zeitumständen kam ihnen im Laufe des „Dritten Reiches“ eine unterschiedliche Bedeutung zu. So gewann in den einsetzenden Kriegsvorbereitungen der Aspekt der Brauchbarkeit zunehmend an Bedeutung [...]. Die durchaus variierenden Wertschätzungen hatten zur Folge, dass Sonderschulen und ihre Schülerschaft keineswegs per se diffamiert und ausgegrenzt wurden, sondern – sofern zumindest eines der beiden Kriterien erfüllt war – als noch nützliche Glieder der Volksgemeinschaft eingestuft werden konnten. [...] Dass die rassische Zuschreibung das entscheidende Kriterium für die Bewertung behinderter Menschen zur Zeit des Nationalsozialismus war, zeigt der Umgang mit den sogenannten „Fremdrassigen“, wie Juden und „Zigeunern“. Während für die „arischen“ Behinderten das ausschlaggebende Bewertungskriterium „völkische Brauchbarkeit“ war, spielte es für den Umgang mit diesen Personengruppen keine Rolle. Wer als Jude oder Zigeuner abgestempelt wurde, war per definitionem der Vernichtung preisgegeben.

Quelle: Ellger-Rüttgardt, S. (2008). *Geschichte der Sonderpädagogik. Eine Einführung* (S. 242-245). München: Reinhardt.

Funktionswandel der Hilfsschulen

Nach der „Machtergreifung“ durch den deutschen Faschismus verstärkten sich zunächst die Angriffe auf die Hilfsschule, wobei im Wesentlichen auf das schon in der Weimarer Republik verwendete Argument von der Unrentabilität einer Schule für „Minderwertige“ zurückgegriffen wurde. Vor dem Hintergrund einer nach wie vor extrem hohen Arbeitslosigkeit und leerer Haushaltskassen in Ländern und Gemeinden konnten sich jene Gehör verschaffen, die den Behinderten aus Gründen einer für notwendig erachteten stärkeren rassischen Selektion und der favorisierten Elitebildung jegliches Anrecht auf Bildung und Erziehung absprachen. In dem 1933 von dem Rassenhygieniker Martin Staemmler vorgelegten Werk „Rassenpflege im völkischen Staat“ liest sich das so:

> „Auslese heißt Förderung der Hochwertigen und Zurücknahme der Minderwertigen. Will man das treiben, so muß man vor allem eins bedenken: Es gibt kein Recht für alle. Der Hochwertige hat das Recht, gefördert zu werden, der Minderwertige hat es nicht.“ [...]

Offensichtlich fühlten sich in den ersten beiden Jahren des Nationalsozialismus diverse Schulverwaltungsbehörden durch derartige Feststellungen aufgerufen, die in der Weimarer Zeit begonnenen Hilfsschulstellenkürzungen bzw. die Auflösung von Hilfsschulen weiter voranzutreiben. [...]
Die Anfangsphase der Unsicherheit und der Auflösungstendenzen wurde allerdings bald überwunden. Ab 1935 lässt sich eine veränderte offizielle Schulpolitik und damit ein erneuter Ausbau des Hilfsschulwesens nachweisen. Es hatte sich offenbar die Erkenntnis durchgesetzt, dass als Alternative zur Hilfsschulerziehung nur die vergleichsweise kostenaufwendige Anstaltsbetreuung oder aber eine „Belastung der Volksschule" durch „Minderwertige" in Frage kamen. Damit lag die Lösung des Hilfsschulproblems nicht mehr in der Auflösung der Institution, sondern in ihrer Beibehaltung – allerdings verbunden mit deutlich verschlechterten Bedingungen für Schüler und Lehrer. Der Forderung von Staemmler nach einer Umverteilung der Bildungsausgaben zu Lasten der Hilfsschulen wurde damit voll entsprochen. Staemmler nahm 1933 theoretisch die Zielsetzung vorweg, die sich zwei Jahre später durchsetzte, als er meinte:

> „Man soll schon die Hilfsschule behalten [...] aber man darf nicht erwarten, daß mehr als das Notdürftigste bei dieser Bildung herauskommt. Die Klassen kleiner zu machen als die für Vollwertige und dadurch die Kosten der Schulbildung zu erhöhen ist Verschwendung, die man nicht verantworten kann" [...].

Dieser Art von „Verschwendung" begegneten die Schulverwaltungen, indem die Klassenfrequenzen drastisch erhöht wurden [...]. Gleichzeitig stieg der Anteil der Hilfsschüler an der Gesamtschülerzahl schon in den ersten Jahren des Nationalsozialismus kontinuierlich an. Ausdruck offizieller Bildungspolitik war ein Erlass des Ministeriums für Wissenschaft, Erziehung und Volksbildung vom 6. Juli 1935, der sich erstmals ausführlicher mit der Überweisung von Kindern an die Hilfsschule beschäftigte. Dieser Erlass macht deutlich, dass die Hilfsschule im Nationalsozialismus vor allem als ein Sammelbecken für „erbkranke" Schüler betrachtet wurde. Dieses sollten alle jene besuchen, die aufgrund ihrer „erblichen Minderwertigkeit" die Erziehung der „normalen Volksschüler" hemmen könnten. Im Erlass heißt es u. a.:

> „Aus gegebenem Anlaß ersuche ich die Kreisschulräte dafür Sorge zu tragen, daß alle nach den ministeriellen Bestimmungen als hilfsschulpflichtig anzusprechenden Kinder nach Möglichkeit auch restlos der Hilfsschule zugewiesen werden [...] Abgesehen von der Pflichtvernachlässigung, die in der Nichtüberweisung eines hilfsschulbedürftigen Kindes von der Volksschule in die Hilfsschule liegt, bedeutet sie eine absolute Verkennung der Ziele des nationalsozialistischen Staates auf rassischem Gebiete. Die Bestrebungen unseres Staates in bezug auf die Erbgesundheit machen die Einrichtung der Hilfsschule und ihre tätige Mitarbeit zur Erreichung dieser Ziele unbedingt notwendig. Im Hinblick auf die Bestimmungen des Erbgesundheitsgesetzes [...] ist das Verbleiben eine hilfsschulbedürftigen Kindes in der Volksschule unbedingt zu vermeiden." [...]

Nach offizieller Lesart sollte die Hilfsschule nunmehr drei Funktionen erfüllen [...]. Die Hilfsschule sollte:

- Als Sammelbecken für erbkranke Schüler rassenhygienische Aufgaben erfüllen,
- die ökonomische und völkische Brauchbarmachung ihrer Schüler anbahnen,
- die Volksschule von „unnötigem" Ballast entlasten.

Quelle: Ellger-Rüttgardt, S. (2008). *Geschichte der Sonderpädagogik. Eine Einführung* (S. 256-258). München: Reinhardt.

Zwangssterilisation

Im Sinne des Nationalsozialismus erfüllte die Hilfsschule als Ort der Zusammenfassung und Selektion von Kindern mit Beeinträchtigungen eine zentrale Aufgabe. Sie realisierte damit eine von Rassenhygienikern und Sozialdarwinisten schon lange zuvor geforderte „biologische" Politik. Wenige Monate nach dem Machtantritt der Nationalsozialisten wurde der erste radikale Schritt dieser Politik umgesetzt, indem die Zwangssterilisation von Menschen mit Behinderungen ermöglicht wurde. Die gesetzliche Grundlage für die Sterilisation bildete das „Gesetz zur Verhütung erbkranken Nachwuchses".

Gesetz zur Verhütung erbkranken Nachwuchses.
Vom 14. Juli 1933.

Die Reichsregierung hat das folgende Gesetz beschlossen, das hiermit verkündet wird:

§ 1

(1) Wer erbkrank ist, kann durch chirurgischen Eingriff unfruchtbar gemacht (sterilisiert) werden, wenn nach den Erfahrungen der ärztlichen Wissenschaft mit großer Wahrscheinlichkeit zu erwarten ist, daß seine Nachkommen an schweren körperlichen oder geistigen Erbschäden leiden werden.

(2) Erbkrank im Sinne dieses Gesetzes ist, wer an einer der folgenden Krankheiten leidet:

1. angeborenem Schwachsinn,
2. Schizophrenie,
3. zirkulärem (manisch-depressivem) Irresein,
4. erblicher Fallsucht,
5. erblichem Veitstanz (Huntingtonsche Chorea),
6. erblicher Blindheit,
7. erblicher Taubheit,
8. schwerer erblicher körperlicher Mißbildung.

(3) Ferner kann unfruchtbar gemacht werden, wer an schwerem Alkoholismus leidet. [...]

§ 2

(1) Antragsberechtigt ist derjenige, der unfruchtbar gemacht werden soll. Ist dieser geschäftsunfähig oder wegen Geistesschwäche entmündigt oder hat er das achtzehnte Lebensjahr noch nicht vollendet, so ist der gesetzliche Vertreter antragsberechtigt; er bedarf dazu der Genehmigung des Vormundschaftsgerichts. [...]

§ 3

Die Unfruchtbarmachung können auch beantragen

1. der beamtete Arzt,
2. für die Insassen einer Kranken-, Heil- oder Pflegeanstalt oder einer Strafanstalt der Anstaltsleiter [...].

§ 7

(1) Das Verfahren vor dem Erbgesundheitsgericht ist nicht öffentlich. [...]

§ 15

(1) Die an dem Verfahren oder an der Ausführung des chirurgischen Eingriffs beteiligten Personen sind zur Verschwiegenheit verpflichtet.

(2) Wer der Schweigepflicht unbefugt zuwiderhandelt, wird mit Gefängnis bis zu einem Jahre oder mit Geldstrafe bestraft. [...]

Quelle: Das Reichsgesetzblatt: *Gesetz zur Verhütung erbkranken Nachwuchses. Vom 14. Juli 1933. https://www.landesarchiv-bw.de/stal/grafeneck/grafeneck02_1.htm* [01.02.2019].

Insbesondere der Begriff des „angeborenen Schwachsinns" war medizinisch nicht präzise definierbar und überprüfbar. Das hatte zur Folge, dass der Personenkreis der zu Sterilisierenden äußerst breit ausgelegt werden konnte. Lehrerinnen und Lehrer von Hilfsschulen kam damit durch ihre Gutachten über die betroffenen Kinder bei den Verfahren vor den sog. „Erbgesundheitsgerichten" eine wichtige Rolle zu. Da die Akten des Reichsgesundheitsministeriums nicht erhalten sind und das NS-Regime 1936 aus innen- und außenpolitischen Gründen untersagt hatte, statistische Daten über die durchgeführten Maßnahmen zu veröffentlichen, sind exakte Zahlen zu den Sterilisationsopfern nur schwer zu nennen. Es wird geschätzt, dass bis 1945 insgesamt zwischen 350.000 und 400.000 Menschen unfruchtbar gemacht wurden. Etwa 5.000 Personen starben bei diesem Eingriff.

1. Erläutern Sie die zentralen Argumente der Nationalsozialisten für ihre Politik gegenüber Menschen mit Behinderungen.
2. Stellen Sie dar, inwiefern die Existenz der Hilfsschule nach 1933 zunächst gefährdet schien, warum sie sich sehr bald jedoch stabilisieren konnte und wichtige Funktionen für die Politik der Nationalsozialisten übernahm.

Zwangssterilisiert: Dorothea Buck und ihr Einsatz für eine humane Psychiatrie

Sie war neunzehn, als man sie 1936 als angeblich „erbminderwertigen" Menschen zwangssterilisierte. Ein Schicksal, das Dorothea Buck mit über 360.000 anderen Menschen unter der Herrschaft der Nationalsozialisten teilte. Als eine der wenigen noch lebenden Zeitzeuginnen ist sie bis heute eine unermüdliche Kämpferin für eine menschliche Psychiatrie. [...]

Dorothea Bucks Weg in die Psychiatrie

Dorothea Buck hat viel bewirkt und viele Menschen nachhaltig beeindruckt mit ihrem freundlich-offenen Wesen, mit ihrer mutig-kämpferischen Art. Ihre wachen blauen Augen und ihr frischer Geist zeichnen sie auch als Hundertjährige noch aus. Zwar lebt sie inzwischen in einem Pflegeheim und nicht mehr in ihrem Hamburger Gartenhäuschen, aber beim heutigen Symposium ihr zu Ehren wird sie trotzdem anwesend sein – zugeschaltet per Skype. „Auf der Spur des Morgensterns. Menschenrechte und -würde in der Psychiatrie" ist die Veranstaltung überschrieben, in der wichtige Etappen ihres Lebens vorgestellt werden – genauso wie die nach ihren Maßstäben weiterentwickelte Psychiatrie. „Auf der Spur des Morgensterns" lautet auch der Titel von Dorothea Bucks 1990 veröffentlichter Autobiografie. Es ist ein bewegender Erfahrungsbericht über „Psychose als Selbstfindung". „Am 9. April 1936 trieb es mich in die Dünen hinaus. Seit einigen Wochen erlebte ich diese starken inneren Impulse. Ich folgte ihnen bedingungslos, denn ich empfand sie als Führung nach dem Paulus-Wort: „Die, der Geist Gottes treibt, die sind Gottes Kinder." Die Nacht verbrachte ich in einer

Dorothea auf dem Schoß der Mutter (1921)[1]

[1] Quelle: *http://www.bpe-online.de/buck/images/powerpoint.pdf* [01.02.2019].

Dünenmulde. Dann ging ich dem Morgenstern nach, den Johannes am Ende seiner Offenbarungen mit Jesus identifiziert hat. Ich ging zuerst am Deich entlang, dann ins Watt hinein. Ich lief genau auf der Leuchtspur, die der Stern ins feuchte Watt warf und erklärte mir den Sinn dieses Ganges als vorausgeworfenes Zeichen einer einzuholenden Entwicklung." Damals war Dorothea Buck gerade 19 Jahre jung und angehende Kindergärtnerin. Sie lebte mit ihren Eltern und Geschwistern auf der ostfriesischen Insel Wangerooge, wo ihr Vater als Pfarrer tätig war. Das Erlebnis im April 1936 veränderte ihr Leben grundlegend. Die Ärzte diagnostizierten bei ihr den Ausbruch einer Schizophrenie.

„1936 bin ich nach Bethel gekommen. Es war ja Ostern um diese Zeit. Es hieß damals: Man darf nicht mit uns sprechen. Dann bricht eine Psychose erst recht aus. Und dann wurden wir nur in die Betten gesteckt. Ich habe auch Monate im Bett gelegen – ohne eine Tätigkeit. Und manche lagen jahrelang im Bett, stellen Sie sich mal vor. Da musste man ja verblöden." In den Bodelschwinghschen Anstalten in Bethel bekommt sie die menschenunwürdigen Praktiken der damaligen Psychiatrie zu spüren: Hier gab es Sprechverbote, Dauerbäder und Kaltwassergüsse, wenn die zur Untätigkeit verdammten Patienten unruhig wurden. Weder die Ärzte noch die Pfarrer sprechen mit ihnen. Doch es sollte noch schlimmer kommen: Dorothea Buck wird zwangssterilisiert. Denn Menschen mit schweren körperlichen Leiden, mit geistigen oder psychischen Krankheiten, sollen sich nicht vermehren dürfen.

Zwangssterilisation in Bethel

„Ich sehe heute noch die Narkose-Schwester über mich gebeugt, da kriegt man diese Spritze und ich wachte dann wieder auf und hörte immer noch nicht, dass ich zwangssterilisiert worden war. Das habe ich von einer Mitpatientin erfahren. Das war eine Diakonissin, die nach einem Autounfall schon lange da lebte und mir dann erzählte, dass ich zwangssterilisiert worden war. Und da war ich natürlich total, total verzweifelt." Dorothea Buck ist verzweifelt, aber arbeitsfähig. Durch diese Einstufung entgeht sie der Euthanasie [...]. [...]

Die lange Zeit als minderwertig abgestempelte Dorothea Buck erlebt von 1936-1959 insgesamt fünf schizophrene Schübe und lernt verschiedene psychiatrische Einrichtungen kennen. In Bethel gab es Leibgurte, sie bekommt 1937 Kardizol- und Insulinschocks und 1959 verabreicht man ihr in Hamburg-Ochsenzoll Neuroleptika. Die Patienten werden unter Medikamente gesetzt und einfach stillgelegt. [...] Dorothea Buck hat ihre Psychosen überwunden. Sie ist eine begeisterte Bildhauerin geworden und hat als Kunstpädagogin gearbeitet – auch das hat ihr geholfen, ihre psychischen Prozesse zu verarbeiten.

Dorothea Bucks Idee des Trialogs

Mit Thomas Bock entwickelte sie 1989 die ersten Psychose-Seminare, in denen sich psychisch Kranke, deren Angehörige und die in der Psychiatrie Tätigen auf Augenhöhe austauschen. Über 100 solcher Seminare sind nach dieser Idee des „Trialogs" entstanden. Kliniken in Deutschland und der Schweiz arbeiten nach diesem Prinzip [...].

„Das Verdienst von Dorothea und von der Trialog-Bewegung war: Es geht nicht nur um organisatorische Veränderungen, sondern es geht um Veränderung im Verstehen des Ganzen und in der Beziehungs-Kultur. Und einen ganz wichtigen Fortschritt sehe ich darin, dass wir mehr und mehr – und das beginnt ja mehr und mehr in Deutschland erst – auch Peer-Arbeit integrieren. Also Menschen, die selber Krisen-Erfahrungen haben, dann eine Schulung machen und dann mit ihren Erfahrungen und ihren Stärken auch Brücken bauen und Leute erreichen, die wir vielleicht nicht mehr erreichen, dass sie auch Patienten mehr Mut machen, auch sich zu vertrauen. [...] Also Patienten, die mit denen zu tun haben, die trauen sich mehr zu und verlassen sich nicht nur auf fremde Hilfe. Und das ist fast der entscheidende Fortschritt in der Genesung." [...]

In Dorothea Bucks Zimmer im Pflegeheim wird lebhaft diskutiert. Zwischen Anspruch und Wirklichkeit in der Behandlung psychisch Kranker klafft offensichtlich immer noch eine Lücke. Aber Professor Thomas Bock sieht auch, dass sich etwas bewegt in der Psychiatrie. „Da gibt es jetzt die UN-Behindertenrechts-Konvention. Die stärkt die Position der Betroffenen und das gilt es jetzt in die Kultur der Behandlung umzusetzen. Da ist unsere Herausforderung: Also beides zusammen – die UN-Konvention und der Trialog – das sind schon mächtige Motoren um die Psychiatrie zu verändern.“ [...]

Auch mit 100 Jahren ist Dorothea Buck noch kämpferisch, engagiert sich und weist auf Missstände in der Psychiatrie hin. 2008 hat sie das Bundesverdienstkreuz für ihr Lebenswerk im Kampf um eine bessere Psychiatrie bekommen [...]. Dorothea Bucks Einsatz für eine menschlichere Psychiatrie ist immer auch verknüpft mit dem Wachhalten der Vergangenheit, ihrem Engagement für die Opfer der „Euthanasie“ und Zwangssterilisation im Nationalsozialismus. Denn, so Dorothea Buck: „Wenn ich nicht zwangssterilisiert worden wäre, dann hätte mich das alles ja gar nicht interessiert. Und dann hätte ich geheiratet, dann hätte ich Kinder gehabt, dann hätte ich diesen Musiker geheiratet. Und wäre Kindergärtnerin geworden. Und wenn ich das vergleiche – da muss ich sagen: Das befriedigt mich zutiefst, dass ich da etwas bewegen konnte.“

Dorothea Buck (2017)[2]

Quelle: *https://www.deutschlandfunk.de/aufarbeitung-des-nationalsozialismus-dorothea-buck-und-ihr.1148.de.html?dram:article_id=383045* [01.02.2019].

Ideen zur Vertiefung

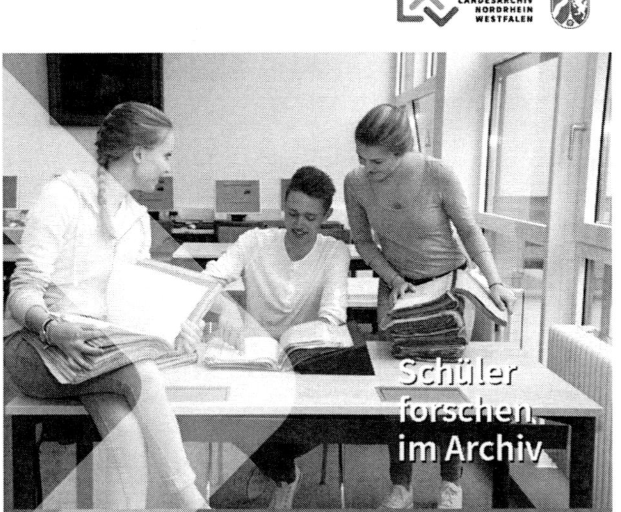

Ideen für Facharbeiten und Projekte

Zahlreiche Schul-, Stadt- und Landesarchive bieten hervorragende Möglichkeiten, der Geschichte der eigenen Schule nachzugehen und zu klären, wie weit der Zugriff der NS-Diktatur vor Ort ging. Vielfach unerforscht ist bis heute die Geschichte einzelner Hilfsschulen. Anregungen und Informationen über die Archivarbeit für Schülerinnen und Schüler vermitteln die Landesarchive in NRW online unter:

http://www.archive.nrw.de/lav/service/archivpaedagogik/Sch__lerbrosch__re/index.php [01.02.2019].

[2] Quelle: Miguel Ferraz.

2.3 Außerschulische Erziehung

2.3.1 Frühkindliche Erziehung im Nationalsozialismus

„Nicht früh genug kann die Jugend dazu erzogen werden, sich zuallererst als Deutsche zu fühlen.“[1]

Schon die Kleinsten wurden regimebejahend eingekleidet. Der knapp 3-jährige Hermann im Juli 1933 in Weenzen. Der 5-jährige Erich aus Essen an Weihnachten 1935.[2]

Lesen Sie das Zitat von Hitler und beschreiben Sie die auf den Fotodokumenten abgebildeten Jungen. Tauschen Sie sich darüber aus, welche Funktion der frühkindlichen Erziehung im Nationalsozialismus zugewiesen wurde.

[1] Adolf Hitler, zit. n. *Organisationsbuch der NSDAP.* München 1937, S. 267.

[2] Quelle: NS-Dokumentationszentrum der Stadt Köln

Die Kindergruppe der NS-Frauenschaft

Die Kindergruppen stellen die erste nationalsozialistische Gemeinschaft dar, in der der junge Mensch Kameradschaft und Einordnung lernt. Ehe das Kind „Volksgemeinschaft" verstandesmäßig aufnehmen kann, lernt es auf diese Weise seinen Inhalt durch die eigene kleine Tat ermessen. Bevor es von der Schicksalsverbundenheit aller Deutschen weiß, lernt es hier, sich freiwillig einzufügen in eine kleine Kameradschaft. Nicht politische Ideen sollen den Kindern beigebracht werden, wichtiger ist es, daß die charakterlichen Werte, die gefühlsmäßigen Impulse in ihnen angesprochen werden, auf denen der Nationalsozialismus allein aufbauen kann. Ebenso wie körperliche Vernachlässigung in den ersten 10 Jahren später kaum je wieder ganz aufgeholt werden kann, ist es auch ein schweres Beginnen, Fehler in der Erziehung dieser Altersstufe wiedergutzumachen. So will die Kindergruppe neben Schule und Elternhaus dem Kinde helfen, den Weg in die Gemeinschaft zu finden, für die es geboren ist und der es dereinst seine Kräfte zu geben hat. Der Führer selbst hat mit seinem Wort: „Nicht früh genug kann die Jugend dazu erzogen werden, sich zuallererst als Deutsche zu fühlen", die gesamte Kindererziehung im nationalsozialistischen Reich ausgerichtet.
Die Kinder tragen einheitliche, gaugebundene Spielkleidung. Die Kinder, die das 10. Lebensjahr vollendet haben, werden in Form einer Feierstunde an das Jungvolk oder an die Jungmädel abgegeben.

Quelle: *Organisationsbuch der NSDAP.* München 1937, S. 267 f., zit. n. Gamm, H.-J. (1983). *Führung und Verführung. Pädagogik im Nationalsozialismus* (S. 324). Frankfurt: Campus.

Arbeiten Sie die Funktion der Kindergruppen der NS-Frauenschaft heraus und erläutern Sie die frühkindlichen Erziehungsmethoden.

„Jedes Kind ist eine Schlacht" – Erziehung in der Familie

Bis zum 10. Lebensjahr wurden die Kinder während der nationalsozialistischen Diktatur in der Volksschule, manchmal im Kindergarten oder in Kindergruppen der NS-Frauenschaft und des Deutschen Frauenwerkes – vor allem aber in der Familie großgezogen. In die große außerschulische Jugendorganisation, die Hitler-Jugend, traten die Kinder erst mit zehn Jahren ein.

Auch die familiäre Erziehung war häufig und in verschiedener Art und Weise von nationalsozialistischen Elementen geprägt. Anders als die Erziehung in Schule und HJ ist diese allerdings weniger dokumentiert, es gibt kaum Quellen, die den Alltag familiärer Erziehung dokumentieren. Aufschluss über Erziehungspraktiken in der Familie können jedoch nationalsozialistische Erziehungsratgeber geben, die an die ‚deutsche Mutter' gerichtet waren.

Die ‚deutsche Mutter' hatte in der nationalsozialistischen Rassenpolitik eine zentrale Funktion: Hitler sah in dem Gebären, Pflegen und Aufziehen der Kinder die rassenpolitischen Aufgaben deutscher Frauen. In dieser erzieherischen und pflegerischen Tätigkeit sowie in der Geburt von Kindern liege ihr Beitrag für die Stärkung des deutschen nationalsozialistischen Volkes, da durch sie der Bestand des deutschen Volkes – vorausgesetzt, das Neugeborene ist rein arischer Abstammung – auch in der Zukunft gesichert würde. Mutterschaft sei damit ein Einsatz für das deutsche Volk, das Hitler in einer Rede an die deutschen Frauen im Jahr 1934 mit dem Kampfeinsatz des Mannes vergleicht:

> *„Was der Mann an Opfern bringt im Ringen seines Volkes, bringt die Frau an Opfern im Ringen um die Erhaltung dieses Volkes in den einzelnen Zellen. […] Jedes Kind, das sie zur Welt bringt, ist eine Schlacht, die sie besteht für Sein oder Nichtsein ihres Volkes.*

[...] Die Frau ist, weil sie von der ursächlichsten Wurzel ausgeht, auch das stabilste Element in der Erhaltung eines Volkes. Sie hat am Ende den untrüglichsten Sinn für alles das, was notwendig ist, damit eine Rasse nicht vergeht, weil ja ihre Kinder vor allem in erster Linie von all dem Leid betroffen werden. [...] Wir haben deshalb die Frau eingebaut in den Kampf der völkischen Gemeinschaft, so wie die Natur und die Vorsehung es bestimmt hat." (Hitler an die deutschen Frauen am 8. September 1934 in Nürnberg)[1]

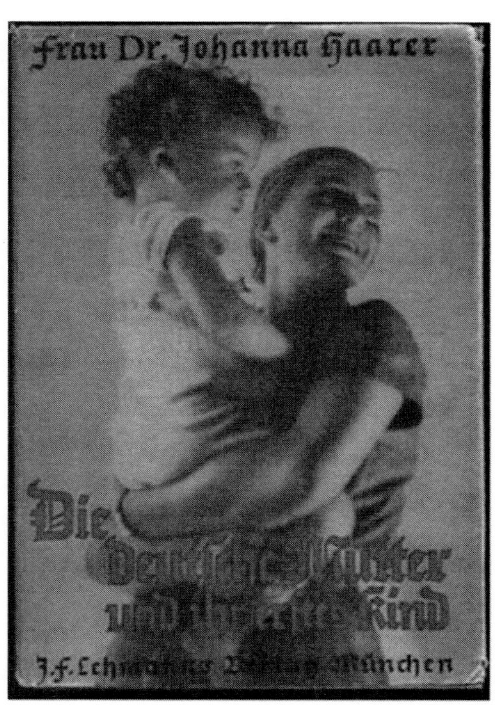

Vor allem die Mutter ist in der Familie für die Erziehung verantwortlich. Bereits die frühkindliche Erziehung müsse auf die Eingliederung in das nationalsozialistische Volk vorbereiten, indem sie Hitlers Erziehungsgrundsätzen folgt. Ratschläge erteilte die Ärztin Dr. Johanna Haarer (1900-1988) den jungen Müttern in Erziehungsratgebern. Haarer selbst war seit 1937 Mitglied der NSDAP sowie Gausachbearbeiterin für rassenpolitische Fragen der NS-Frauenschaft. Haarers Ratgeber „Die deutsche Mutter und ihr erstes Kind" (1934) beinhaltet Hinweise zur Säuglings- und Kinderpflege sowie zur Ernährung, zum Verhalten der Mutter während der Schwangerschaft und im ersten Lebensjahr des Kindes sowie zur Erziehung des Säuglings. In dem Ratgeber „Unsere kleinen Kinder" (1937) gibt sie Ratschläge für die Erziehung, Pflege und Ernährung von Kleinkindern. Ihre Ratgeber waren in deutschen Familien sehr verbreitet, sie wurden auch im Säuglingspflegeunterricht des BDM eingesetzt und von Hebammen und Säuglingsschwestern genutzt. „Haarers Bücher galten als praktisch. Sie waren aber auch politische Propagandaschriften, es wurde in ihnen eine Pädagogik vertreten, die ausdrücklich auf das NS-System hin erziehen sollte. Haarer sagt das wiederholt und deutlich"[2]*. Wie auch Hitler erkennt Haarer in Schwangerschaft, Geburt, Pflege und Erziehung die Kernaufgaben der Frau im Dritten Reich: „Kein Ereignis im Leben der Frau entreißt sie aber auch so sehr ihrem Einzelschicksal und ordnet sie ein in das große Geschehen des Volkserlebens wie dieser Gang an die Front der Mütter unseres Volkes, die den Strom des Lebens, Blut und Erbe unzähliger Ahnen, die Güter des Volkstums und der Heimat, die Schätze der Sprache, Sitte und Kultur weitertragen und auferstehen lassen in einem neuen Geschlecht."*[3] *Es sei die „unaufschiebbare, dringlichste, uralte und ewig neue Pflicht der deutschen Frau, [der; d. Hrsg.] Familie, dem Volk, der Rasse Kinder zu schenken".*[4]

Der folgende Textausschnitt stammt aus Haarers Ratgeber „Unsere kleinen Kinder". Haarer beschreibt hier den Umgang mit Strafen in der Erziehung.

---

[1] Quelle: Frevert, U. (1989). Frauen an der ‚Heimatfront'. In C. Kleßmann (Hrsg.), *Nicht nur Hitlers Krieg- Der Zweite Weltkrieg und die Deutschen (S. 52)*. Düsseldorf: Droste.

[2] Chamberlain, S. (1997). *Adolf Hitler, die deutsche Mutter und ihr erstes Kind. Über zwei NS-Erziehungsbücher* (S. 235). Gießen: Psychosozial.

[3] Haarer, J. (1934). *Die deutsche Mutter und ihr erstes Kind* (S. 5). München: J. F. Lehmanns Verlag.

[4] Haarer, J. (1934). *a.a.O.* S. 8.

Johanna Haarer: Strafen

Hat das Kind durch sein Verhalten schon bewiesen, daß es geistig genügend weit entwickelt ist, um gehorchen zu können und befolgt es dann einen vernünftigen und notwendigen Befehl nicht, so bleibt als letztes Erziehungsmittel die Strafe. [...] Wohl wird die Mutter, die das Leben und die Umgebung des Kindes vernünftig einrichtet und ihm nur unumgänglich Notwendiges befehlen muß, auch wenig strafen müssen. Aber schon in dem Alter, in welchem das Kind Verbote und Gebote noch gar nicht richtig begreift, können wir es dennoch nicht alles tun lassen, was es gerade will. Wir müssen es irgendwie davon abhalten, Verbotenes immer wieder zu tun. Von „Strafen" im eigentlichen Sinne kann man hier freilich noch nicht reden, es handelt sich vielmehr um eine Art Abschreckung. Greift das kleine Kind z.B. immer und immer wieder nach einem Gegenstand, den es in Ruhe lassen muß und den wir nicht wegräumen können, so muß es durch einen Klaps belehrt werden. Hier bleibt uns nichts übrig, als die mangelnde Einsicht des Kindes durch eine Art Strafe wett zu machen. Natürlich muß diese Strafe sofort auf das kleine Vergehen folgen, sie muß maßvoll und milde sein.

Schon gegen Ende des zweiten Jahres, vielmehr noch aber am Ende des Zwischenalters, widersetzt sich das Kind gar nicht selten den Forderungen, die wir an es stellen müssen – sein Eigenwille regt sich offen. Von der eigentlichen „Trotz-Zeit" wird später noch ausführlich die Rede sein. Sobald das Kind solchen Eigenwillen zeigt, wird es immer mehr reif für andre, sinnvollere Art der Strafe [...]. Wir lassen das widerspenstige Kind die natürlichen Folgen seiner Handlungsweise tragen. Dafür bringt unser Kind schon in einem Alter Verständnis auf, in welchem Erklärungen und Begründungen, die wir ihm geben könnten, noch ganz unverstanden bleiben. Isst es z.B. nicht oder spielt es mit dem Essen, so wird ihm dieses fortgenommen und es muß hungrig bleiben. Streitet es mit den Geschwistern, stört und quält es Erwachsene und will es über Gebühr von ihnen Besitz ergreifen, trotzdem es alle Möglichkeiten hat, zu spielen und mitzuspielen, so wird es in ein Zimmer verbracht, wo es einige Zeit allein bleiben muß. Erwischt das Kind – um ein anderes Beispiel einzufügen – etwa einmal ein Messer und horcht nicht auf unser Gebot, es wieder hinzulegen, dann lassen wir es ruhig auf einen kleinen Schnitt ankommen. Nicht die Mutter straft es dann, sondern das Leben, und das ist eigentlich das Richtige. [...]

Neben den mehr nach außen wirkenden Mitteln der Abschreckung und natürlichen Strafe, mit denen wir unser Kind in Zucht halten, stehen uns noch andere zur Verfügung: Das Kind lebt in der Wärme unserer Zuneigung und Liebe und braucht sie wie die Blume die Sonne. Es hat schon früh ein feines Gefühl dafür, wenn diese Sonne zeitweise hinter Wolken verschwindet, weil es die Mutter durch Ungehorsam geärgert oder getrübt hat. Nun ist ja die Liebe der rechten Mutter etwas von Grund aus Unerschütterliches und Unbeirrbares und lässt Mütter erwachsener Kinder selbst schwerste Enttäuschungen, die diese ihr bereiten, überwinden und Unverzeihliches verzeihlich erscheinen. Es ist aber gefährlich, dies den Kindern, kleinen wie großen, allzu hemmungslos zu zeigen. Die Mutter wird schon ganz unbewußt im Alltag des Lebens das Kind spüren lassen, wenn es sie ärgert und betrübt und wird ihm vorübergehend ihr Wohlwollen entziehen. Dies allein bedeutet in vielen Fällen schon Strafe genug. Das Kind sucht dann nach Versöhnung. Es begreift bald, daß es solchen kleinen Entfremdungen von der Mutter nur durch Gehorchen vorbeugen kann.

Quelle: Haarer, J. (1937). *Unsere kleinen Kinder* (S. 181-183). München: J. F. Lehmanns Verlag.

1. Arbeiten Sie heraus, welche Formen des Strafens Johanna Haarer empfiehlt.
2. Diskutieren Sie die Funktion der Strafe für eine nationalsozialistische Erziehung. Berücksichtigen Sie dabei die Frage, inwiefern auch hier Erziehung und Vererbung in Spannung zueinanderstehen.

2.3.2 Die Hitlerjugend – staatliche Jugenderziehung

Propagandaplakate der HJ[1]

Betrachten Sie die Propagandaplakate der HJ und erörtern Sie, welche Absicht der NS-Propaganda hier deutlich wird.

Einführung: Die Organisationsstruktur der Hitlerjugend

Nach ihrer Gründung in den 1920er Jahren, stieg die Parteijugendorganisation der NSDAP, die Hitler-Jugend, 1933 zum Einheitsjugendverband auf. Er wurde als zugleich staatliche Instanz institutionalisiert und 1936 per Gesetz als öffentlich-rechtliche Erziehungsgewalt gleichberechtigt neben den traditionellen Erziehungsträgern Familie und Schule verankert. „Die gesamte deutsche Jugend ist außer in Elternhaus und Schule körperlich, geistig und sittlich im Sinne des Nationalsozialismus zum Dienste am Volk und zur Volksgemeinschaft zu erziehen", formulierte das „Gesetz über die Hitler-Jugend" als spezifisches Erziehungsziel.[2] Diese umfassende, politische und weltanschauliche Formierung und „Erziehung" zu „Volksgemeinschaft" und „Dienst am Volk" beinhaltete ausdrücklich auch die physische Dimension. Neben dieser denkbar weit zugeschnittenen Aufgabe beanspruchte die Führung des Jugendverbandes zudem über die eigene Organisation hinaus umfassende Zuständigkeit auf allen Feldern der Jugendpolitik und -pflege und zog freizeit- und sozialpolitische Aktivitäten in enormer Breite, von der Sport- und Technikförderung über die Gesundheitskontrolle bis zur Berufslenkung, an sich. Daraus ergaben sich immer wieder Kompetenzkonflikte mit den

[1] Quellen: Deutsches Historisches Museum / S. Ahlers und Deutsches Historisches Museum / A. Psille.

[2] Gesetz über die Hitler-Jugend, 1.12.1936, Reichsgesetzblatt 1936, Teil I, S. 993, § 2; wiederholt in der 1. Durchführungsverordnung zum Gesetz über die Hitler-Jugend, 25.3.1939, Reichsgesetzblatt 1939, Teil I, S. 709 f., § 1, Abs. 1.

traditionell zuständigen Instanzen, wie dem Reichsministerium für Wissenschaft, Erziehung und Volksbildung und den Schulen, aber auch mit dem Parteiapparat. Mit dem erklärten Ziel, die Gesamtheit der Jugendlichen und zugleich ihren gesamten Lebensbereich zu erfassen, verfolgte die Reichsjugendführung der NSDAP einen doppelt „totalen" Erfassungs- und Gestaltungsanspruch.[3]

Das [...] 1936 verzögert verabschiedete Hitler-Jugend-Gesetz bekräftigte die Zuständigkeit des Jugendführers des Deutschen Reiches und Reichsjugendführers der NSDAP, also die Union von staatlichem und parteieigenem Verband und seiner Funktionäre. Bis Hitler 1939 persönlich die zugehörigen Durchführungsverordnungen erließ, verfügte es jedoch über keine rechtliche Durchsetzungskraft. Offiziell war die Mitgliedschaft im Jugendverband bis 1939 freiwillig. Als einziger Parteiverband beanspruchte die Hitler-Jugend jedoch die Pflichtteilnahme ihrer Bezugsgruppe. Auch wenn diese erst mit der „Jugenddienstpflicht" 1939 eine gesetzliche Grundlage erhielt,[4] ging der nötigende Eindruck einer Zwangsmitgliedschaft durch die „zwanghafte wie suggestive" Werbungs- und Übernahmepraxis der faktischen Regelung um mehrere Jahre voraus.

Wie die anderen Parteiverbände der NSDAP wurde auch die Zielgruppe der Hitler-Jugend national und rassistisch definiert: Die „gesamte erbbiologisch wertvolle deutsche Jugend" sollte erfasst werden.[5] Seit Mitte der 1930er Jahre bildeten die deutsche Staatsangehörigkeit und der „Ariernachweis" auch für sämtliche Untergliederungen der Jugendorganisation die Voraussetzung, um beizutreten oder Führerstellungen zu übernehmen.[6] „Mischlinge" wurden – mit kurzzeitiger Ausnahme – nicht aufgenommen.[7] Durch ein „erbliches Zeugnis" mussten Hitler-Jungen und BDM-Mädel ihre „Erbgesundheit" nachweisen, deren Fehlen bereits zu Beginn der nationalsozialistischen Herrschaft als für psychische Erkrankungen verantwortlich wie als soziale „Minderwertigkeit" definiert worden war.[8] Die zum Aufnahmeritual gehörende leichtathletische „Pimpfen-" bzw. „Jungmädelprobe" überprüfte zudem, ob die Kinder körperlich entwickelt und leistungsfähig waren.[9] [...] Ab 1933 wirkte die Hitler-Jugend in einer hierarchisch-bürokratischen Organisationsstruktur nach militärischem Vorbild, die eine effiziente Verwaltung und die zunehmend einheitliche Ausrichtung ermöglichte: Unter der zentralen Leitung in der Reichsjugendführung der NSDAP gliederte sich der Gesamtverband nach Geschlecht und Alter in vier separate Formationen. Die zehn- bis vierzehnjährigen Jungen, die „Pimpfe", bildeten das „Deutsche Jungvolk in der Hitler-Jugend" (DJ), die gleichaltrigen Mädchen die „Jungmädel. Bund Deutscher Mädel in der Hitlerjugend" (JM). Analog gliederte sich die Altersgruppe von vierzehn bis achtzehn Jahren in die „Hitler-

---

[3] Dietze, H.-H. (1939). *Die Rechtsgestalt der Hitler-Jugend. Eine verfassungsrechtliche Studie* (S. 88). Berlin. Überblick der angeeigneten Politikfelder S. 112-115.

[4] Durchführungsverordnung zum Gesetz über die Hitler-Jugend (Jugenddienstverordnung), 25.3.1939, Reichsgesetzblatt 1939, Teil I, S. 710 ff., § 1.

[5] Wehner, G. (1939). *Die rechtliche Stellung der Hitler-Jugend* (S. 23). Dresden: Dittert.

[6] Verordnungsblatt IV/13, 12.6.1936, S. 151.

[7] Verordnungsblatt IV/17, 31.7.1936, S. 199; „Mischlinge ersten Grades" nach Definition der Nürnberger Gesetze waren von März 1939 bis Anfang 1941 dienstpflichtig; vgl. Kollmeier, K. (2007). *Ordnung und Ausgrenzung. Die Disziplinarpolitik der Hitler-Jugen*d (S. 201 ff.). Göttingen: Vandenhoeck.

[8] Gesetz zur Verhütung des erbkranken Nachwuchses, 14.7.1933, Reichsgesetzblatt 1933, Teil I, S. 529-531, § 1.

[9] Helke, F. u.a. (1937). *Der junge Reichsbürger. Was jeder junge Deutsche über seine Pflichten für Partei und Staat wissen muß* (S. 30) Berlin: Stubenrauch.

Jugend“ für Jungen (HJ) und den „Mädelbund“ (MB).[10] Der egalitären Rhetorik zum Trotz unterstand die „Mädelführung“ jedoch der Reichsjugendführung. Die den Reichsjugendführern Baldur von Schirach (1930-1940) und ab August 1940 Artur Axmann nachgeordnete BDM-Reichsreferentin (1934-1937 Trude Bürkner-Mohr; 1937-1945 Dr. Jutta Rüdiger) verantworte die „Mädelarbeit“ in den weiblichen Untergliederungen.[11] Da sie aber weder über einen eigenen „Stab“ verfügte, noch die Reichsjugendführung längere Zeit über ein eigenes „Amt für weibliche Jugend“, beschränkte sich die Leitung der Mädchenorganisationen auf die Umsetzung der HJ- bzw. DJ-Vorgaben.[12]

Jede der vier Untergliederungen unterlag einem streng hierarchischen, in der vertikalen Gliederung an die Partei angelehnten Aufbau in HJ-Gebiete, Banne, Gefolgschaften, Scharen und schließlich Kameradschaften bzw. in BDM-Obergau, Untergau, Mädelring, Mädelgruppe, Mädelschar und Mädelschaft [...]. Ein HJ-Bann bzw. BDM-Untergau umfasste ca. 3.000 Mitglieder, ein Hitler-Jugend-Gebiet bzw. BDM-Obergau bis zu 150.000. Mit dem „BDM-Werk Glaube und Schönheit“ wurde 1938 eine zusätzliche, rein parteizugehörige Untergliederung für unverheiratete junge Frauen im Alter von 18 bis 21 Jahren eingerichtet, in denen sie in thematischen Arbeitsgemeinschaften – u.a. zu Fragen der häuslichen Erziehung, Gesundheitsdienst und Leibesübungen – einem auch nach 1939 weiterhin freiwilligen Dienstbetrieb folgten. Gegründet wurde das „BDM-Werk“ in Analogie zum Wehrdienst, um den jungen Frauen die „gleiche straffe Erziehung“ wie den Wehrpflichtigen zukommen zu lassen.[13] Für die männlichen Heranwachsenden wurden spezialisierte Sondereinheiten wie die Motor-, Flieger-, Marine-, Reiter- und Nachrichten-HJ gegründet, die technisch Interessierte ansprachen und einer vorgezogenen militärtechnischen und wehrsportlichen Grundausbildung dienten. [...] Neben diesen Jugendformationen gehörten zum Apparat des Jugendverbandes auch das von der Bannebene an hauptberuflich tätige Führerkorps sowie zahlreiche ehren- und hauptamtliche Fachkräfte, die ab Ende der 1930er Jahre im neuen Berufsbild professionalisierter Jugendführer regelrechte Karrieren absolvieren konnten.[14]

Quelle: Kollmeier, K. (2011). Erziehungsziel „Volksgemeinschaft“ – Kinder und Jugendliche in der Hitler-Jugend. In K.-P. Horn & J.-W. Link (Hrsg.), *Erziehungsverhältnisse im Nationalsozialismus. Totaler Anspruch und Erziehungswirklichkeit* (S. 59-79). Bad Heilbrunn: Klinkhardt.

---

[10] Vgl. Reichsjugendführung (Hrsg.) (1934). *Aufbau, Gliederung, Anschriften der Hitler-Jugend. HJ, DJ, BDM, JM nach dem Stand vom 1.1.1936*. Berlin: Boll. Die Untergliederung HJ wird hier abgekürzt bezeichnet, die Gesamtorganisation als Hitler-Jugend.

[11] Zu den Biographien vgl. Lang, J. v. (1991). *Der Hitler-Junge. Baldur von Schirach. Der Mann, der Deutschlands Jugend erzog*; Schaar, T. (1998). *Artur Axmann – vom Hitlerjungen zum Reichsjugendführer der NSDAP. Eine nationalsozialistische Karriere.* 2 Bde. Böltken, A. (1995). *Führerinnen im Führerstaat. Gertrud Scholtz-Klink, Trude Mohr, Jutta Rüdiger und Inge Viermetz.* Pfaffenweiler.

[12] Vgl. Reichsjugendführung (Hrsg.) (1942). *Vorschriftenhandbuch*, Bd. II, S. 71 ff.; ebd. Bd. III. S. 3561 ff.

[13] Die Schauseite bei Castell, C. (Hrsg.) (1940). *Glaube und Schönheit. Ein Bilderbuch von den 17-21jährigen Mädeln im BDM-Werk Glaube und Schönheit.* München.

[14] Buddrus, M. (2003). *Totale Erziehung für den totalen Krieg. Hitlerjugend und nationalsozialistische Jugendpolitik* (S. 305-368). 2 Bde. München.

GLIEDERUNG UND AUFBAU DER HITLER-JUGEND

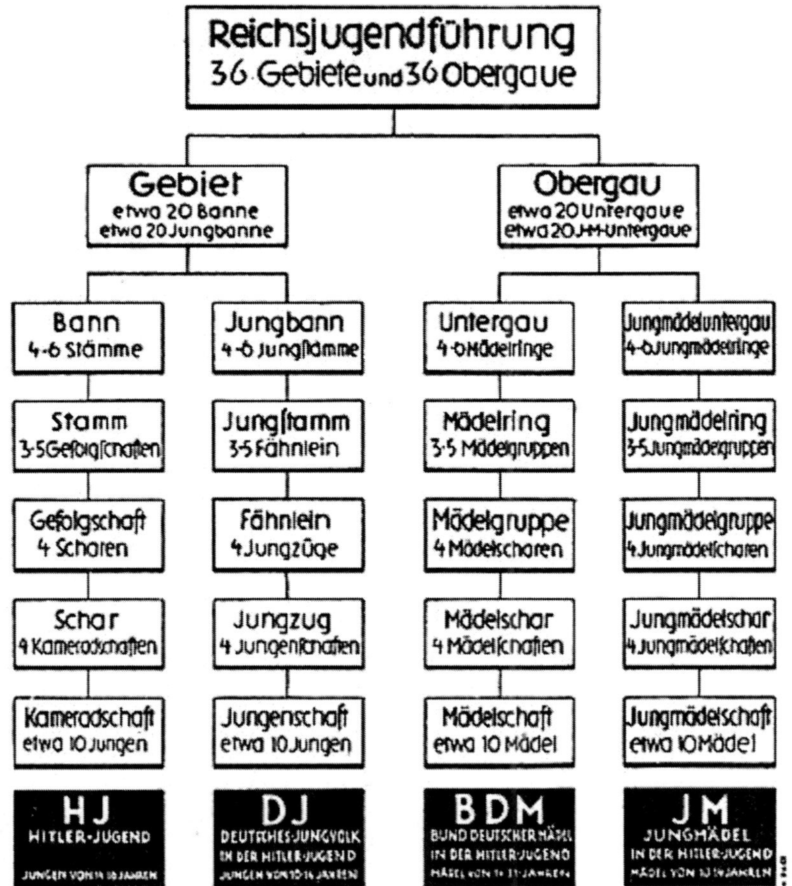

Im BDM. sind die 17- bis 21jährigen zum BDM.-Werk „Glaube und Schönheit“ besonders zusammengefaßt

Gliederung und Aufbau der Hitler-Jugend[1]

Fassen Sie die wesentlichen Informationen des Sachtextes stichwortartig zusammen.

Der HJ-Junge

Die 10-14jährigen Mitglieder des Deutschen Jungvolks wurden Pimpfe genannt. Das von der Reichsjugendführung herausgegebene Handbuch „Pimpf im Dienst“ vermittelte den Jungen spezifische Leistungen, die sie im Rahmen ihres Dienstes in der Hitlerjugend zu erfüllen hatten. Dazu gehörten Leibesübungen, Geländesport und Luftgewehrschießen, deren Übung mit nationalsozialistischen Leitvorstellungen verbunden waren.

Jungen haben zu allen Zeiten Vorbilder gehabt, denen sie nacheiferten und nachlebten. Helden waren es, die sie sich auserkoren hatten und die für sie alles bedeuteten. Unser Vorbild und unser Held lebt nicht in der deutschen Vergangenheit, nicht in Sage und Geschichte – unser Held lebt mitten unter uns und steht an der Spitze des Reichs. Unser Vorbild ist Adolf Hitler.

[1] Quelle: Reichsjugendführung (Hrsg.) (o.J.). *Aufbau und Abzeichen der Hitler-Jugend* (S. 38). Berlin.

Immer, wenn er zu uns sprach [...] immer sprach er davon, wie deutsche Jungen sein sollen und wie sie werden müssen, welch großes Vertrauen er in seine Jugend, in uns, setzt. Er zeichnete uns das Bild des deutschen Jungen der Zukunft: flink wie ein Windhund, zäh wie Leder und hart wie Kruppstahl.

Diesem Ziel, das Adolf Hitler uns gesteckt hat, gilt unsere ganze Arbeit und unser ganzer Dienst, und diesem Ziel dient im besonderen unser Spielen und Tollen, unser Laufen und Springen, unser Lager und unser Wandern – kurz unsere gesamte körperliche Schulung.

Starke, frohe und stolze Jungen sollen durch unsere Leibesübungen heranwachsen; jeder Pimpf soll seine Fähigkeiten und sein Können entwickeln, damit er weiß, daß er als vollwertiger Kamerad unter Kameraden steht.

So gesehen, ist unsere körperliche Schulung nicht nur für die Muskeln und nicht nur für die Gelenke da, sondern sie erfaßt den ganzen Kerl.

Zusammen mit unserem Singen und unseren Heimabenden gehört sie zu der untrennbaren Einheit der Schulung von Körper, Seele und Geist. Nicht nur körperlich stark, sondern auch treue und innerlich feste Kameraden wollen wir werden, die ihrem Führer folgen, wohin er auch geht.

Dieses Ziel, das uns in unserem Dienst vorschwebt, können wir nur durch eine planmäßige Arbeit erreichen. Planmäßig, d.h. nicht trocken und stur, planmäßig heißt, unser Tummeln und unser frohes Spiel in eine Form gießen. [...] Die körperliche Schulung erfolgt nicht unvorbereitet und nur danach ausgesucht, was uns gerade Spaß macht, sondern bedeutet für uns Dienst, und der ist planmäßig und vorher überlegt – und jeder muß ihn mitmachen.

Unsere körperliche Schulung heißt Grundschule:

Grundschule der Leibesübungen,
Grundschule des Geländesports,
Grundschule des Luftgewehrschießens.

Diese drei Gebiete bedeuten für uns eine untrennbare Einheit. Wir legen hier die Grundlagen für die Schulung in der Hitler-Jugend, für die Ausbildung in der Wehrmacht, für den Dienst in der SA., SS. und anderen Gliederungen der Partei und für den Leistungssport der Turn- und Sportvereine. Darum ist gerade die grundlegende Arbeit so besonders wichtig: Wenn dabei falsch oder oberflächlich gearbeitet wird, kann man es später nur sehr schwer wiedergutmachen. Damit übernehmen wir wiederum eine Verpflichtung.

Quelle: Reichsjugendführung (Hrsg.) (1939). P*impf im Dienst. Ein Handbuch für das Deutsche Jungvolk in der HJ* (S. 9 f.). Potsdam: Ludwig Voggenreiter Verlag.

1. Beschreiben Sie anhand des Textes das Ideal, das für die Pimpfe des Deutschen Jungvolks der HJ leitend war.
2. Skizzieren Sie den geschlechtsspezifischen Werdegang, auf den die Pimpfe vorbereitet wurden.
3. Erläutern Sie, inwiefern sich in diesem Ideal die Erziehungsvorstellungen aus Hitlers „Mein Kampf" spiegeln (vgl. Kap. 2.1).

Im Bund Deutscher Mädel (BDM) sollten ab der Einführung der Jugenddienstpflicht 1939 alle Mädchen von 14 bis 18 Jahren systematisch erfasst werden. Die Mädchen mussten analog zu der männlichen Organisation der HJ am BDM-Dienst teilnehmen, wozu wöchentliche Heimabende und Sportnachmittage, Tagesfahrten, Aufenthalte in Freizeitlagern, Feiern und Sportfeste gehörten. Während der Heimabende fanden Schulungen beispielsweise über die Geschichte der NSDAP sowie besonders über Rassenkunde statt, die mit einer Ächtung der Juden verbunden war. Besonders im Blick auf die zukünftige Aufgabe der Zeugung von arischen Kindern wurde die Partnerschaft zwischen einem Juden und einer Arierin als Rassenschande gebrandmarkt. Sowohl die Vorbereitung auf die spätere Rolle als Mutter als auch die Kultur-, Sorge- und Pflegearbeit waren wichtige Programmpunkte der Heimabende. Gleichwohl spielte auch die sportliche Leistung eine wichtige Rolle, so schreibt Hitler in Mein Kampf: „Analog zu der Erziehung des Knaben kann der völkische Staat auch die Erziehung des Mädchens von den gleichen Gesichtspunkten aus leiten. Auch dort ist das Hauptgewicht vor allem auf die körperliche Ausbildung zu legen, erst dann auf die Förderung der seelischen und zuletzt der geistigen Werte."[1]

Zeitschrift *„Die Mädelschaft"* des BDM

Zum ersten Mal in der Geschichte der Frauen und Mädchen gab es durch den weiblichen Zweig der HJ breite außerhäusliche Angebote für das weibliche Geschlecht. Mädchen und Frauen konnten Führungspositionen auf verschiedenen Ebenen einnehmen, damit bot sich ihnen im Kontext des nationalsozialistischen Regimes die Möglichkeit, Tätigkeiten neben dem Haushalt und der familiären Fürsorge wahrzunehmen.[2]

Politische Erziehung im BDM, Dezember 1934

Unsere Forderung: Politische Erziehung unserer Mädel

Der Mädelbund in der heutigen Form ist etwas Einmaliges – einmalig in seinem Anspruch auf Totalität und erstmalig in seiner Breiten-Ausdehnung. Dieses Kennzeichen einer Volksbewegung sagt zugleich vom B.d.M. das Wesentliche aus: *Der Mädelbund ist eine Schöpfung des Nationalsozialismus und trägt die Lebensformen dieser Bewegung in sich. Die Entstehung dieser Jugendbewegung bürgt für ihre Echtheit und Verwurzelung in den Ideen des Dritten Reiches.*

Was eine solche Jugendbewegung für uns Mädel bedeutet, erkennt man erst, wenn man im Ablauf *deutscher* Geschichte vergebens nach einem Vorbild für ein geschlossenes Mädelleben sucht. Während unsere Kameraden in jeder Formation tapferer Soldaten aller Jahrhun-

[1] Hitler, A. (2016). *Mein Kampf. Eine kritische Edition*. Bd. II Hrsg. v. C. Hartmann; T. Vordermayer; O. Plöckinger; R. Töppel (S. 1057). München: Institut für Zeitgeschichte [Herv. im Original].

[2] Quelle der Abbildung: NS-Dokumentationszentrum der Stadt Köln.

derte Vorbilder ihrer Haltung sehen, finden wir kein Beispiel, das uns zur Nachahmung anspornen könnte. Im Gegenteil! Wo sich, besonders im letzten Jahrhundert, Frauen zusammengeschlossen haben – wie z.B. in der Frauenbewegung -, finden sie unsere Ablehnung. Ihre Forderung nach dem Recht der Einzelpersönlichkeit, nach persönlicher Freiheit und Glück, stellen wir das Erlebnis der Gemeinschaft und der Einordnung in diese Gemeinschaft entgegen. *Wir nehmen also den Kampf der Männer gegen diese Rechtlerinnen auf und führen ihn zu einem wirksamen Ende, da wir den jungen Nachwuchs deutscher Frauen zu neuen Ideen verpflichten und ihn wegführen von verirrten Anschauungen. [...]*

Zweierlei warf man uns vor: daß wir die Mädel ihren mütterlichen Pflichten entzögen, und daß wir das Mädel ihrer Familie entfremden. Beides ist unwahr. Wir haben uns als Vorbild die deutsche Mutter genommen, eine Gestalt, die in Revolution und Marxismus untergegangen war. Wir erkannten ihre Pflicht an: Hüterin der Familie, Erzieherin der Kinder und Kameradin des Mannes zu sein. Aber auch die Frau des Weltkrieges wurde uns Vorbild, und darin liegt das Entscheidende. Es reicht nicht aus, wenn das Opfer einer Frau nur dem engen Kreis der Familie gehört: auch ihr oberstes Prinzip muß Deutschland sein. Da muß unsere politische Erziehung einsetzen. Ein Gefahrenland, wie Deutschland, inmitten Europas, kann es sich niemals leisten, seine Mädel und späteren Frauen politisch unwissend heranzuziehen. Sie müssen wach und tapfer sein, wie jene Frauen germanischer Zeit. [...]

Eine zweite *Eigenschaft* wird durch die Form des Bundes unsern Mädeln zur Lebenshaltung: die Disziplin, oder wie wir es nennen, *die Zucht*. Sie wiederum läßt die Mädels einzeln und bei Treffen so einheitlich erscheinen, daß bereits von der *Haltung des deutschen Mädels* gesprochen werden kann.

In Zucht und Kameradschaft ist somit Losung unseres Bundes. Aus dieser Kameradschaft wollen wir auch die Lebenshaltung überhaupt, die sozialistische Lebenshaltung, gewinnen. Ganz bewußt ziehen wir heute unsere Mädel zu *sozialistischen Diensten* heran: Nähen und Kochen für Bedürftige, Sammeln, Kinderbetreuen – alles Kameradschaftsdienst, der über die Grenzen des Bundes hinausgeht.

Zucht, Kameradschaft, sozialistische Haltung sind die Erlebniswerte, die wir den Mädels in unserer Gemeinschaft vermitteln. Daneben haben wir uns naturgemäß Aufgaben gestellt, die jeder Deutsche zu erfüllen hat: *Volkstumpflege und -arbeit, Förderung kultureller Werte. Die Frau ist in stärkerem Maße als der Mann Trägerin dieser Werte.* Deshalb pflegen wir in unserem Bunde besonders das deutsche Lied, deutschen Tanz, Spiel und Festgestaltung. Mittelpunkt dafür ist uns der Heimabend, wie denn überhaupt die Gestaltung des Abends im Heim immer der Schwerpunkt für das Mädelleben sein wird. Gibt er den Mädeln die Fähigkeit, später den Abend im eigenen Heim nach diesem Vorbild auszugestalten; eine Fähigkeit, die für den Zusammenhalt der Familie unerläßlich ist.

Die Ziele unserer Erziehung hat uns der Nationalsozialismus vorgeschrieben, die Form der Erziehung hat sich nach der Eigenart des Mädels gerichtet [...].

Grete Mahlmann
B.d.M.- Obergauführerin

Quelle: Mahlmann, G. (1934). Politische Erziehung unserer Mädel. *Das deutsche Mädel 1934,* S. 1f. [Hervorhebungen im Original].

Arbeiten Sie aus der vorliegenden Quelle das Erziehungsideal des „deutschen Mädels" heraus. Nennen Sie dabei die Eigenschaften, die das „deutsche Mädel" entwickeln soll.

Der BDM trat für die qualifizierte Berufsbildung der weiblichen Jugend ein. Die „deutschen Mädel" sollten nicht nur auf ihre traditionelle Mutter- und Hausfrauenrolle, sondern auch auf ihren beruflichen Einsatz vorbereitet werden. Damit entstanden jedoch Widersprüche zum tradierten Bild der deutschen Mutter und Kameradin des Mannes, in dem Berufstätigkeit nicht vorgesehen war. Die vorliegende Quelle greift diesen Widerspruch der Rollenbilder auf:

Berufserziehung der weiblichen Jugend

Von Gauführerin Erna Pranz, Mädelreferentin des Jugendamtes der DAF[1]

„Auch Du gehörst dem Führer" (1937)[2]

Die nationalsozialistische Weltanschauung hat der Berufsarbeit des Mädels einen neuen inneren Ausgangspunkt gegeben, ihre Beweggründe von der Gemeinschaft abgeleitet und ihren Spielraum an den Notwendigkeiten der Gesamtheit begrenzt. Somit haben die Mädel den Ansatz ihrer Berufsarbeit immer wieder in den Forderungen zu suchen, die Wirtschaft und Staat an sie stellen. Daher ist die planmäßige Erziehung des Mädels zu dieser Arbeitsauffassung hin Mittelpunkt jeder weiblichen Berufserziehungsarbeit. [...] Das Mädel, das durch diese Erziehung gegangen ist, weiß um die politischen Notwendigkeiten einer Gemeinschaft und hat somit die Grundlage für das Verständnis eines Arbeitseinsatzes erhalten, wie ihn die völlige Wandlung auf diesem Arbeitsgebiet und der betont wehrwirtschaftliche Charakter der neuen Wirtschaftspolitik verlangen müssen.

Die Berufsarbeit des Mädels wird also nicht gesondert neben dem „persönlichen Leben" stehen. Da dieses Leben immer wieder in eine nationalsozialistische Gemeinschaft einbeschlossen ist, wird die Berufsarbeit auch immer wieder aus diesem selbst seine Wertung erfahren. So wird eine Bereitschaft des Mädels zu einer neuen Arbeitsauffassung, der nicht der Verdienst, sondern der Dienstgedanke zugrunde liegt, im späterhin selbstverständlich sein.

Wenn das Mädel zu diesem Willen – seine Leistung der Gesamtheit zur Verfügung zu stellen, einen Beruf ergreift, so muß sich dieser Bereitschaft gleichzeitig seine Brauchbarkeit anschließen. [...] Nun wird sich diese Brauchbarkeit des Mädels, die sich bei Antritt des Berufes, neben den entsprechenden schulmäßigen Kenntnissen zunächst auf die völlige Gesundheit bezieht, in den späteren Jahren seiner Berufstätigkeit auf seine *fach*berufliche Leistung ausdehnen, und wenn Ostern 1937 wieder Tausende von Mädeln vor der Berufswahl stehen, so muß der oberste Grundsatz für ihre Berufswahl der sein: *Facharbeiterin zu werden!* [...] Die Anforderung von weiblichen Arbeitskräften hat sich in den verschiedenen Berufen sehr verschoben und ist in vielen größer geworden. Die Einziehung der männlichen Jugend zum Arbeitsdienst und zur Wehrmacht ist hierbei von besonderer Bedeutung. *Wo aber liegen nun die Einsatzmöglichkeiten der Mädel? Immer wieder in der Landwirtschaft, dem Handel, dem Handwerk, in der Leichtmetallindustrie und im bäuerlichen wie natürlich auch im städtischen Haushalt.*

---

[1] Deutsche Arbeitsfront.

[2] Quelle: Deutsches Historisches Museum / S. Ahlers.

Die Arbeitskraft des Mädels wird planmäßig in die deutsche Wirtschaft eingebaut werden. Die Voraussetzung für eine fachberufliche Leistung aber wird immer wieder die *gründliche Berufsausbildung* sein. Es müssen so vor allem Wege geschaffen werden, um die große Anzahl der un- und angelernten Jungarbeiterinnen zu verringern. Es entspricht durchaus dem Sinn des Vierteljahresplanes, wenn für die Forderung nach einer geordneten Berufsausbildung der Mädel stärkste Beachtung verlangt wird; denn sie allein gibt die Grundlage für die sorgsame Ausnutzung der weiblichen Arbeitskräfte.

Natürlich wird die eigentliche Aufgabe des Mädels, später einen eigenen Haushalt zu führen und Mutter zu sein, von diesen Forderungen nach der Berufsarbeit nicht in den Hintergrund gestellt. Die Berufsarbeit des Mädels ist neben der unbedingten Notwendigkeit in der deutschen Wirtschaft auch ebenfalls eine erzieherische Notwendigkeit. *Der berufliche Einsatz des Mädels wird seine geistigen und charakterlichen Eigenschaften stark ausprägen. Darüber hinaus wirkt sich die Berufsarbeit gleichfalls gemeinschaftserziehend und damit politisch bildend aus.*

Quelle: Pranz, E. (1937). Berufserziehung der weiblichen Jugend. *Das Deutsche Mädel*, 1937, S. 1f. [Hervorhebungen im Original].

1. Arbeiten Sie heraus, anhand welcher Argumente die Notwendigkeit des beruflichen Einsatzes der „deutschen Mädel" begründet wird.
2. Erläutern Sie, inwiefern der berufliche Einsatz in Widerspruch zu der Rolle als Mutter und Hausfrau steht.
3. Diskutieren Sie die Frage, ob und inwiefern der BDM die Emanzipation von Frauen ermöglichte. Berücksichtigen Sie dabei das Propagandaplakat „Auch Du gehörst dem Führer" (1937) und das Titelblatt der „Frauenwarte".

Titelblatt der Zeitschrift „NS Frauenwarte" (April 1941)[1]

[1] Quelle: bpk

Prinzipien der Erziehung in der Hitler-Jugend

„Jugend muss durch Jugend geführt werden": Das Prinzip der Selbstführung

In seiner programmatischen Schrift „Die Hitler-Jugend. Idee und Gestalt" aus dem Jahr 1934 erläutert Baldur von Schirach das Prinzip der jugendlichen Selbstführung als Organisationsprinzip der HJ.

Baldur von Schirach trat bereits 1925 in die NSDAP ein, leitete zunächst den NS-Studentenbund. 1931 wurde er Reichsjugendführer der NSDAP, wodurch ihm die Gesamtorganisation der HJ unterstand, er verantwortete die Gleichschaltung der Jugendverbände. 1933 wurde er Jugendführer des Deutschen Reiches, bis er 1940 NSDAP-Gauleiter und Reichsstatthalter in Wien wurde, wo er für die Deportation der Wiener Juden verantwortlich war. Baldur von Schirach wurde 1945 von den Alliierten festgenommen, in den Nürnberger Prozessen zu 20 Jahren Haft verurteilt, er starb im Jahr 1974.

Von Schirach und HJ-Mitglieder[1]

[Die HJ, d. Hrsg.] entwickelte den Führer aus der Gemeinschaft heraus, indem sie nach organischen Grundsätzen den Fähigsten einer Einheit zu ihrem Führer machte. So trägt in der HJ. jeder den Marschallstab im Tornister; jeder kann sich in das Führerkorps der HJ. einschalten, indem er mehr leistet als seine Kameraden. Der Jugendführer muß seine Aufgabe darin sehen, seine Jugend selbstständig zu machen. Er muß sich für seine Führung die Verbündeten suchen, die in jedem Jungen schlummern: Das Verantwortungsbewußtsein, den natürlichen Ehrgeiz, das Vertrauen zur eigenen Kraft. *Mir scheint die Verantwortung der wesentliche erzieherische Faktor überhaupt.* Wenn ich irgendeinem beliebigen Jungen in Deutschland eine kleine Arbeit oder Tätigkeit zuweise, für die er die ausschließliche Verantwortung trägt, habe ich schon den natürlichen Führerinstinkt des Jungen geweckt. Die Jugenderzieher der Vergangenheit benutzten Einschüchterungsmethoden, um sich die Jugend gefügig zu machen und appellierten damit an die Schwäche - wir appellieren an die Kraft. Die Methode der HJ. ist die eines unbegrenzten Vertrauens. Es ist auch die Methode der Suggestion. Die HJ. sagt dem kleinen Jungvolkjungen, der eine Einheit übernehmen soll: Du kannst! In diesem Augenblick *kann* er wirklich. So korrigiert die HJ. die Minderwertigkeitsgefühle, die durch falsche Erziehungsmethoden der Vergangenheit in unser Volk hineingetragen wurden, und leider auch von der heutigen Schule noch nicht überwunden worden sind.

Der Führer einer Gemeinschaft von kleinen Buben ist fast ausnahmslos der physisch Überlegenste. Die Anerkennung seiner Autorität durch die Gefolgschaft beruht in den meisten Fällen auf dem Faustrecht. In den späteren Jahrgängen wird das anders. Und schon die etwas älteren Jungvolkjungen suchen in ihrem Führer ein geistiges und seelisches. Sie wollen einen Menschen vor sich haben, der in der Lage ist, ihnen über die Fragen, die sie beschäf-

---

[1] Quelle: Scherl/Süddeutsche Zeitung Photo.

tigen, Auskunft zu geben. Viele werden einwenden, wie können 16-, 17-, 18jährige, die selber noch in der Entwicklung stehen, alle Fragen ihrer Gefolgschaft beantworten? Nun, das ist wieder ein Stück der HJ.-Erziehung. *Die Verpflichtung seines Amtes reift den jungen Führer weit über seine Gefolgschaft empor*. Er wird sich geistig erarbeiten, was ihm irgendwie erreichbar ist. Er wird danach streben, sich zu jenem Bild heranzuvollenden, das seine Gefolgschaft von ihm besitzt. Er wird die Menschen an sich heranzuziehen versuchen, die seiner Gefolgschaft wissenmäßig das vermitteln könnten, was er selber nicht besitzt, kurz, er wird um sein Führertum ringen, wie nur die Jugend ringen kann. Es ist eine irrige Meinung, daß die Führerpersönlichkeit erst im reifen Mannesalter entstehe. Sie wird schon im kleinsten Knaben sichtbar und äußert sich zu jeder Stunde. Nur war die Struktur unseres Staates derart, daß eine junge Führernatur erst spät, wenn überhaupt, die Gelegenheit zur Auswirkung bekam. Der Führer hat das im „Kampf" wunderbar niedergelegt: „Ich glaube heute fest daran, daß im allgemeinen sämtliche schöpferische Gedanken schon in der Jugend grundsätzlich erscheinen, sofern solche überhaupt vorhanden sind. Ich unterscheide zwischen der Weisheit des Alters, die nur in einer größeren *Gründlichkeit und Vorsicht als Ergebnis der Erfahrungen eines langen Lebens gelten kann und der Genialität der Jugend*, die in unerschöpflicher Fruchtbarkeit Gedanken und Ideen ausschüttet, ohne sie zunächst auch nur verarbeiten zu können, infolge der Fülle ihrer Zahl. Sie liefert die Baustoffe und Zukunftspläne, aus denen das weitere Alter die Steine nimmt, behaut und den Bau aufführt, soweit nicht die sogenannte Weisheit des Alters die Genialität der Jugend erstickt hat."

[...] Es ist nun nicht so, daß der junge Führer mit der Übertragung der Verantwortung gleichsam automatisch eine Idealgestalt würde. Er selbst ist ein Geführter, und die Kameraden über ihm tragen auch ihrerseits die Verantwortung für sein Werden und seinen Weg, wie er wiederum für Werden und Weg der ihm anvertrauten Gliederung verantwortlich ist. Das Prinzip der Selbstführung setzt eine stetig fortlaufende Führerschulung voraus, d.h., alle Jugendführer müssen in bestimmten Zeitabständen zu kürzeren oder längeren, meist mehrwöchigen Lagern zusammengefasst und ausgerichtet werden. Sie müssen in unseren Führerschulen lernen, dass sie nicht selbstständige Herrscher ihres kleinen oder größeren Bezirks sind, sondern Teile eines großen Ganzen, dem sie sich sinnvoll einzuordnen haben. Papierene Erlasse, Rundschreiben und Zeitschriften können eine Verbindung von Führung zu Gliederung herstellen, sie können auch die Jugend untereinander von ihrer gegenseitigen Arbeit in Kenntnis setzen, aber sie sind niemals ein Ersatz für die Zusammenkunft von Kameraden, für das Wort von Mann zu Mann. Immer wieder verzeichnet die eilende Zeit das Bild des Gewollten. Immer wieder muß darum die Gemeinschaft die Möglichkeit haben, sich von Zeit zu Zeit die Hand zu reichen, muß der Führer der Nordseeküste den Führer aus dem Bergland sprechen, die Jugend des Ostens sich wenigstens in ihrer Führerschaft mit der des Westens begegnen. Alle aber müssen gemeinsam die Parole der Gesamtheit empfangen. [...]

Jugendführung heißt gegen sich selbst härter sein als gegen die Gefolgschaft. Die HJ. ist eine Führerschule. Führer im wahrhaftigen Sinne ist aber immer nur der Gestaltende, der Zuchtvolle.

Darum sei dem Jungen der Weg zur Führung schwer gemacht. Ist er berufen, bezwingt er ihn. Niemals aber darf es einen anderen Schlüssel zum Tor der Führung geben als die Leistung. Wessen Hände den Schlüssel halten, ob Arbeitersohn, Bauernsohn oder Sohn des Gelehrten, das alles ist gleichgültig. *Nur eins entscheidet: Er muß vom Adel der Leistung sein, von diesem einzigen Adel, den die neue Jugend kennt.*

Quelle: Schirach, B. v. (1934). Das Prinzip der Selbstführung. In Ders., *Die Hitler-Jugend. Idee und Gestalt* (S. 57-66). Leipzig: Koehler & Amelang [Hervorhebungen im Original].

Dienst eines Kölner HJ-Stamms (September 1936)[1]

1. Beschreiben Sie die Funktionsweise des Prinzips der Selbstführung.
2. Erläutern Sie das dem Prinzip der Selbstführung zugrundeliegende Gemeinschaftsverständnis. Berücksichtigen Sie dabei das Foto Baldur von Schirachs sowie des Kölner HJ-Stammes.
3. Lesen Sie den autobiographischen Erfahrungsbericht Karl-Heinz Janßens und diskutieren Sie, welche Wirkungen des Prinzips der Selbstführung Janßen beschreibt. Beziehen Sie dabei die Frage mit ein, inwiefern das Prinzip der Selbstführung den entwicklungspsychologischen Bedürfnissen von Kindern und Jugendlichen entsprechen konnte.

„Ich wollte Hitlerjunge werden"

Ich wollte ein Hitlerjunge werden – das war mein sehnlichster Wunsch, soweit ich zurückdenken kann. Bereits im Kindergartenalter – es muß in den Jahren 35/36 gewesen sein – schmückte ich den Gartenzaun mit Hakenkreuzfähnchen aus Papier; bekränzte liebevoll das Hitler-Bild, das an nationalen Feiertagen ins Fenster gestellt wurde; lief dem Hiterjugend-Fähnlein hinterher, das mit Pfeifen und Landknechtstrommeln durchs Dorf marschierte. In der Volksschule waren mir die liebsten Stunden die Weihefeiern; der Hauptlehrer – in Personalunion nationalsozialistischer Ortsgruppenleiter – holte uns ABC-Schützen in die Klasse der ältesten Schüler, die uns über Macht und Herrlichkeit des „Tausendjährigen Reiches" vortragen mussten. Im ersten Sprachlehrebuch lasen wir die Geschichte von Antje Lühring, einem Bauernmädchen aus dem Nachbarkreis, wo Hitler in seinem Urlaub bei „alten Kämpfern" einzukehren pflegte. Antje hatte „beim Führer" auf dem Schoß sitzen dürfen. So gesellte sich bald dem ersten Wunsch ein zweiter hinzu: Ich wollte den Führer sehen. [...] Das Regime erwiderte meine stille Liebe nicht. Eines Tages kamen ein paar Parteifunktionäre von weither in unsere Dorfschule; sie suchten Zöglinge für die Adolf-Hitler-Schulen und die Nationalpolitischen Erziehungsanstalten (Napola), die „Kadettenanstalten" des Dritten Reiches. Mein Freund und ich wurden aufgerufen, doch ich durfte mich gleich wieder setzen:

[1] Quelle: NS-Dokumentationszentrum der Stadt Köln.

Brünett, braunäugig, untersetzt, entsprach ich keineswegs dem Schönheits- und Reinheitsideal der Rassentheoretiker. Mein Freund war schlank, blond und blauäugig, doch wurde auch er schließlich zurückgestellt – wegen seiner schwachen sportlichen Leistungen. [...] Und dann war er eines schönen Septembertages da, der Krieg, auf leisen Sohlen, denn Deutschland hatte ihn ja nicht erklärt, hatte nur „zurückgeschossen". [...] Die Schrecken des Krieges störten uns Knaben nicht, sie zogen uns an. Daß unsere Väter einberufen wurden, schien nur recht und billig. Und der „Heldentod" gehörte dazu. Viele der Lieder, die wir in der Schule und später in der Hitlerjugend lernten, handelten von der Ehre, fürs Vaterland zu sterben: Die Fahnen wehten ins Morgenrot und leuchteten zum frühen Tod, heilig Vaterland war in Gefahren, mochten wir sterben, Deutschland stürbe nicht, und fern bei Narvik lag ein kühles Grab. [...]

Wir waren Hitlerjungen, Kindersoldaten, längst ehe wir mit 10 Jahren für wert befunden wurden, das Braunhemd zu tragen. Schon vorher waren wir dauernd „im Einsatz". Wir sammelten Altpapier und Altmetalle, suchten Heilkräuter, schwangen fürs Winterhilfswerk die Sammelbüchse, bastelten Spielzeug für Babys, führten zur Erheiterung der Soldatenfrauen politische Spielchen auf [...], waren aufs „Dienen" vorbereitet, ehe wir als Pimpfe zwei- oder dreimal die Woche und oft auch am Sonntag zum „Dienst" befohlen wurden: „Du bist nichts, dein Volk ist alles!"

Wenn andere von der Pimpfenzeit schwärmen (als sei das Ganze nur ein Pfadfinderklub mit anderen Vorzeichen gewesen), so kann ich diese Begeisterung nicht teilen. Ich habe beklemmende Erinnerungen. In unserem Fähnlein bestanden die Jungvolk-Stunden fast nur aus „Ordnungsdienst", das heißt aus militärischem Drill. Auch wenn Sport oder Schießen oder Singen auf dem Plan stand, gab es erst immer „Ordnungsdienst": endloses Exerzieren mit „Stillgestanden", „Rührt euch", „Links um", „Rechts um", „Ganze Abteilung – kehrt" – Kommandos, die ich noch heute im Schlaf beherrsche. Es ging zu wie bei Unteroffizier Himmelstoß auf dem Kasernenhof: Zwölfjährige Hordenführer brüllten zehnjährige Pimpfe zusammen und jagten sie kreuz und quer über Schulhöfe, Wiesen und Sturzäcker. Die kleinsten Aufsässigkeiten, die harmlosesten Mängel an der Uniform, die geringste Verspätung wurden sogleich mit Strafexerzieren geahndet – ohnmächtige Unterführer ließen ihre Wut an uns aus. Aber die Schikane hatte Methode. Uns wurde von Kindesbeinen an Härte und blinder Gehorsam eingedrillt. Auf das Kommando „Hinlegen" hatten wir uns mit bloßen Knien in die Schlacken zu werfen; bei Liegestützen wurde uns die Nase in den Sand gedrückt; wer bei Dauerlauf außer Atem geriet, wurde als „Schlappschwanz" der Lächerlichkeit preisgegeben. Wie haben wir das nur vier Jahre ertragen? Warum haben wir unsere Tränen verschluckt, unsere Schmerzen verbissen? Warum nie den Eltern und Lehrern geklagt, was uns da Schlimmes widerfuhr? Ich kann es mir nur so erklären: Wir alle waren vom Ehrgeiz gepackt, wollten durch vorbildliche Disziplin, durch Härte im Nehmen, durch zackiges Auftreten den Unterführern imponieren. Denn wer tüchtig war, wurde befördert, durfte sich mit Schnüren und Litzen[1] schmücken, durfte selber kommandieren, und sei es auch nur für die fünf Minuten, in denen der „Führer" hinter den Büschen verschwunden war. Jugend muß durch Jugend geführt werden, lautete die Losung. In der Praxis hieß das: Wer oben ist, darf treten.

Mit dreizehn habe ich es geschafft: ich wurde „Jungzugführer" in einem Dörflein, wo es nur zwölf Pimpfe gab. Beim Sport und Geländespiel vertrugen wir uns prächtig, und wenn ich zum Dienstschluss mein „dreifaches Sieg Heil auf unseren geliebten Führer Adolf Hitler" aus-

[1] Abzeichen aus Stoff.

rief, strahlten die Augen „meiner Kameraden". Doch der befohlene „Ordnungsdienst" langweilte sie. Eines Tages muckten sie auf. Nun war die Reihe an mir, zu treten. Nach Dienstschluss um 6 Uhr abends knöpfte ich mir [...] die drei ärgsten „Rabauken" vor und „schliff sie nach Strich und Faden": „Hinlegen – lauf", „An die Mauer – marsch – marsch", „zurück – marsch – marsch". [...] Ich brauchte nur zu brüllen, den Daumen auf und ab zu bewegen und die Liegestützen zu zählen, ganz so, wie ich es als Sechsjähriger schon beim Strafexerzieren des Reichsarbeitsdienst mitangesehen hatte. Die armen Kerle stöhnten, schwitzten, schnappten nach Luft – aber sie gehorchten. Ihr (Eigen-)Wille war gebrochen.

Quelle: Janßen, K.-H. (1975). Ich wollte Hitlerjunge werden. In A. Glaser & H. Silenius (Hrsg.), *Jugend im Dritten Reich* (S. 88f.). Frankfurt a.M.: Tribüne.

Selbstzucht und Disziplin

Das Prinzip der Selbstführung basierte auf einer inneren Haltung der Kinder und Jugendlichen. Diese Haltung war nicht per se vorhanden, sondern sie musste durch die Kinder und Jugendlichen selbst erworben werden. Dies bezeichnet Kollmeier als „Selbstzucht":

[Selbstzucht bildet, d. Hrsg.] den Kern der Disziplinierungsmethode [...]. [Sie, d. Hrsg.] verlagerte die pädagogische Aufgabe vom Führungspersonal auf die einzelnen Jugendlichen selbst, die in die geforderte Haltung hineinwachsen sollten. Falls ihnen diese „charakterliche" Entwicklung nicht gelang, so schlussfolgerte die BDM-Reichsreferentin Trude Bürkner-Mohr 1934, war in der Gemeinschaft kein Platz mehr für sie: „Wer das nicht bei sich selbst erreicht, [...] *der muß wieder gehen.*"[1] Auf diese Weise wurde ein ständiger Anpassungsdruck aufgebaut. Die Erziehung der Hitler-Jugend bedeutete so eine Korrektur von Abweichungen und die Gewöhnung und Anpassung an die Ordnungsgrundsätze der Hitler-Jugend, die als „Selbstkontrolle" und „Selbstzucht" aus einer erwünschten „Ehrgesinnung" heraus verbrämt wurden.[2]

Zucht war ein zentraler Modus und Wert des Jugenddienstes [...]. „Zucht und Ordnung" [...] fungierten als Grundgesetze des Dienstes in der Hitler-Jugend.[3] Äußere Disziplin nach dem Vorbild militärischer Abläufe galt als selbstverständlicher Ausdruck nationalsozialistischer Gesinnung und als Schlüsselqualifikation der Jugendlichen in der politisierten Gesellschaftsordnung. Zugleich diente die Berufung auf autoritäre Strukturen und Disziplin dazu, das Vertrauen der Eltern gegenüber der oftmals jungen Führerschaft zu wecken.[4]

Quelle: Kollmeier, K. (2011). Erziehungsziel „Volksgemeinschaft" – Kinder und Jugendliche in der Hitler-Jugend. In K.-P. Horn & J.-W. Link (Hrsg.), *Erziehungsverhältnisse im Nationalsozialismus. Totaler Anspruch und Erziehungswirklichkeit* (S. 59-79). Bad Heilbrunn: Klinkhardt. [Hervorhebung im Original].

---

[1] (Bürkner-)Mohr (1934). Wir Mädel! *Wille und Macht, Führerorgan der nationalsozialistischen Jugend 1934* (4), S. 18 [Hervorhebung im Original].

[2] Reichsjugendführung (1943) *Sonderrichtlinien*, S. 11.

[3] John, H. H. (1939): HJ-Gerichtsbarkeit. In *Das junge Deutschland*. 33(3) S 123-128. vgl. Usadel, G. [1935]. *Zucht und Ordnung. Grundlagen einer nationalsozialistischen Ethik*. Hamburg 1942.

[4] *Verordnungsblatt der Reichsjugendführung (Hitlerjugend)*. Sonderdruck 10.7.1936, S. 1-4, S. 1.

Evelyn Hardey: „Scheiß BDM"

Bei dem folgenden Textauszug handelt es sich um eine Tagebuchaufzeichnung der damals 12jährigen Evelyn Hardey aus dem Jahr 1942, in der sie ihre Erfahrungen bei den Jungmädeln ausdrückt.

> Erläutern Sie, wie Evelyn Hardey den Anspruch an die Selbstzucht und die disziplinäre Ordnung erlebt.

18.8.42

Es hat großen Krach mit Mami gegeben. Meine Scharführerin fand raus, daß ich den Heimabend geschwänzt hatte, und meckerte Mami dafür an. Mami hat mit mir geschimpft, weil sie Angst vor dem Ortsgruppenleiter hat. Der paßt auf, daß die Eltern ihre Kinder so erziehen, wie der Führer es wünscht. Darum muß ich, seit ich zehn bin, zu den Jungmädeln gehen und komme mit vierzehn, also in zwei Jahren, in den Scheiß-BDM. Da kriegen wir einen blöden schwarzen Schlips mit einem geflochtenen Lederknoten und eine doofe braune Jacke. Jetzt dürfen wir noch im dunkelblauen Rock und mit einer weißen Bluse gehen. Aber ich hasse die Heimabende und den ganzen Kram! Mami weiß überhaupt nicht, wie gemein die Scharführerin ist!

„Evi, ein deutsches Jungmädel geht nicht mit einem Regenschirm!" hat sie zu mir gesagt. Die ist doch bekloppt. Warum soll man denn naß werden? „Evi, ein deutsches Jungmädel trägt keinen Schmuck!" Auch so'n Quatsch. Als ich ihr erklärte, daß mein Ring nicht abgeht, ist sie mit mir extra aufs Klo gegangen und hat ihn mir mit Seife vom Finger gerubbelt, so dass sie mir mit Absicht weh tat. [...] Außerdem hören wir auf den Heimabenden dauernd Nachrichten. Wenn eine Sondermeldung über was Siegreiches kommt, müssen wir alle auf den Hof rennen und eine „Rakete" machen: erst laut klatschen, dann doll trampeln und danach wie verrückt pfeifen.

Beim Heimabend darf man nur mit Entschuldigung fehlen. Ich hab' beim letzten Mal statt dessen auf dem Olivaer Platz gespielt [...]. Jemand muß mich dabei gesehen und verpetzt haben. Das wird schon wie bei den Erwachsenen! Man kann keinem mehr trauen! Wenn man laut sagt, daß man den Führer nicht so gut findet oder den Krieg satt hat, dann erfährt es gleich die Gestapo. Und dann wird man in der Nacht von denen aus seiner Wohnung geholt. Das ist nicht übertrieben. Die nehmen die Leute mit, sperren sie in ein Lager und lassen sie nicht mehr raus.

Quelle: Miller-Kipp, G. (2007). *„Der Führer braucht mich". Der Bund Deutscher Mädel (BDM): Lebenserinnerungen und Erinnerungsdiskurs* (S. 79f.). Weinheim: Juventa.

Aktivismus und Leistung

Ein führender HJ-Publizist schrieb: „Eine Jugend, die aktivistisch erzogen ist, kann gar nicht anders, als in den Krieg einzutreten mit der unstillbaren Begierde, möglichst viele Aufgaben übertragen zu bekommen", – eine Äußerung, die übrigens schon darauf hinweist, daß die Erziehung zum Aktivismus ihre Zielsituation gerade im Krieg fand.

Die Forcierung und zugleich „Zähmung" jugendlichen Aktivitätsdranges äußerte sich auch in der permanenten Veranstaltung von Sammlungen und Wettbewerben durch die HJ – gerade die Sammlungen wurden dabei von Schirach ausdrücklich als Arbeitsinhalt der HJ [beschrieben, d. Hrsg.]: „Die HJ ist nicht in Wäldern groß geworden und nicht unter romantischem

Himmel, sondern auf den Straßen der Großstadt, im Kampf um die Macht ... Der Waffendienst scheint ihr das einzig erstrebenswerte Ziel."[1] Der von der HJ gepflegte Aktivismus stand dabei in seiner Praxis in engem Zusammenhang mit Möglichkeiten der Technik und der Motorisierung, die von der HJ vorzugsweise benutzt wurden und die – zumal in ihrer kriegshandwerklichen Erscheinungsform – im Dritten Reich unter der Jugend starke psychologische Prägekraft gewannen. [...] Hand in Hand mit dieser Erziehung zum Aktivismus ging die Erziehung zum „Kämpferischen" im Sinne des NS und der Ansporn zur „Leistung". Man kann annehmen, daß der Appell an „Aktivismus" und „kämpferische Haltung" geeignet schien, die tatsächliche Starre des NS- und HJ-Systems durch vordergründige Befriedigung jugendlicher Bedürfnisse nach „Dynamik" zu kaschieren.

Die „Leistungserziehung" der HJ manifestierte sich vor allem in den zahllosen Wettkämpfen der HJ, ihr bezeichnender Ausdruck war das in der HJ enorm ausgebaute System der verschiedensten Leistungsabzeichen; ein in der HJ außerordentlich beliebter Slogan war das Wort von der „Auslese der Tüchtigsten". [...] Der Sport nahm als Mittel zur Realisation der genannten HJ-Erziehungsziele einen ganz wichtigen Platz ein; mit der Linie „Aktivismus-Leistung-Kampf-Sport-Körperertüchtigung" ergab sich zugleich der Zugang zur grundlegenden NS-Ideologie, nämlich der Rassenlehre bzw. der „biologischen Weltanschauung" des NS. In einer Dissertation eines HJ-Führers über die Aufgaben der NS-Jugendarbeit hieß es: „Die Rassenlehre ist Ausgangspunkt des nationalsozialistischen Erziehungsprogramms, aus ihren Erkenntnissen sind die Folgerungen für die NS-Jugenderziehung zu entnehmen ... Entsprechend dem Willen des Führers ist daher die körperliche Ertüchtigung erste und höchste Pflicht der jungen Generation. Das Streben jedes Jungen muss dahin gehen, bei Sport und Spiel körperlich stärker und vollkommener zu werden. Sein Ehrgeiz soll darauf gerichtet sein, seine gleichaltrigen Kameraden an Gewandtheit und Stärke zu überflügeln. Das Messen der Kräfte bedingt den Kampf, der allein zu einer rassischen Auslese der Besten führt ... Der kämpferische Gedanke ist es also, der den Sport als einzigartiges Erziehungsmittel erscheinen lässt."[2]

Quelle: Klönne, A. (1995). *Jugend im Dritten Reich. Die Hitler-Jugend und ihre Gegner* (S.77-78). München: Piper.

Mit dem Eintritt in die HJ bekamen alle Kinder das HJ-Leistungsbuch, in dem die Leistungen dokumentiert und gesammelt wurden. Die Teilnahme an Lagern, Lehrgängen und Wettkämpfen wurde ebenso notiert. Das Leistungsbuch hatte die Funktion, den Dienst in der HJ auszuweisen.

Das Leistungsabzeichen des Deutschen Jungvolks

Das Leistungsabzeichen ist eine hohe Auszeichnung des Reichsjugendführers. Es wird für vielseitige Leistungen im Deutschen Jungvolk verliehen. Nach bestandener Pimpfenprobe beginnt die Vorbereitung für das DJ-Leistungsabzeichen.

Die Bedingungen für das Leistungsabzeichen sind:

1. Schulung

1. Leben des Führers
2. Deutschtum im Ausland
3. Abgetretene Gebiete
4. Feiertage des Deutschen Volkes
5. Fünf Fahnensprüche

---

[1] *Das junge Deutschland*. Berlin, Jhg. 1943, S. 190 f.

[2] Heußler, W. (1940). *Aufbau und Ausgaben der NS-Jugendbewegung* (S. 25 f.). Würzburg.

6. Sechs HJ.-Lieder [...].

2. Leibesübungen
1. 60-m-Lauf 10 Sek.
2. Weitsprung 3,25 m
3. Schlagballweitwerfen 35 m
4. Klimmziehen 2 mal
5. Bodenrollen 2 mal vorwärts, 2 mal rückwärts
6. 100-m-Schwimmen in beliebiger Zeit oder, wo keine Schwimmgelegenheit vorhanden ist und keine Ausbildungsmöglichkeit besteht; 1000-m-Lauf nicht unter 4,30 Min., nicht über 5,30 Min.
7. Radfahren (nur Nachweis erforderlich).

3. Fahrt und Lager
1. Eine Tagesfahrt von 15 km mit leichtem Gepäck (nicht über 5 kg), nach 7 ½ km eine Pause von mindestens 3 Stunden.
2. Teilnahme an einem Zeltlager von mindestens 3 tägiger Dauer.
3. Bau eines 3er Zeltes und Mitarbeit am Bau eines 12er Zeltes.
4. Anlegen einer Kochstelle; Wasser zum Kochen bringen.
5. Kenntnis der wichtigsten Baumarten.
6. Einrichten der Karte nach den Gestirnen.
7. Kenntnis der wichtigsten Kartenzeichen des Meßtischblattes 1:25000 (Wald, Straßen, Eisenbahnen, Brücken und Schichtlinien)
8. Anschleichen und Melden (Entfernung etwa 200m; Meldung mündlich, etwa 10 Worte enthaltend).

4. Zielübungen
Luftgewehrschießen, 8 m Entfernung, sitzend am Anschlußtisch, 12er Ringscheibe, Ringabstand ½ cm; 5 Schuß = 20 Ringe
Oder wenn Luftgewehrschießen nicht möglich,
Schlagballzielwerfen, Entfernung 8m, Ziel 60x60 cm. Bedingung: 5 Würfe = 3 Treffer.

Quelle: Reichsjugendführung (Hrsg.) (1938). *Pimpf im Dienst. Ein Handbuch für das Deutsche Jungvolk in der HJ* (S. 18 f.). Potsdam: Ludwig Voggenreiter Verlag.

Beschreiben Sie die Funktionsweise der Prinzipien „Aktivismus und Leistung“. Berücksichtigen Sie dabei insbesondere das Leistungsabzeichen des Deutschen Jungvolks sowie das Leistungsbuch.

Leistungsbuch der HJ[1]

[1] Quelle: *https://upload.wikimedia.org/wikipedia/commons/2/22/Hitlerjugend_leistungsbuch_gross.jpg* [01.02.2019].

Lagererziehung als Gemeinschaftserziehung

In ideologischen Vorstellungen der Nationalsozialisten wurde Erziehung mit dem Ziel verbunden, Kinder und Jugendliche zum Glied der nationalsozialistischen arischen Volksgemeinschaft zu erziehen. Diese Mitgliedschaft war an die genetische Disposition gebunden. Trotzdem – und darin liegt ein Widerspruch innerhalb der Ideologie – war zudem Erziehung auf die bedingungslose Eingliederung in die arische Volksgemeinschaft gerichtet (vgl. Kap. 2.1). Die Fokussierung aller erzieherischen Bemühungen auf die deutsche arische Volksgemeinschaft war auch ein erzieherisches Prinzip der HJ. Eine Umsetzung dieses Prinzips war die Lagererziehung.

HJ-Pfingstlager der Essener HJ in Rauschenburg (Sommer 1935)[1]

1. Beschreiben Sie das Foto des HJ-Pfingstlagers des Jahres 1935 der Essener HJ.
2. Diskutieren Sie die Frage, inwiefern auf dem Bild das Erlebnis von Volksgemeinschaft Ausdruck findet.

[1] Quelle: NS-Dokumentationszentrum der Stadt Köln

Die Organisationsstruktur der nationalsozialistischen Lager

Lager spielten in der nationalsozialistischen Erziehung des deutschen Volkes eine wichtige Rolle. Fast alle Altersgruppen und Schichten der Deutschen nahmen an Lagern teil. So gab es neben den Freizeit- und Schulungslagern der Hitler-Jugend bspw. Gemeinschaftslager für Schüler, Ausleselager zur Selektion einer schulischen „Elite", Wehrdienstlager, die der vormilitärischen Ausbildung dienten, Berufsschulungslager, Vorbereitungslager für angehende Studenten oder auch Gemeinschaftslager für Lehrer und andere Berufsgruppen sowie Schulungslager der NSDAP. Trotz dieser Verschiedenheit der Lagerthemen gab es eine einheitliche organisatorische Grundstruktur.

Grundsätzlich können sogenannte „Stammlager" von mobilen Zeit- und Barackenlagern unterschieden werden. Die ersteren hatten einen festen Standort – ein „Heim", z.B. ein Landhaus oder eine umgebaute Fabrik – und wurden in einem bestimmten Turnus von wechselnden Gruppen belegt. Für die mobilen Lager waren wechselnde Standorte vorgesehen. [...] Die Lager der HJ und des BDM wurden in der Regel in der Nähe des jeweiligen „Heimatgaues" abgehalten. Es waren im Regelfall Zeltlager, die nach genau vorgeschriebenem Muster aufgebaut waren. [...] In nahezu jedem Lager war der Tagesablauf gleich. Seine wesentlichen Bestandteile, wie etwa Morgenappell mit Tageslosung, Fahnenhissung und -einholung, Zapfenstreich u.ä., waren gleichsam rituelle Handlungen. Wichtig war den Lagerveranstaltern hierbei, das Gefühl bei den Teilnehmern zu stärken, daß in allen gleichzeitig stattfindenden Lagern derselbe Ritus zur gleichen Zeit ablief. Man sah hierin realisierte „Volksgemeinschaft". Auch in Bezug auf die Schulungsthemen sind, unabhängig von der speziellen Ausrichtung, Gemeinsamkeiten festzustellen. So wurden fast überall Themen wie „Führer", die „Bewegung", „nationalsozialistische Weltanschauung", der Versailler Vertrag u.ä. abgehandelt. Auch der (Wehr-)Sport als selbstverständlicher Bestandteil des Tagesablaufs spielte eine nicht zu unterschätzende Rolle [...]. Das Tragen einer Uniform und der Umgang mit Waffen waren ebenfalls obligatorisch. [...] Die Uniform diente darüber hinaus noch einem anderen Zweck: sie sollte die sozialen Unterschiede, die im Zivilleben bestanden, kaschieren und das Bestehen einer „wahren Gemeinschaft" vorspiegeln. [...]

Die *innere Struktur* der Lager zeichnete sich durch straffe Hierarchisierung aus, ganz dem Prinzip „Führer – Gefolgschaft" folgend. Dieses Prinzip steht nur in scheinbarem Widerspruch zu der eben angesprochenen Egalisierung sozialer Unterschiede, wie das folgende Zitat verdeutlicht:

„Gleichschritt und Einordnung sind nun einmal die Grundfesten, auf denen das Lager ruht, und deshalb sind sie nicht aus dem Lagerbetrieb wegzudenken. Der wahrhaft freie Mensch bejaht diesen Zwang aus innerster Überzeugung und folgt ihm willig."[1]

Quelle: Schiedeck, J. & Stahlmann, M. (1991). Die Inszenierung „totalen Erlebens". Lagererziehung im Nationalsozialismus. In H.-U. Otto & H. Sünker (Hrsg.), *Politische Formierung und soziale Erziehung im Nationalsozialismus* (S. 167-203). Frankfurt a.M.: Suhrkamp.

---

[1] Mertens , A. (1937). *Schulungslager u. Lagererziehung* (S. 15). Dortmund/Breslau.

Die pädagogische Funktion der Lager

Rudolf Benze, Leiter des Zentralinstituts für Erziehung und Unterricht, beschreibt in seinem Überblickswerk über die „Erziehung im Großdeutschen Reich" (1943) die pädagogische Funktion des Lagers:

Soll der ganze Mensch voll erfaßt und gebildet werden, so müssen die Erziehungseinrichtungen der NSDAP – es ist vor allem das ‚Lager' – so gehalten sein, daß in ihnen Körper, Charakter und Geist gleichermaßen zu ihrem Recht kommen und daß der Mensch losgelöst von den verwirrenden Bindungen des Alltags, sich ganz dem vorbehaltlosen Leben und Schaffen in der Gemeinschaft gleichstrebender Volksgenossen hingibt und nur deutscher Mensch wird. Aus diesem bewußt geschaffenen Zustand der Vorbehaltlosigkeit, in der alle Hemmungen der Überlieferung, der Gesellschaft, der zivilisatorischen Verkrampfung weichen und die gesunden Urkräfte wirksam werden, erwächst eine Grundhaltung, die der Naturgesetzlichkeit des Lagers nahekommt. Von da führt der Weg zwanglos zu den Lebensforderungen des Nationalsozialismus [...] und der aufgeschlossene Volksgenosse verläßt die nationalsozialistische Lagergemeinschaft als ein anderer, gefestigterer Mensch, mit echterem und höherem Streben.

Die äußeren Kennzeichen der Lagererziehung zeigen überall ähnliche Form und sind nur nach dem besonderen Zweck des Lagers abgestuft. Stadtferne, Gesundheit, Schönheit der Lage und Ausgestaltung gelten als erste Voraussetzung aller Schulungslager. Rang und Stand des Berufes sind ausgeschaltet; es gibt nur Kameraden, geführt von solchen Kameraden, die auf dem Arbeitsgebiet des betreffenden Lagers überlegen sind und daher hier erzieherisch wirksam werden können. Eine einheitliche Lagerkleidung ist nicht nur äußerliche Angleichung, sondern schafft auch stets eine starke innere Bindung. Oft tritt das kameradschaftliche ‚Du' an die Stelle des fremden ‚Sie', wie überhaupt der Nationalsozialismus [...] mit der [...] Sitte aufräumt, Menschen gleichen Blutes und Strebens einander fremd zu machen und ihre Gemeinschaft zu zerstören. Das ‚Du' [...] wird somit ein Ausdruck der wiedererstehenden Verbundenheit.

Die Lebensweise ist gesund, kräftig und einfach, sowohl im Essen wie in der Einrichtung und der Geselligkeit. Reiz- und Rauschgifte sind ganz verboten oder doch auf ein Mindestmaß beschränkt. Frühes Aufstehen und Schlafengehen, Frühsport, Ausmärsche, gemeinsame Handarbeit und Spiele sorgen für die körperliche Frische. Eine strenge Lagerordnung, in die sich jeder willig einfügt und gegen die kaum jemals Verstöße vorkommen, bildet eine feste Ordnungsstütze. [...] Gegenseitige Hilfe, kameradschaftliches Schaffen und Fröhlichkeit sind die auffallendsten Züge jedes nationalsozialistischen Lagers. Gemeinsames Hissen und Einholen der Lagerfahne, Tagesspruch, Feierstunden, Freizeitgestaltung und Singen binden die Kameradschaft im Tageslauf und lassen den Gedanken an Eigenbrötelei überhaupt nicht aufkommen.

Benze, R. (1943). Erziehung im Großdeutschen Reich. Eine Überschau über ihre Ziele, Wege und Einrichtungen (3., erw. Aufl., S. 90f.), zit. n.: Kraas, A. (2011). Den deutschen Menschen in seinen inneren Lebensbezirken ergreifen – Das Lager als Erziehungsform. In K.-P. Horn & J.-W. Link (Hrsg.) (2011), *Erziehungsverhältnisse im Nationalsozialismus. Totaler Anspruch und Erziehungswirklichkeit* (S. 300 f.). Bad Heilbrunn: Klinkhardt.

Arbeiten Sie heraus, inwiefern die Lager im Dienst der Herausbildung der nationalsozialistischen Gemeinschaft standen.

Ideen zur Vertiefung

Projekt Günther Roos – Eine Jugend in der NS-Zeit
Das Kölner NS-Dokumentationszentrum hat in einem Projekt die Jugend im Nationalsozialismus des 1924 in Brühl geborenen Günther Roos auf breiter Quellengrundlage dokumentiert.[1]

Die Presse der Hitler-Jugend
Das nationalsozialistische Amt für Planung, Koordination und Leitung der Presse- und Propagandatätigkeit war für die Werbeaktionen sowie die Publikation von Zeitschriften, die von der HJ im Reichsgebiet und im besetzten Ausland veröffentlicht wurden, zuständig. Über das Kölner NS-Dokumentationszentrum sind einige dieser Zeitschriften einsehbar: *https://www.jugend1918-1945.de/portal/Jugend/info.aspx?bereich =projekt&root=22964&id=23261&redir=*

Erinnerungen an den BDM
Die Erfahrungen in der Hitler-Jugend werden von Zeitzeugen unterschiedlich erinnert und beurteilt. Einen Eindruck der Lebenserfahrungen im BDM liefert der folgende Sammelband: Miller-Kipp, G. (2007): *„Der Führer braucht mich". Der Bund Deutscher Mädel (BDM): Lebenserinnerungen und Erinnerungsdiskurs.* Weinheim und München: Juventa.

[1] Quelle: NS-Dokumentationszentrum der Stadt Köln. Die Dokumentation ist online zugänglich unter: https://museenkoeln.de/ns-dokumentationszentrum/default.aspx?s=997#!prettyPhoto.

3. „Gegen den Strom" – Opposition und jüdisches Schulwesen

Anders als von der NS-Propaganda behauptet, gelang der Zugriff von Staat und Partei weder auf die Pädagogik noch auf die Lebenswelt von Kindern und Jugendlichen vollständig. Im folgenden Kapitel werden einige Beispiele oppositionellen Verhaltens sowohl von Lehrer- als auch von Schülerseite dokumentiert. Die prominenteste Gruppe des Jugendwiderstandes in Deutschland ist die „Weiße Rose". Da sie in der Regel Thema des Geschichtsunterrichts ist, wird hier auf ihre Darstellung verzichtet. Wesentlich weniger bekannt ist, dass es im „Dritten Reich" jüdische Schulen gab, die „gegen den Strom" schwammen. Sie nahmen zwischen 1933 und 1938 Kinder und Jugendliche auf, die die staatlichen Schulen hatten verlassen müssen, bereiteten sie auf die Emigration vor und bemühten sich darum, eine „andere Pädagogik" zu praktizieren.

3.1 Nonkonformität, Verweigerung, Protest, Widerstand – Opposition im NS-Staat

Lehreropposition im NS-Staat

[Während des nationalsozialistischen Regimes, d. Hrsg.] gab es in der Schule nicht nur Gewalt und Anpassung, Opfer und Mitläufer/Mitläuferinnen, sondern auch Opposition und Widerstand, und zwar auf Lehrer- wie Schülerseite. Unterschieden werden heute nach der Reichweite und Radikalität von Opposition auf der untersten Stufe *Nonkonformität* im Sinne „einfacher gesellschaftlicher Normenverletzungen, die noch keine zwingende Konfrontation mit dem NS-Staat" zur Folge haben mußten; als nächste Stufe *Verweigerung* im Sinne „bewußter Nicht-Einhaltung von Anordnungen", die das Risiko einer Konfrontation mit NS-Instanzen einschloß, weiterhin *Protest* als (schul-)öffentlich geäußerte Kritik an einem Merkmal nationalsozialistischer Erziehung oder Politik und schließlich – als radikalste Form – *Widerstand* im Sinne einer *bewußten* Bekämpfung des Regimes als *Ganzem* [...].[1] Zur Einordnung und Bewertung oppositioneller Akte bedarf es der Kenntnis des jeweiligen Kontextes, möglichst auch einer Zuordnung zu unterschiedlichen Phasen des NS-Regimes [...].

Widerstand setzt politische Bewußtheit voraus. Seine Träger und Trägerinnen kamen daher zumeist aus der Lehrer- wie Schülerschaft von demokratischen Reformschulen. Soweit es sich um *Lehrerinnen* und *Lehrer* handelte, haben sie sich in der Regel bereits vor 1933 in linken Parteien bzw. Lehrerverbänden organisiert und vor den zunehmenden Gefahren des Faschismus gewarnt. In Hamburg z.B. gehörten sie großenteils der 1931 gegründeten *„Interessengemeinschaft oppositioneller Lehrer"* (IOL) an. Als sie sich gleich zu Beginn des Nazi-Regimes zunehmenden Verfolgungen ausgesetzt sahen, beschlossen sie im Februar 1933 deren Auflösung, kamen jedoch in kleineren Gruppen zu drei bis fünf Personen weiterhin „regelmäßig zusammen, tauschten Erfahrungen, Nachrichten [und] illegales Informationsmaterial ... aus dem Ausland ... [aus], stimmten sich über die illegale Arbeit"[2] , z.B. die Erstellung von Flugblättern, ab und organisierten nicht zuletzt solidarische Hilfsmaßnahmen für mittellos dastehende entlassene Kollegen und Kolleginnen. [...]

Opposition unterhalb von Widerstand entzündete sich vielfach an NS-Symbolen bzw. im Zusammenhang mit NS-Ritualen im schulischen Alltag, etwa an dem seit Juli 1933 offiziell eingeführten Hitler-Gruß, dem Aufhängen von Hitler-Bildern, dem Hissen von NS-Fahnen [...] oder dem Absingen faschistischer Lieder. Ehemalige Lehrer wie Schüler berichteten, daß damals – im Sinne von *Verweigerung* oder *Protest* – persönliche Varianten wie „Halt" bzw.

[1] Van Dick, L. (1988) *Oppositionelles Lehrerverhalten 1933-1945* (S. 420 f.). Weinheim: Juventa 1988.

[2] Hochmuth, U. & de Lorent, H.-P. (Hrsg.) (1985), *Hamburg: Schule unterm Hakenkreuz* (S. 21), Hamburg: HLZ.

„Heilt Hitler" entwickelt wurden, um dem deutschen Gruß zu entgehen [...].[3] Teilweise ist *Protest* weit über Verweigerung von NS-Symbolen und -Ritualen hinausgegangen wie im Falle des von Walter Jens porträtierten Lehrers *Ernst Fritz*. [...] Das Beispiel des Lehrers Ernst Fritz ist sicherlich kein Einzelfall. Daß es festgehalten und damit vor dem Vergessen bewahrt worden ist, muß als Verdienst auch dem Chronisten Walter Jens angerechnet werden.

Quelle: Keim, W. (1995). *Erziehung unter der Nazi-Diktatur. Band I. Antidemokratische Potentiale, Machtantritt und Machtdurchsetzung* (S. 113-116). Darmstadt: Wissenschaftliche Buchgesellschaft. [Hervorhebungen im Original].

Nachfolgend ist Walter Jens' Portrait über seinen Lehrer Ernst Fritz dokumentiert. Es zeigt exemplarisch, wie manche Lehrer durch oppositionelles Verhalten versuchten, im Rahmen ihrer begrenzten pädagogischen Möglichkeiten Einfluss auf das kritische Urteilsvermögen ihrer Schülerinnen und Schüler zu nehmen. Sie nutzten kleine Freiräume in der Unterrichtsgestaltung, um alternative Haltungen offen oder verdeckt zu demonstrieren und so den Schülerinnen und Schülern andere Sichtweisen auf das nationalsozialistische Herrschaftssystem zu ermöglichen.

Das oppositionelle Engagement deutscher Lehrer war nur unter erschwerten Bedingungen möglich. So gab es aufgrund der rechtlichen Erlasse kaum Freiräume, alternative Deutungskonzepte des politischen Geschehens zu artikulieren. Ebenso gab es häufig Denunziationen von linientreuen Kolleginnen und Kollegen, deren Anzahl stetig wuchs. Das zeigt sich in den Mitgliederzahlen des „Nationalsozialistischen Lehrerbundes" (NSLB). Direkt nach der Machtergreifung trat die Mehrheit der deutschen Lehrpersonen in den NSLB ein. 1933 waren 95%, 1936 waren 97% aller Lehrerinnen und Lehrer Mitglied in dieser nationalsozialistischen Vereinigung. Bereits im Jahr 1936 waren zudem 32% der deutschen Lehrerinnen und Lehrer Mitglieder der NSDAP. Damit bildeten Lehrpersonen die Beamtengruppe, die am stärksten in der NSDAP vertreten war.[1] Auch wenn von einer Mitgliedschaft nicht unbedingt auf eine entsprechende nationalsozialistische Haltung geschlossen werden kann, zeigen die Zahlen doch, dass oppositionelles Lehrerverhalten eher die Ausnahme als die Regel war. Insgesamt zeigten die Lehrerinnen und Lehrer eine große Bereitschaft, sich dem nationalsozialistischen System anzuschließen und den antisemitischen und faschistischen Vorgaben entsprechend ihren Unterricht zu gestalten.

Ernst Fritz, geboren am 28. Juli 1891 in Ellrich (Harz), Schulmeister und Poet dazu, Studienrat an der Gelehrtenschule des Johanneums zu Hamburg, 1936 wegen staatsfeindlicher Gesinnung entlassen und ins Gefängnis geworfen, nach Kriegsende wiedereingestellt und, da wunderlich geworden, abermals entlassen: Ehre seinem Andenken! Dank, sehr persönlich, an einen Mann, der aus dem braven Schüler Jens [einen, d. Hrsg.] „Kaffeehausliteraten" gemacht hat. Wie? Indem er ihm die Augen öffnete – ihm und anderen. Indem er, Aesthet, der er war, an die rüde Wirklichkeit des Dritten Reiches mit dem Handwerkszeug des Artisten heranging: Da, *Jungs*, schaut hin, was ich aufgespießt habe!

Wenn wir, ich schätze, anfangs mit Inbrunst, das Horst-Wessel-Lied sangen, dann ließ er uns aussingen und – den Text analysieren. Elfjährige Hamburger Schüler bei der Exegese der für uns heilig erklärten Hymne – ich werde den Tag nie vergessen, an dem unser Klassenlehrer den Satz „Kameraden, die Rotfront und Reaktion erschossen, marschier'n im Geiste in unsern Reihen mit" grammatikalisch *erledigte*, indem er die Frage stellte, wer hier denn nun

[3] Vgl. Van Dick, L. a.a.O., S. 445.

[1] Van Dick, L. (1990). Aufrechter Gang – in den Schulen des NS-Staates? In: Ders. (Hrsg.), *Lehreropposition im NS-Staat. Biographische Berichte über den „aufrechten Gang"* (S. 14). Frankfurt a.M.: Fischer 1990.

eigentlich wen erschossen habe, Rotfront die Kameraden oder, was eher anzunehmen sei, freilich ganz und gar nicht gemeint sei, die Kameraden die Rotfront. *Er*, Sprachmeister Fritz, verstünde den Artikel *die* als Nominativ, Horst Wessel hingegen als Akkusativ – da möchten doch, bitte sehr, wir selber entscheiden, wer hier im Recht sei! Gestorben, ein für allemal, die *Hymne* – als Machwerk erledigt mit Hilfe der aufklärerisch gehandhabten Grammatik!

Kein Zweifel, Studienrat Fritz verstand sein Metier. Hätte es den Begriff *Verfremdung* schon 1933 gegeben – unser Ordinarius wäre entzückt gewesen, für die richtige Methode den richtigen Namen zu haben. Es *war* Verfremdung, die enthusiasmierten Sänger mit Hilfe der Frage „Nominativ oder Akkusativ?“ auf die Erde zurückzuholen; es *war* Verfremdung, die von Hitler-Reden betörten Zehn- bis Zwölfjährigen ins Kino zu schicken: „Schließt die Augen, Jungs, wenn der Mann spricht, schaut nicht hin, aber hört sehr genau zu, hört das tierische Gebrüll der Menschen, und dann stellt euch vor, was man in London davon denken wird.“ Wir gingen ins Kino, wir schlossen die Augen, wir hörten zu, wir stellten uns vor und sahen, geimpft von Studienrat Fritz, die martialische Heerschau von einer Stunde zur anderen mit neuem Blick: nicht feindlich, nicht so sarkastisch wie er – wohl aber nüchterner, unfanatisch und skeptisch ... und eben das war anno 1934 nicht wenig. [...] Ein bißchen Aestheten-Dünkel war schon dabei, wenn er sich über die Deutschverderber à la Wessel und Schirach mokierte oder, plötzlich in Wut geratend, einen uniformierten Quintaner anschrie: „Schau mich mit deinen blöden Jungvolkaugen nicht so dämlich an!“ [...] Ja, es gab Augenblicke, wo auch Ernst Fritz den großen Herren markierte – „Ich würde mich nie vor einem Gefreiten verneigen“ -, aber er markierte eben nur, spielte eine Rolle, um zu verhindern, daß wir Kinder über dem Führer den Hitler, über den großen Worten die bescheidene Wahrheit vergaßen. Eine Sternstunde war es, als Fritz in homerischer Rede die Frauen der SA-Männer beschwor, aus seinem Bekanntenkreis, wie sie den Dienst ihrer Männer und den Einsatz für die Ideen der Bewegung beschrieben ... und dann kam's, das Debunking[1] nach allen Regeln der Kunst: „Von wegen Dienst! Von wegen Idee! Auf den Tischen springen sie herum! Ich kann's von meinem Fenster aus sehen: Besoffen sind sie, die Kerls, pöbeln die Passanten auf den Straßen an!“ Ganz ruhig sagte er das, beinahe heiter[...]: „Die Hand zu heben, ach, das ist nun wirklich keine Kunst. Das macht auch der Hund am Baum.“

Quelle: Jens, W. (1984). Mein Lehrer Ernst Fritz. In M. Reich-Ranicki (Hrsg.), *Meine Schulzeit im Dritten Reich* (S. 106-111). München: dtv [Hervorhebungen im Original].

Erläutern Sie, anhand welcher Praktiken der Lehrer Fritz versuchte, kritische Distanz zum Nationalsozialismus zu fördern.

Jugendopposition im NS-Staat

Unangepasste Jugendliche – Grenzen der NS-Erziehung?

Im Unterschied zum Jugend*widerstand*, der auf den Sturz des NS-Regimes hinarbeitete, ging es bei den verschiedenen Formen von Jugend*opposition* um ein sehr viel eingeschränkteres Ziel, nämlich um die Behauptung eines jugendgemäßen Lebensraumes außerhalb der HJ, ohne *weitere* Beachtung der nazistischen Ideologie.

Ausgangspunkt von Jugendopposition war zu Beginn der NS-Herrschaft das Verbot der Bündischen Jugend (Juni 1933), die (freiwillige) Überführung der evangelischen Jugendverbände in die HJ (Dezember 1933) sowie die Einschränkungen für katholische Jugendgruppen. Die davon betroffenen Jugendlichen standen in der Regel dem Nationalsozialismus oder der HJ

[1] Die Desillusionierung.

keineswegs feindlich gegenüber, sondern hingen nur mehrheitlich an ihren vertrauten Gruppen, die sie nicht ohne weiteres zugunsten der HJ aufgeben wollten. [...] Es war die Kompromißlosigkeit, mit der die Nazis alle nicht-nazistischen Verbände und Organisationen bekämpften und zur Eingliederung in die HJ zwangen, die einen Teil dieser Jugendlichen in die Opposition führten. Wie diese sich konkret äußerte, hing von der jeweiligen Konstellation wie von der *Risikobereitschaft* der Jugendlichen ab. [...]

[Es, d. Hrsg.] entstanden *neue oppositionelle Gruppierungen*, mit denen sich junge Menschen den in der HJ erfahrenen Zwängen und Reglementierungen zu entziehen versuchten. Dies vor allem während des Krieges, als Kriegshilfs- und Kriegsdienste ständig zunahmen, Kontrollen, wie im Rahmen des HJ-Streifendienstes, sich verschärften, Fahrten und Freizeitlager dagegen eingeschränkt wurden und sich die Lebensperspektiven ab 1943 rapide verschlechterten. Die bekanntesten oppositionellen Jugendgruppen dieser Art waren *Edelweißpiraten* und *Swings*. Sie lassen sich – wenn man so will – ebenfalls als Produkt vorangegangener Erziehungsprozesse, nämlich der HJ-Erziehung, verstehen und zeigen, wie repressiver Zwang, wenn er zu *stark* wird, zu Gegenreaktionen führt.

Als *Edelweißpiraten* [...] wurden von der Gestapo Jugendliche bezeichnet, „die sich außerhalb der HJ in ihrer Freizeit in Cliquen zusammenfanden, sich an bestimmten Plätzen allabendlich trafen, an den Wochenenden auf Fahrt gingen“[1]. Dabei handelte es sich im Unterschied zu den Bünden der Weimarer Zeit vornehmlich um Arbeiterjugendliche mit einem Anteil von „fast 90 % Jungarbeitern“.[2] Sie schlossen sich vor allem in den Industriezentren und in den Großstädten an Rhein und Ruhr zumeist auf Stadtteilebene zusammen, hatten dort ihre festen Treffpunkte und trugen untereinander Revierkämpfe aus, z.B. in Krefeld die „Jungs vom Schinkenplatz“ mit den „Jungs von der Kornstraße“[3], in Düsseldorf die Gerresheimer Jugendlichen mit den Edelweißpiraten vom Ostpark. Von hier aus unternahmen sie auch ihre Wochenendfahrten mit bevorzugten Zielen. Beispielsweise fuhren die Kölner ins „Ammerländchen“ bei Rösrath, die Düsseldorfer in die Loosenau und zum „Blauen See“ bei Ratingen oder die Wuppertaler zur Lingeseetalsperre im Oberbergischen. Außerdem unternahmen sie [...] Großfahrten nach Süddeutschland und Österreich; Düsseldorfer Edelweißpiraten *trampen* sogar im Sommer 1942 nach Hamburg und Berlin.[4]

Der *oppositionelle Charakter* solcher Jugendgruppen bestand laut Gestapo-Berichten zunächst einmal in ihrer betont lässigen Kleidung und Haltung, die Anstoß erregten, ebenso in der „allgemeinen sittlichen Verwahrlosung“, die „sich besonders auf den Rheinwiesen, an den Talsperren des Bergischen Landes und an sonstigen Plätzen, wo eine unbeaufsichtigte Badegelegenheit war, bemerkbar“ machte. Gerügt wurden lockerer Umgangston und ungezwungene Umgangsformen zwischen den Geschlechtern bis hin zum gemeinsamen Nacktbaden. Offensichtlich kam es nicht selten auch zu Konflikten und Schlägereien mit HJ-Jugendlichen, ja sogar zu Überfällen auf die HJ-Streifen und zu Zerstörung und Beschädigung von HJ-Heimen. Ein Kölner Jugendrichter brachte im November 1943, also bereits in der letzten Kriegsphase, das Grunddilemma dieser Jugendlichen auf folgende Formel: „Diese Jungs

---

[1] Kenkmann, A. (1991). Unruhe an der „Heimatfront“ – Edelweißpiraten in Krefeld 1942/1943. In B. Bromberger, *Deutsche Jugend im Zweiten Weltkrieg* (S. 83-89). Rostock: Verlag Jugend und Geschichte, S. 83.

[2] Ders. (1991). Navajos, Kittelbach- und Edelweißpiraten. Jugendliche Dissidenten im „Dritten Reich“. In Breyvogel, W. (Hrsg.), *Piraten, Swings und Junge Garde. Jugendwiderstand im Nationalsozialismus* (S. 138-158). Bonn: Dietz, S. 142.

[3] Ebd., S. 84.

[4] Vgl. Kenkmann, A. (1991). Unruhe an der „Heimatfront“ – Edelweißpiraten in Krefeld 1942/1943. In B. Bromberger, *Deutsche Jugend im Zweiten Weltkrieg (S. 83-89).* Rostock: Jugend und Geschichte, S. 144 f.

folgen allem, nur nicht dem Zwang. Sie wollen ‚wilde Fahrten' machen und nicht eine geordnete Wanderung in Formation. Hierin liegt die Wurzel der oppositionellen Einstellung gegen die Hitler-Jugend und damit gegen den Staat."[5] [...] Die Jugendlichen, die sich als Edelweißpiraten zusammenfanden, versuchten sich vom Druck der nazistischen Formationserziehung zu befreien. Sie verweigerten die freiwillige Einordnung als „Glieder" der großen Volksgemeinschaft und die persönliche Sinnfindung bei Massenaufmärschen, -kundgebungen und -feiern. Statt dessen versuchten sie ihre Vorstellung eines – nach nazistischen Kriterien – in der Tat „zwanglosen" und „ungeordneten" Jugendlebens zu realisieren; in gemischten Gruppen von Jungen *und* Mädchen und im karierten Hemd/der karierten Bluse [...]. Dem „Ungeordneten" ihres Erscheinungsbildes entsprach die bewußte Mißachtung von Anordnungen, beispielsweise von Ausgangssperren am späten Abend oder von Kontaktverboten zu „Fremdarbeitern" und „Fremdrassigen". Davon abgesehen stellten für die nazistischen Ordnungskräfte bereits die bevorzugten Aufenthaltsorte dieser Jugendlichen – Bahnhöfe, Parks, Rummelplätze, Stehbierhallen, Eisdielen usf. – eine Provokation dar.

Quelle: Keim, W. (1997). *Erziehung unter der Nazi-Diktatur. Band II: Kriegsvorbereitung, Krieg und Holocaust* (S. 346-360). Darmstadt: Wissenschaftliche Buchgesellschaft [Hervorhebungen im Original].

Ausbildungseinheit der HJ Köln-Mühlheim vor dem NSDAP-Kreishaus (Juni 1942)[1]

[5] Alle Zitate n. Klönne, A. (1990). *Jugend im Dritten Reich. Die Hitler-Jugend und ihre Gegner.* München: dtv 1990, S. 246 u. 248.

[1] Quelle: NS-Dokumentationszentrum der Stadt Köln.

Unangepasste Jugendliche beim „Kleidertausch“ bei einer Fahrt ins Bergische (1941)[2]

„Swings“ tanzen 1938 in Hamburg[3]

1. Beschreiben Sie die auf den Bildern erkennbaren Unterschiede zwischen der HJ-Ausbildungseinheit, den Unangepassten und den Swing-Jugendlichen.
2. Erläutern Sie vor dem Hintergrund des Sachtextes und der Bildquellen, durch welche Merkmale das „unangepasste“ Verhalten der Jugendlichen gegenüber der HJ sichtbar wurde.

„Wilde Cliquen“ – Unangepasstes Jugendverhalten von Navajos und Edelweißpiraten in Köln

In Köln existierten während des „Dritten Reichs" hauptsächlich Gruppen von Navajos und Edelweißpiraten.[1] Dabei können zwei Phasen unangepassten Jugendverhaltens rekonstruiert werden: Die erste begann 1934 und endete 1938. In diesen Jahren trafen sich Navajo-

---

[2] Quelle: NS-Dokumentationszentrum der Stadt Köln.

[3] Quelle: *DAS MAGAZIN, Nr. 171,1938, S.16 - Original im Barmbeker Schallarchiv*

[1] Die Darstellung folgt – vor allem für die Vorkriegszeit – der Magisterarbeit von Barbara Manthe (Navajos und Edelweißpiraten in Köln. Unangepasstes und widerständiges Jugendverhalten im Nationalsozialismus) aus dem Jahr 2006, die ihrerseits auf Materialien basiert, die im NS-Dokumentationszentrum der Stadt Köln gesammelt oder ausgewertet wurden. Auf Einzelnachweise wird an dieser Stelle weitgehend verzichtet.

Gruppen, die gelegentlich auch Nerother genannt wurden, an öffentlichen Plätzen, wobei das gemeinsame Singen von Liedern und Ausflüge am Wochenende im Mittelpunkt des Interesses *standen*.

Eine eindeutige und schlüssige Herleitung des Begriffs „Navajos" ist bis heute nicht möglich. So hatten ihn manche Jugendliche bis zu ihrer Vernehmung durch die Gestapo noch nie gehört. Über die Herkunft des Begriffs lässt sich nur mutmaßen. Ein Jugendlicher erklärte: „Wir nannten uns so, weil wir Krach schlugen wie die Indianer. Wer den Namen aufbrachte, weiß ich nicht." Ein anderer sagte aus: „Soviel ich weiß, hat zunächst die HJ die Bezeichnung aufgebracht, weil sie die Burschen wegen ihrer bunten Tracht und wilden Art wohl unter die Indianer einreihte." Zudem werden in dem Lied „Die Sonne von Mexiko", das gern von Kölner Navajos gesungen wurde, die Namensgeber, die amerikanischen Navajos genannt. Es ist auch nicht auszuschließen, dass der Name „Navajo" vom im Bundesemblem des vom NS-Regime verbotenen Nerother Wandervogels benutzten „N" abgeleitet wurde.

1938 bricht die schriftliche Überlieferung über die Navajos ab; nach einem großen Schlag der Gestapo im Herbst 1937, darauf folgenden Prozessen und Urteilen scheinen die Jugendlichen sich vorerst ruhig verhalten zu haben. Bis 1942 finden sich in den Archivquellen jedenfalls keine direkten Informationen mehr über unangepasste Jugendgruppen in Köln. Es gibt allerdings Hinweise darauf, dass Jugendliche sich weiterhin trafen und deswegen verfolgt wurden, so dass die Vakanz dieser Jahre in erster Linie auf die Tatsache zurückzuführen sein dürfte, dass für Köln sämtliche Akten der Gestapo vernichtet sind. Das gesamte Wissen speist sich daher aus Justizakten, wodurch - und auch das nur partiell - nur jene Fälle dokumentiert sind, in denen es zur Anklageerhebung kam.

Kölner Navajos am Rolandsbogen (um 1935/36)

Ab Sommer 1942 finden sich dann wieder schriftliche Informationen, wobei die Verfolgungsbehörden seit spätestens diesem Zeitpunkt alle unangepassten Jugendlichen in Köln als Edelweißpiraten kategorisierten. Der größte Teil von ihnen bezeichnete sich aber auch selbst so, während die Bezeichnung „Navajos" nun kaum noch und wenn, dann synonym gebraucht wurde.

Auch die Herkunft des Namens Edelweißpiraten ist ungeklärt. Während sich der erste Teil des Namens auf das damals allgemein beliebte und gern getragene Edelweiß bezog, dürfte die Bezeichnung „Piraten" - vermutlich durch die Gestapo - von den „Kittelbachpiraten" abgeleitet worden sein.[2] [...]

Konkrete Angaben zur Zahl unangepasster Jugendlicher in Köln gibt es nicht. Es erscheint aber durchaus realistisch, von jeweils einigen Tausend Jugendlichen in den Gruppen Unangepasster sowohl vor als auch während des Kriegers auszugehen. Zum Vergleich: In Köln

[2] Der Soziologe Arno Klönne führt den Bezug auf das Edelweiß darauf zurück, dass die Alpenblume symbolisch für die oppositionelle Haltung der Jugendlichen steht. Wie die Alpenblume Edelweiß hoch in den Bergen blüht, wo keine anderen Blumen mehr blühen, so stehen die Edelweißpiraten für die Freiheit, auch wenn sie unter der nationalsozialistischen Diktatur nicht mehr besteht. Vgl. Klönne, A. (1995). *Jugend im Dritten Reich. Die Hitler-Jugend und ihre Gegner* (S. 256). München: Piper.

zählte jeder Jahrgang seit 1919 etwa 10.000 Neugeborenen; 1939 beispielsweise lebten 10.248 Jugendliche des Jahrgangs 1924 in Köln. In der damaligen Wahrnehmung traten die jugendlichen Cliquen - nicht wohl zuletzt auch deshalb, weil sie nicht der „Norm" entsprachen und daher auffielen – massenhaft auf; unangepasstes Jugendverhalten erschien entsprechend als äußerst weit verbreitetes Phänomen: „Gegen Ende des Jahres 1942 gab es so viele Edelweißpiraten, dass man ihre Gruppen an fast allen Luftschutzbunkern in Köln finden konnte." Und schon 1937 erklärte ein Navajo, seiner Meinung nach fahre „jeder zweite oder dritte Junge am Wochenende heraus".

Auch die Angaben der Verfolgungsbehörden sprechen für eine hohe Quote. „Dass diese Jugendbewegung gerade im Stadtgebiet Köln in großem Ausmaße" bestehe, so ein Gestapo-Bericht von Februar 1943, beweise „die Sonderkartei bei der hiesigen Dienststelle, in der über 3.000 dieser Personen erfasst sind". In die Arbeitsanstalt Brauweiler wurden immer wieder massenhaft Jugendliche eingeliefert, die bei Razzien der Gestapo verhaftet worden waren; allein von August 1943 bis Februar 1944 mindestens 216 Jugendliche, von denen die meisten zwischen 15 und 18 Jahre alt waren.

Quelle: *https://jugend1918-1945.de/portal/Jugend/thema.aspx?bereich=projekt&root=8937&id=4959&redir=*, [01.02.2019].[3]

Oppositionelles Singen der Kölner Edelweißpiraten

Das Singen erfüllte nicht nur in der HJ, sondern auch in unangepassten Gruppen die Funktion der Identifikation mit der Gruppe und ihres Zusammenhalts. Lieder waren Ausdruck der je eigenen spezifischen Programmatik. Jugendliche Oppositionelle nutzten Lieder zum Ausdruck ihrer geistigen Haltung und Sehnsüchte. So wurden beispielsweise Lieder des HJ-Liedgutes parodiert, indem sie umgedichtet wurden. Ebenso entstanden eigene Liedkompositionen, die alternative Lebensentwürfe und Kritik an dem totalitären Zugriff der Reichsjugendführung auf *den jugendlichen Alltag ausdrückten.*

Das Lied „Es war in Schanghai" gehörte zu den Liedern, die laut der Aussage des Zeitzeugen und ehemaligen Edelweißpiraten Jean Jülich (1929-2011) häufig von den Kölner Edelweißpiraten gesungen wurde.

Es war in Schanghai
um Mitternacht in der Ohio-Bar,
da trafen sich drei Tramper,
die durch die Welt gezogen war´n.
Jim Parker, der kam aus Frisco[1],
aus Hamburg der lange Hein
und Charly, der machte den Vorschlag:
„Kameraden, wir trampen zu drein."
Auf einem Schoner
fuhren sie hinüber nach Hawaii,
unter Kokospalmen
sangen leis ein Liedel, die drei,
ein Lied voll von Liebe und Treue,
ein Lied voll von Heimat und Glück,

Köln-Mühlheimer „Edelweißpiraten"
im Siebengebirge (1943)

[3] Quelle des Fotos: NS-Dokumentationszentrum der Stadt Köln.

[1] Frisco ist ein Ort in den USA (Kurzform für San Francisco).

doch keinen, den packte die Reue
und keiner, der sehnte sich zurück.

[...]

Ach Jim, ach Jimmy,
wir müssen nun verlassen dich,
dort drunten in der Taiga,
liegt ein Grab unter säuselndem Gebüsch.
Hier hast du nun endlich deinen Frieden,
hier hast du vom langen Trampen Ruh´,
doch wir müssen weiter nun ziehen,
immer weiter nach dem Süden zu.

Am Lagerfeuer,
ein Wind weht über die Prärie,
zur Klampfe greift der Mexikaner
und José sang ja wie noch nie.
Er sang von der dunklen Rose
und von der Puszta[2] und Prärie,
und Charly, der kleine Franzose,
hatte Sehnsucht nach Paris.

Und weiter drunten
in einem unbekannten Afrika,
wo lichte Sterne funkeln,
weiss ich im Urwald noch ein Grab.
Ade, du mein lieber Charly,
warst mir immer ein guter Kamerad,
allein kehr zur Heimat ich wieder,
denn ich hab ja das Trampen so satt.

Kommst du nach Hamburg,
in die Hafenbar zum „Schwarzen Hai",
da findest du bei Kümmel und Rum
den langen Hein, den Vagabund.
Er erzählt dir von Jimmy und Charly
und von der Puszta und Prärie
und denkt auch zurück gern an Schanghai,
wo sich dereinst trafen sie.

Die Edelweißpiraten um Jean Jülich aus Köln-Sülz im Kölner Beethovenpark (1943/44)

Quelle: http://www.museenkoeln.de/ausstellungen/nsd_0411_schanghai_neu/track01.htm [20.08.2019].[1]

Lesen Sie den Text des Liedes und arbeiten Sie heraus, inwiefern sich darin ein Gegenentwurf zu dem reglementierten Leben der HJ zeigt.

Lieder der Kölner Edelweißpiraten wurden im Jahr 2004 unter dem Titel „Es war Schanghai" von Kölner Bands in einem Musikprojekt neu aufgenommen. Sowohl die Vertonungen als auch weitere Informationen über die Funktion des Singens in der NS-Zeit sind über das NS-Dokumentationszentrum der Stadt Köln zu bekommen.

---

[2] Die Puszta ist ein baumarmer Landschaftsgroßraum in Ungarn, der Slowakei und Österreich.

[1] Quelle der Fotos: NS-Dokumentationszentrum der Stadt Köln .

Unangepasste Jugendliche – eine Grundfrage der Wirksamkeit von Erziehung?

In der Erziehungswissenschaft gibt es verschiedene Reflexionen über die Möglichkeiten und Grenzen pädagogischer Wirksamkeit. In dem folgenden Beitrag kontrastiert Walter Herzog zwei Antworten auf die Frage nach der Wirksamkeit der Erziehung. Zwar befasst sich Herzog nicht spezifisch mit der NS-Erziehungsideologie und -praxis, doch können vor dem Hintergrund seiner systematisch-analytischen Überlegungen, die er im Blick auf die pädagogische Ideengeschichte entfaltet, kritische Fragen an den Anspruch und die Grenzen der NS-Erziehung gestellt werden.

Der Erziehung wird oft Großes zugemutet. Von der gesellschaftlichen Veränderung bis zur Weltverbesserung, von der Schaffung eines „neuen Menschen" bis zur Perfektionierung der Menschheit scheint ihr alles möglich zu sein. Auch bei der Erziehung des Einzelnen sind die Erwartungen zumeist hoch. Eltern nehmen sich viel vor für ihre Kinder, glauben an die Möglichkeiten der individuellen Förderung und sind enttäuscht, wenn ihre Sprösslinge nicht so weit kommen wie erhofft. Dass die Erziehung ihr Ziel nicht erreicht, ihre Wirkung verfehlt oder gar scheitert, ist jedoch keineswegs ungewöhnlich. Misserfolge zeigen die Grenzen der Erziehung auf, über die seit jeher Vermutungen angestellt werden, ohne dass wir in der Lage wären zu sagen, wo sie genau liegen, was seinen Grund auch darin hat, dass unsere Vorstellungen, was unter Erziehung zu verstehen ist, nicht besonders klar sind. Zwar verfügen alle über *Erfahrungen* mit Erziehung, aber die Erziehung [allgemeingültig, d. Hrsg.] zu *definieren*, fällt uns schwer. [...] Wie der Erziehungsbegriff auch immer festgelegt wird, wir nehmen an, dass die Handlungen, die unter den Begriff fallen, etwas bewirken. Möglichkeiten und Grenzen der Erziehung sind Möglichkeiten und Grenzen pädagogischer *Wirksamkeit*. Wie aber muss man sich diese Wirksamkeit vorstellen? [...]

Letztlich gibt es zwei Antworten auf die Frage nach der Wirksamkeit der Erziehung: die eine setzt auf Kausalität, die andere auf Freiheit. Herbart steht beispielhaft für die erste Antwort. Seiner Ansicht nach wäre die Erziehung, „wenn wir das Kausalverhältnis zwischen Erzieher und Zögling hinwegdenken (wollten, W.H.), für uns etwas völlig Unverständliches"[1]. Herbart hält es daher für entscheidend, dass Pädagoginnen und Pädagogen Kenntnisse über die Zusammenhänge von Ursachen und Wirkungen in erzieherischen Situationen haben. Daher stützt er seine Pädagogik auf die Psychologie ab, die dem Erzieher erlaubt, „nicht bloß anzunehmen, dass man auf den Zögling wirken könne, sondern auch, dass bestimmte Einwirkungen bestimmte Erfolge versprechen, und dass man dem Vorauswissen dieser Erfolge sich durch fortgesetzte Untersuchung, nebst zugehöriger Beobachtung, mehr und mehr annähern werde.[2] Gleicher Ansicht ist Brezinka: „Wenn man ein Ziel erreichen will, dann muss man es als Wirkung betrachten und die Ursachen oder Bedingungen erforschen, von denen sie abhängt."[3]

Die zweite Antwort auf die Frage nach der Wirksamkeit der Erziehung setzt auf Freiheit. Ein Beispiel hierfür gibt Otto Friedrich Bollnow (1903-1991), der die Erziehung als „Umgang mit freien und in ihrer Freiheit grundsätzlich unberechenbaren Wesen"[4] bestimmt. Der Kern der Erziehung beruhe darauf, „dass [...] ein freies Wesen einem anderen freien Wesen fordernd

---

[1] Herbart, J. F. (1964). Über die dunkle Seite der Pädagogik. In K. Kehrbach & O. Flügel (Hrsg.), *Sämtliche Werke.* (S. 147-154, S. 151) Band 10. Aalen: Scienta.

[2] Ebd.

[3] Brezinka, W. (1981). *Grundbegriffe der Erziehungswissenschaft* (S. 12) München: Reinhardt.

[4] Bollnow, O.F. (1975). Selbstdarstellung. In L. Pongratz (Hrsg.), *Pädagogik in Selbstdarstellung*, Band 1 (S. 95-144, S. 109). Hamburg: Meiner.

entgegentritt“[5]. Erziehung ist demnach nicht kausale Verursachung, sondern kommunizierte Forderung. Diese Ansicht vertritt auch Dietrich Benner (*1941), der allerdings nicht von Forderung, sondern von Aufforderung spricht. In der Aufforderung zur Selbsttätigkeit liegt seines Erachtens das Medium pädagogischer Wirksamkeit.[6]

Wie aber kann die Erziehung wirksam sein, wenn sie davon ausgehen muss, dass der Edukand in seinen Entscheidungen frei ist? Denn dass die Erziehung wirksam ist, nehmen auch Bollnow und Benner an. Eine Antwort kann uns Spranger geben, der in der pädagogischen Einwirkung einen Eingriff in die Seele des Edukanden sieht, woraus er schließt, dass auch die Wirkkraft der Erziehung *seelischer* Art sein müsse. Da die Seele als „ein Bereich von ganz eigener Art (...) nicht als ein homogenes Gebilde in die Natur verwoben (ist)“[7], kann sie kein „bloßes Glied in der Kette des Kausalzusammenhanges, auf den die Techniker sich allein stützen möchten“[8] sein. Gemäß Spranger wird die Seele nicht durch Kausalität, sondern durch *Erweckung* erreicht.[9] Damit bedient er sich eines theologischen Begriffs, um den Wirkmechanismus der Erziehung zu benennen. Darin folgt ihm Bollnow, denn auch für ihn gilt, „dass alle Erziehung im letzten Erweckung ist, das heißt, sie bringt ihr Ergebnis nicht zwangsläufig [...], sondern kann nur immer Veranlassung sein, dass der zu Erziehende von sich aus die erwartete Leistung vollbringt“[10].

Quelle: Herzog, W. (2015). Möglichkeiten und Grenzen der Erziehung. In M. Hofmann, L. Boser, A. Bütikofer & E. Wannack (Hrsg.), *Lehrbuch Pädagogik. Eine Einführung in grundlegende Themenfelder* (S. 208-219). Bern: hep.

1. Arbeiten Sie heraus, was unter Kausalität und Freiheit als Antworten auf die Frage nach der Wirksamkeit der Erziehung verstanden wird.
2. Diskutieren Sie die Frage, inwiefern sich in dem angepassten und in dem oppositionellen Verhalten Jugendlicher die Wirksamkeit von Erziehung und ihrer Grenzen zeigen.

---

[5] Ebd., S. 134.

[6] Benner, D. (2010). *Allgemeine Pädagogik. Eine systematisch-problemgeschichtliche Einführung in die Grundstruktur pädagogischen Denkens und Handelns*. Weinheim: Juventa.

[7] Spranger, E. (1952). *Pädagogische Perspektive. Beiträge zu Erziehungsfragen der Gegenwart* (S. 11). Heidelberg: Quelle & Meyer.

[8] Ebd., S. 11 f.

[9] Ebd., S. 15.

[10] Bollnow, O.F. (1975). Selbstdarstellung. In L. Pongratz (Hrsg.), *Pädagogik in Selbstdarstellung*, Band 1 (S. 95-144, S. 109). Hamburg: Meiner.

Ideen zur Vertiefung

Unangepasste Jugendliche

Gruppen von unangepassten Jugendlichen bestanden unter verschiedenen Namen in verschiedenen Regionen Deutschlands. Eine gute Übersicht bieten Texte und Quellen, die online auf der Seite des NS-Dokumentationszentrums der Stadt Köln zu finden sind: *https://www.jugend1918-1945.de/portal/Jugend/default.aspx* [01.02.2018].

Adolf Reichwein

Adolf Reichwein war ein bedeutender Reformpädagoge, der während der NS-Diktatur als Lehrer in einer einklassigen Volksschule alternative pädagogische Konzeptionen umsetzte. Später war er Mitglied der Widerstandsbewegung „Kreisauer Kreis", weshalb er 1944 hingerichtet wurde. Informationen zu der pädagogischen Tätigkeit Reichweins:

Reichwein, A. (1993). *Schaffendes Schulvolk – Film in der Schule. Die Tiefenseer Schulschriften – kommentierte Neuausgabe*. Hrsg. v. W. Klafki et al. Weinheim, Basel: Beltz.[1]

Swing Kids (Film)

Der Film stellt die jugendliche Swingtanz-Szene unter dem nationalsozialistischen Regime dar: Thomas Carter (1993): Swing Kids.[2]

---

[1] Quelle der Fotos: *Von Reichwein Family - Family Reichwein, CC BY-SA 4.0, https://commons.wikimedia.org/w/index. php?curid=58652628* und *Von OTFW, Berlin - Eigenes Werk, CC BY-SA 3.0, https://commons. wikimedia.org/w/index.php?curid=16740117* [05.03.2019].

[2] Quelle: *https://www.imdb.com/title/tt0108265/* [05.03.2019].

3.1 Jüdische Schulen in Nazi-Deutschland

„Also, ich erinnere mich: Ich kam in die Klasse eines Morgens im Jahre 37. Ich meine, etwa Mitte 37. Und da wurde mir gesagt, auf meinem angestammten Platz dürfe ich nicht mehr Platz nehmen. Sondern hinten sei eine Bank frei und da solle ich mich hinsetzen. Was das für ein Kind bedeutet, das ist also ungeheuerlich. Das kann man heute gar nicht in Worte fassen. Und so kam dann eines nach dem anderen. Die Kinder gingen unten auf den Schulhof beim Beginn des Schultages und grüßten die Hakenkreuzfahne. Und sangen das Deutschlandlied. Und ich saß oben auf meiner Bank alleine. Und man ging zum Sport. Und viele, viele Dinge, von denen wir mit einem Mal ausgeschlossen waren. Und da begann eigentlich unsere Kindheit, traurig zu werden."[1]

Einführung

Der Ausschluss jüdischer Kinder aus den staatlichen Schulen in Deutschland wurde zwar schon 1933 eingeleitet, aber zunächst nur in Teilschritten und regional unterschiedlich konsequent umgesetzt. Bis 1935 halbierte sich z.B. im höheren staatlichen Schulwesen die Zahl der jüdischen Schülerinnen und Schüler. Erst nach der Pogromnacht vom November 1938 war ihnen der Besuch deutscher Schulen und Hochschulen endgültig und ausnahmslos nicht mehr gestattet. Die anfangs in öffentlichen Regelschulen verbliebenen jüdischen Kinder und Jugendlichen hatten jedoch unter ständig zunehmenden Demütigungen zu leiden. Von einem Tag auf den anderen mussten sie erfahren, dass sie „nicht mehr dazugehörten". Wenn es ihnen möglich war, wechselten sie daher an jüdische Schulen, die nach 1933 neu entstanden oder ausgebaut wurden.

	Ende 1933	Sept. 1935	März 1937	Mai 1938	Mai 1939	Mai 1940	Okt. 1941	Juni 1942	ab 1943
Schulpflichtige jüd. Kinder	60.000	44.000	39.000	27.500	9.400	8.000	6.900	2.800	-
davon an nicht-jüd. Schulen	45.000	24.000	15.300	7.000	-	-	-	-	-
davon an jüd. Schulen	15.000	20.000	23.700	20.500	9.400	-	-	-	-
Jüdische Schulen	80	130	167	155	135	129	75	46	-

Verteilung jüdischer Kinder und Jugendlicher auf allgemeine und jüdische Schulen[2]

Erläutern Sie die Entwicklung der Zahl jüdischer SchülerInnen und Schulen vor dem Hintergrund der politischen Entwicklungen in Deutschland von 1933 bis 1943.

[1] Quelle: Jachmann, A. Interview 12118, USC Shoah Foundation Institute Einführung. *http://www.zeugender-shoah.de/unterrichtsmaterialien/unterrichtsreihen/vhas_lehrerheft_geschichte_sek_1.pdf* [01.02.2019.].

[2] Vgl. Keim, W. (1997). *Erziehung unter der Nazi-Diktatur, Bd. II: Kriegsvorbereitung, Krieg, Holocaust* (S. 223), Darmstadt: Primus.

Jüdische Landschulheime

Jüdische Tagesschulen gab es fast nur in Großstädten. In jüdischen Internaten sahen deshalb viele Eltern die Möglichkeit, ihren Kindern eine fundierte Bildung ohne tägliche Ausgrenzungserfahrung zu vermitteln. Vor 1933 war für traditionsbewusste, religiös ausgerichtete jüdische Familien die Internatserziehung wenig attraktiv. Assimilierte[3] *bürgerliche Familien schickten ihre Kinder bei Bedarf eher in religiös nicht gebundene reformpädagogisch ausgerichtete Landerziehungsheime, von denen einige zu den damals pädagogisch progressivsten Schulen in Deutschland zählten. Das änderte sich, als nach der Machtübernahme der Nationalsozialisten auch die Landerziehungsheime ihre jüdischen Schüler nach und nach zum Verlassen der Schulen drängten und zugleich viele jüdische Familien durch Verfolgung und Auswanderung ihre Erziehungsaufgabe nicht mehr wie zuvor wahrnehmen konnten. Auch wenn es den Familien außerordentlich schwerfiel, ihre Kinder angesichts der ständigen Repressionen durch das NS-Regime aus dem Haus zu geben, wurde die jüdische Heimerziehung nun zu einer* akzeptablen *Alternative.*

Es waren vor allem drei bedeutende jüdische Landschulheime, die im nationalsozialistischen Deutschland eine solche alternative Pädagogik praktizierten: das von der Sozialpädagogin Gertrud Feiertag gegründete und mit Dr. Fridolin Friedmann, später mit Dr. Ernst Ising gemeinsam geleitete Jüdische Kinder- und Landschulheim Caputh bei Potsdam, die von Prediger Hermann Hirsch betriebene Internatsschule Coburg und das Jüdische Landschulheim Herrlingen bei Ulm unter der Leitung des zionistischen Volksschullehrers Hugo Rosenthal.

Das Jüdische Kinder- und Landschulheim Caputh

Am 1. Mai 1931 eröffnete Gertrud Feiertag in einem Haus oberhalb der Straß von Caputh nach Potsdam ihr eigenes Kinderheim und verband es zugleich mit einer Schule, was in dieser Konstellation zu dem Zeitpunkt einmalig in Deutschland war. In ihrem Antrag an Jugendamt und Schulbehörde betonte sie, daß zwar vorwiegend jüdische Kinder, die gesundheitlicher oder erzieherischer Fürsorge bedurften, aufgenommen werden sollten, aber ohne strenge konfessionelle Abgrenzung [...], was auch in der neutralen Benennung als „Landschul- und Kinderheim" zum Ausdruck kommt. Die offizielle Bezeichnung als „Jüdisches Kinder- und Landschulheim" findet sich erst 1936. [...] Nach der Machtübernahme durch die Nationalsozialisten veränderte sich die Funktion des Kinder- und Landschulheims und die Zusammensetzung der Schülerschaft, deren Zahl sofort auf 80 anstieg und schließlich etwa 90 bis 100 betrug. Aufgenommen wurden nunmehr nur noch jüdische Kinder, deren Eltern sie vor der alltäglichen Diskriminierung in den öffentlichen Schulen schützen wollten oder nicht mehr ausreichend für sie sorgen konnten. Familiäre Zusammenhänge lösten sich auf. Die Kinder kamen mit Vorerfahrungen und akuten Ängsten, die sie manches Mal nachts nicht schlafen ließen. Damit fielen auch den Lehrkräften [...] über den Unterricht hinaus stellvertretend elterliche und sozialpädagogische Aufgaben zu. In dem zeitweise acht angemietete Häuser in Caputh umfassenden Schulkomplex betreuten sie, zum Teil mit ihren Ehepartnern als Hausmütter und -väter, Gruppen von jeweils bis zu 20 Kindern. Der Unterricht fand gleichfalls in kleinen Gruppen statt,

[3] Innerhalb der jüdischen Bevölkerung in Deutschland lassen sich nach dem Ersten Weltkrieg grob vier Gruppen unterscheiden: 1. Eine traditionsbewusste, am orthodox-religiösen Glauben orientierte Gruppe, 2. Die auf die Auswanderung nach Palästina zielende zionistische Bewegung, 3. Die größte Gruppe eines liberalen Judentums, das die ethische Orientierung am jüdischen Glauben betonte, die Teilnahme an religiösen Ritualen jedoch weitgehend dem Individuum überließ, 4. Eine religiös kaum oder nicht mehr gebundene Gruppe, die z.T. keiner Konfession angehörte oder zum Christentum konvertiert war. Als assimiliert galten vor allem Juden aus der dritten und vierten Gruppe, die sich durch Übernahme von Verhaltensnormen und Lebensweisen von ihrer nicht-jüdischen Umwelt kaum unterschieden. Die religiöse Zugehörigkeit trat in den Hintergrund, während die politische und staatsbürgerliche Identifikation in den Vordergrund rückte.

mitunter im Freien oder auf der Terrasse des Einstein-Hauses.[1]

Lehrkräfte und Erzieherinnen wechselten des öfteren; groß war auch die Fluktuation unter den Kindern. „Ruhender Pol" blieb Gertrud Feiertag, an die sich deshalb die ehemaligen Caputher nachhaltig erinnern. Finanziert wurde das Landschulheim vornehmlich aus den von den Eltern zu leistenden Beiträgen. Notfälle, von denen die Kinder nicht und die Lehrkräfte und Erzieherinnen durch Gertrud Feiertag nur selten erfuhren, gab es ständig. Aber selbst wenn die Zahlungen der Eltern ausblieben, behielt Gertrud Feiertag die Kinder im Heim. Jüdische Hilfsorganisationen und -institutionen gewährten gelegentlich Zuschüsse; staatliche oder kommunale Unterstützung gab es nicht.

In diesen Jahren war das Jüdische Kinder- und Landschulheim eine Zuflucht für die Bedrängten. Es erschien umso mehr als friedliche „Insel", „Oase" oder „Paradies", je bedrohlicher und unsicherer die Verhältnisse sich gestalteten. Man fühlte sich dennoch nicht wie im „Ghetto", weil Kontakte zum kulturellen Leben in Berlin und Potsdam möglich waren. Daß diese „Gegenwelt" ein ständig gefährdetes Idyll „auf Zeit" war, blieb bewußt. [...]

Erziehung durch musisches Tun

Das Jüdische Kinder- und Landschulheim Caputh zeichnete sich durch eine musische Atmosphäre aus, die wesentlich dazu beitrug, die vielfach dem Judentum entfremdeten Kinder wieder mit dessen kulturellen Traditionen vertraut zu machen und damit ihre jüdische Identität zu stärken. Diese Atmosphäre wurde vor allem durch den Schulleiter Dr. Fridolin Friedmann geprägt, der zwei Theaterstücke zu zentralen Inhalten der jüdischen Geschichte schrieb, sie mit den Kindern einstudierte und bei einer Aufführung sogar selbst eine „tragende Rolle" übernahm. [...] Die Aufführungen standen im Zusammenhang mit religiösen Festen, deren Gestaltung insgesamt die Zugehörigkeit zum Judentum bewusst und zum Erlebnis machen sollte. Die Anfertigung von Kulissen, Requisiten und Kostümen forderte die Phantasie wie das handwerkliche Können der Kinder heraus; schauspielerische Begabungen konnten sich entfalten. Ein großes Wandgemälde im Speisesaal des Heims, in dem die Aufführungen meist stattfanden, stellte eine Szene aus „Joseph und seine Brüder" dar; es stammte von einer talentierten Schülerin. [...]

Schülerkonzert in Caputh[2]

Spielend Sprachen lernen

Das Erlernen von Fremdsprachen hatte im Hinblick auf die Auswanderung große Bedeutung. Wenn das Auswanderungsziel in Südamerika lag, gab es sogar individuellen Spanisch-Unterricht. Generell wurde jedoch vor allem Englisch und Französisch „spielend gelernt". Die Kinder machten aus Lehrbuch- oder Klassikertexten Theaterstücke, die sie bei Elternnachmittagen zum Vergnügen aller Beteiligten aufführten. Höhepunkte einer solchen Veranstaltung waren im Mai 1937, wie die „Jüdische Rundschau" berichtet, „Le Parapluie" (nach einer

[1] Das Ferienhaus des Physik-Nobelpreisträgers Albert Einstein lag direkt neben dem Kinderheim. Vor 1933 ergaben sich hierdurch vielfältige Kontakte. Nach der Emigration Einsteins (1933) konnte die Schule das Gebäude mieten.

[2] Quelle: Soziale Hilfen in Berlin/Brandenburg (Archiv). Im Hintergrund das Wandbild „Joseph und seine Brüder."

Maupassantschen Novelle und „David Copperfield“ (frei nach Dickens). [...] Bei der Dramatisierung von Texten konnten auch inhaltliche Bezüge zur Lebenssituation der Kinder hergestellt werden, wie z.B. durch einen Vergleich zwischen schulischen Bedingungen in einem englischen Internat und in Caputh oder die Konfrontation mit Problemen der Arbeitswelt, gelegentlich verknüpft mit der Perspektive einer möglichen Zukunft in Palästina. Beim Unterricht in modernem Hebräisch waren die Lehrenden, die sich diese Sprache selbst erst aneigneten, gerade um eine Lektion voraus. Der gemeinsame Lernprozeß konnte aber deshalb pädagogisch besonders fruchtbar sein.

Sport als Überlebenshilfe

Sportliches Training wurde für jüdische Kinder immer wichtiger. Die Nationalsozialisten diffamierten Juden als schwach und feige. Zur neuen jüdischen Identität gehörte deshalb auch, die dadurch erworbene Leistungsfähigkeit im Sport zu beweisen. Ausdauer, körperliche Kraft und Geschicklichkeit half zugleich, den bevorstehenden Lebenskampf in der Emigration besser zu bestehen. Ein ehemaliger Caputher führt sogar sein Überleben von Zwangsarbeit und KZ-Haft auch auf die sportliche Ertüchtigung in Caputh zurück. In Caputh war u.a. Schwimmen und Rudern in einem heimeigenen Boot ohne Einschränkungen möglich, die Juden in der Nutzung von Schwimmbädern und Sportplätzen seinerzeit auferlegt waren. Die Caputher beteiligten sich auch an Sportfesten und Wettkämpfen, die für jüdische Schulen in Berlin veranstaltet wurden. [...]

Hebräisch-Unterricht als Vorbereitung auf die Emigration (Caputh 1934)[3]

Der 10. November 1938

Die politische Lage verschärfte sich zusehends und wirkte sich auch negativ auf das Landschulheim aus. [...] Verschiedentlich kam es 1935 zu tätlichen Angriffen sowohl gegenüber den Kindern als auch auf die vom Landschulheim genutzten Gebäude. Gertrud Feiertag hatte den Mut, Anzeige zu erstatten und Schutzmaßnahmen zu fordern, um weitere Überfälle zu verhüten. Die Vorfälle wurden zwar nicht aufgeklärt und strafrechtlich geahndet, vielmehr den Insassen des Landschulheims provozierendes Verhalten unterstellt; zuletzt „bewachte“ nachts aber ein SA-Mann zumindest das Haupthaus. Warnungen aus dem Dorf vor einem Angriff auf das Heim führten dazu, daß ein Evakuierungsplan ausgearbeitet und einmal sogar probeweise in die Tat umgesetzt wurde. Das deutet darauf hin, daß es auch andere als feindliche Einstellungen in der Caputher Bevölkerung zum Heim und seinen Bewohnern gab.

Am 10. November 1938 wurde es jedoch ernst. In der Nacht zuvor brannten überall in Deutschland die Synagogen, verwüsteten Schlägertrupps jüdische Geschäfte, mißhandelte und verhaftete man Juden, brachte sie in Konzentrationslager von Buchenwald, Dachau und Sachsenhausen. 91 Menschen starben. Am Morgen des 10. November 1938 überfielen ortsansässige Nazis, darunter der Lehrer der Grundschulen mit ihren Klassen, das Landschulheim, zerschlugen das Mobiliar, warfen den Kindern das Frühstück ins Gesicht und trieben

[3] Quelle: Feidel-Mertz, H./Paetz, A., *Das Jüdische Kinder- und Landschulheim Caputh (1931-1938)*, Bad Heilbrunn 2009, S.160.

sie ungeachtet der Proteste von Gertrud Feiertag in die Flucht. Auf dem Sportplatz im Wald hinter dem Haupthaus wurde, wie schon zuvor geübt, der Abzug nach Potsdam in kleinen Gruppen organisiert. Für die Unterbringung der Kinder in Berlin mußte gesorgt werden, wenn sie dort keine Eltern oder Verwandten hatten. Die Erinnerungen der Zeitzeugen an diesen Tag, der für manche zum „Abschied von der Kindheit" wurde, sprechen für sich. [...]

Exil und Deportation

Was aus den Kindern und Erwachsenen wurde, die das Jüdische Kinder- und Landschulheim Caputh am 10. November 1938 oder auch schon davor verließen, ist bislang nur unvollständig bekannt. [...] Ihre Schicksale systematisch zu rekonstruieren, wäre eine Aufgabe für sich. Die Einwanderung nach Palästina gelang offenbar einer Reihe von Caputhern [...] und 1972 ein Treffen organisierten. [...] Andere kamen – nach entsprechender Vorbereitung in Ausbildungszentren wie gut Neuendorf – mit und ohne Eltern in Palästina an, sind aber nicht immer dort geblieben. Eine Anzahl Lehrkräfte, Erzieherinnen und Haushaltungsschülerinnen schaffte desgleichen noch rechtzeitig den Transfer in die alte, neue Heimat.

– Rund 10.000 Kindern rettete die Bereitschaft Großbritanniens, nach der Pogromnacht 1938 „unbegleitete" Kindertransporte nach England zuzulassen, zumindest das Leben; viele sahen ihre in Deutschland verbleibenden Familienangehörigen niemals wieder. Die Geschwister Z. gingen u.a. diesen Weg nach ihrem Aufenthalt in Caputh zunächst allein; gefolgt von ihrer Mutter.[4] Andere einstige Caputher verschlug es, zeitweilig oder auf Dauer, außer nach Großbritannien, in die USA oder nach Südamerika, manchmal auch nach Skandinavien, in die Niederlande, nach Frankreich oder [...] nach Luxemburg. Zwischen sechs der insgesamt 20 „Schulen im Exil", die von emigrierten Pädagogen/innen gegründet wurden und ehemaligen Caputhern lassen sich Beziehungen nachweisen.[5] [...]

– Deportiert nach dem Osten – Lodz, Riga, Auschwitz – und seitdem „verschollen" heißt es von Gertrud Feiertag und elf Schüler/innen aus Caputh; wieviele Opfer unter den ehemaligen Caputhern es in Wahrheit sind, läßt sich noch nicht mit Sicherheit sagen. Ein Schüler starb, als er von Großbritannien nach Kanada abgeschoben und sein Schiff von einem Torpedo getroffen wurde. Nach Auschwitz und zurück ins KZ Buchenwald, wo ihn schwerverwundet die Amerikaner befreiten, kam ein anderer, der heute wieder – ohne sich an seinem Wohnort als Jude zu bekennen – in Deutschland lebt.

Quelle: Feidel-Mertz, H. u.a. (Red.) (1995). *„Ein verlorenes Paradies" – Das jüdische Kinder- und Landschulheim Caputh. Dokumente einer anderen pädagogischen Praxis, Ausstellungskatalog* (ohne Paginierung). Potsdam.

1. Stellen Sie die Belastungen dar, denen die Kinder in ihrer Lebenssituation in Caputh ausgesetzt waren. Sie können zwischen unterschiedlichen Darstellungsformen (z.B. Schaubild, darstellender Text, fiktiver Tagebucheintrag) wählen. Berücksichtigen Sie hierbei sowohl äußere Einflüsse in der NS-Zeit als auch Schwierigkeiten, die sich grundsätzlich aus dem Leben in einem Internat ergeben konnten.
2. Erläutern Sie, auf welche Weise die Pädagoginnen und Pädagogen in Caputh die ihnen anvertrauten Kinder zu stärken versuchten.

[4] In sehr viel geringerem Umfang nahmen auch andere Länder unbegleitete Flüchtlingskinder aus Deutschland auf: Palästina (3.500), Niederlande (1.500), Belgien (1.000), Frankreich (600), Schweden (450), Schweiz (300).

[5] Nach 1933 gelang es emigrierten Pädagoginnen und Pädagogen im Ausland eigene Schulen für Kinder und Jugendliche zu eröffnen, die ihre Heimat aufgrund der Verfolgung ihrer Familien aus politischen oder rassischen Gründen hatten verlassen müssen. Acht dieser „Schulen im Exil" wurden in England gegründet, jeweils fünf in Italien und den USA, einzelne aber ich in Dänemark, der Sowjetunion, Argentinien und Uruguay. Einige dieser Einrichtungen bestehen bis heute.

Verarbeitung von Vertreibung und Flucht

Was am 10. November 1938 in Caputh geschah, hat bei den Kindern und Erwachsenen, die davon unmittelbar betroffen waren, unauslöschliche Spuren hinterlassen. [...] Es drängt sich die Frage auf, ob und wie es Menschen gelang, die ihnen als Kindern zugefügten seelischen Verletzungen zu bewältigen. Die zahlreichen Autobiographien ehemaliger Flüchtlingskinder, die in jüngster Zeit erschienen, wie Äußerungen bei den sich häufenden Treffen von Angehörigen dieser Generation, die mit den unbegleiteten „Kindertransporten“, d.h. ohne ihre Eltern nach England kamen oder eine Exilschule besuchten, enthalten einschlägige Hinweise [...].

Wie Kinder und Jugendliche das Flüchtlingsschicksal ertrugen, hing nach der Beobachtung von Nettie Sutro, der Begründerin des Schweizer Hilfswerks für Emigrantenkinder, wesentlich davon ab, ob und in welcher Weise ihnen jemand beistand. Wenn es gelang, so berichtet sie 1952, „das Ganze in ein Abenteuer zu verwandeln“, kamen sie, insbesondere viele Jugendliche, „heil und zynisch heiter aus den schwersten Situationen heraus“ (Sutro 1953). In einer Gruppe und auch mit einer konkreten politisch begründeten Perspektive vor Augen, wie es innerhalb der Jugend-Alijah, der zuerst von Recha Freier organisierten Einwanderung jüdischer Jugendlicher nach Palästina der Fall war, konnte das sicherlich am ehesten zutreffen. Kinder jüngeren Alters, zumal wenn sie vereinzelt einer ungewissen Zukunft entgegengingen, hatten es schwerer. Ihnen wurde insbesondere von emigrierten Pädago/innen vielfältige Hilfe und menschliche Wärme zuteil.

Zeitweise oder dauernde Trennung von den Eltern, unregelmäßiger Schulbesuch in unterschiedlichen Verhältnissen, die alltäglich erlebte Verunsicherung und Diskriminierung forderten den Kindern und Jugendlichen auf der Flucht ungewöhnliche Anpassungsleistungen ab, bewirkte sowohl frühe Reife und Selbständigkeit wie Schädigungen, die manchmal erst sehr viel später in Erscheinung traten. Kaum jemals angemessen und auf Dauer zu befriedigen, war das zentrale Bedürfnis, endlich einmal „dazuzugehören“.

Quelle: Feidel-Mertz, H. & Paetz, A. (2009). *Das Jüdische Kinder und Landschulheim Caputh (1931-1938). Ein verlorenes Paradies* (S. 335-337). Bad Heilbrunn: Klinkhardt.

Ideen zur Vertiefung: Kindertransporte

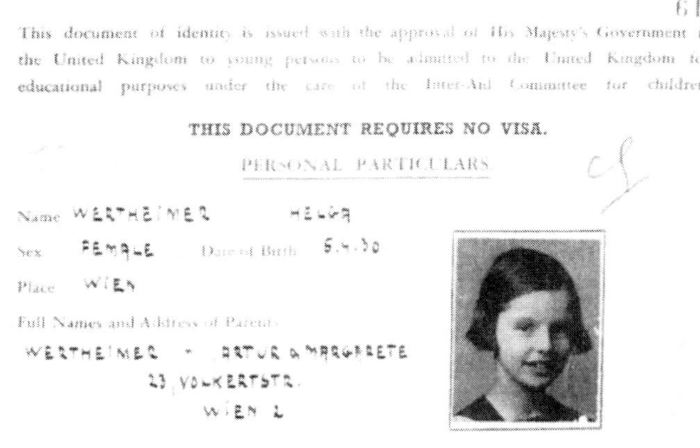

6165

This document of identity is issued with the approval of His Majesty's Government in the United Kingdom to young persons to be admitted to the United Kingdom for educational purposes under the care of the Inter-Aid Committee for children.

THIS DOCUMENT REQUIRES NO VISA.

PERSONAL PARTICULARS

Name WERTHEIMER HELGA

Sex FEMALE Date of Birth 5.4.30

Place WIEN

Full Names and Address of Parents

WERTHEIMER - ARTUR & MARGARETE

23 VOLKERTSTR.

WIEN 2

„Visum" für Helga Wertheimer aus Wien 1939[1]

Eine Website mit zahlreichen Dokumenten und weiterführenden Links: *https://www.kindertransport.org/default.aspx.*

Zu den Kindertransporten nach England existieren inzwischen mehrere Dokumentarfilme in englischer und deutscher Sprache, darunter der 2001 mit dem Oscar ausgezeichnete Film “Kindertransport: In eine fremde Welt“.

[1] Quelle: https://commons.wikimedia.org/wiki/File: Kindertransporte_Helga_Wertheimer_1939.jpg [01.02.2019].

4. Kindheit und Jugend zwischen Erziehung und Ermordung 1939-1945

Nach dem 1. September 1939 wurde die Lebenswirklichkeit von Kindern und Jugendlichen entscheidend durch den Krieg und die Rassen- und Vernichtungspolitik der Nationalsozialisten bestimmt. Im Mittelpunkt von Kapitel 4 steht eine Auswahl von Quellen, die den Versuch macht, die Situation von Kindern und Jugendlichen als Opfer des Nationalsozialismus in Krieg und Holocaust exemplarisch zu dokumentieren. Sie reicht von der systematischen Bildungsbegrenzung und De-Kulturation im besetzten Polen (Krieg nach außen) über die Selektion und Ermordung von Kindern und Jugendlichen mit Behinderungen (Krieg nach innen) bis zum Ausschluss von staatlich organisierter Bildung im Ghetto und Konzentrationslager und den Bemühungen engagierter Pädagoginnen und Pädagogen, dieser Politik etwas entgegenzusetzen.

4.1 Krieg nach außen: Erziehungspolitik und De-Kulturation während der Okkupation Polens

Das okkupierte Polen (1939-1945)[1]

[1] Quelle: *https://commons.wikimedia.org/wiki/File:Reichsgau_Wartheland_(Karte).png (Ausschnitt)* [01.02.2019].

Die nationalsozialistische Rassen- und Erziehungspolitik in Polen

Der nationalsozialistische Polen-Politik kommt innerhalb der Besatzungspolitik, die die Deutschen während des 2. Weltkrieges betrieben, ein besonderer Stellenwert zu. Hatte der Krieg im Westen nur die Funktion, den deutschen Hegemonieanspruch in Europa durchzusetzen, so gingen die Ziele in Polen sehr viel weiter: Polen sollte nicht nur unterworfen, sondern als Staat zerstört und zu großen Teilen „germanisiert" werden. Dies beinhaltete eine groß angelegte deutsche Besiedlung, verbunden mit der Vertreibung der polnischen Bevölkerung, soweit sie als nicht „eindeutschungsfähig" erschien. Der „Blitzkrieg" gegen Polen diente zunächst nur der Vorbereitung auf den Rußland-Feldzug; das eigentliche Kriegsziel war die Kolonisierung der Sowjetunion als Basis für die Errichtung der deutschen Hegemonie in Europa. Polen war die Brücke zum Osten, es war das Aufmarschgebiet für die Vorbereitung des Krieges gegen die Sowjetunion; aber von Anfang an beanspruchten die Nationalsozialisten Polen auch als einen Teil des Großdeutschen Reiches, nicht nur als unterworfene Nation. Deshalb wurde Westpolen dem Deutschen Reich sofort nach der Kapitulation angegliedert. In diesem Teil sollten die Polen kein Heimatrecht mehr haben; nur vorübergehend brauchte man sie noch, als Arbeitskräfte für die deutsche Kriegs- und Ernährungswirtschaft und als Hilfskräfte für die hier anzusiedelnden Volksdeutschen. Langfristig sollten hier aber nur noch Deutsche bzw. Menschen „germanischer Rasse" leben. Der mittlere Teil Polens, das „Generalgouvernement" erhielt den Status einer Kolonie zur wirtschaftlichen Ausbeutung, in die man schrittweise die polnische Bevölkerung der ins Reich eingegliederten Gebiete abschieben wollte. Dem Generalgouvernement waren aber noch andere Funktionen zugedacht: es sollte zugleich als Abschiebeterritorium für Juden, Polen, Zigeuner und überhaupt „unerwünschte Elemente" aus dem „Altreich" dienen – dahinter stand die Utopie einer Reinigung des deutschen „Volkskörpers"; es sollte als Aufmarschgebiet für den Krieg gegen die Sowjetunion dienen; und es sollte den Vorposten für sukzessive weiter voranzutreibende deutsche Besiedelungen nach Osten bilden, den Ostwall aus deutschen Wehrbauern, den man wie einen Keil langsam weiter in den Ostraum hineintreiben wollte, um in Russland deutsche Siedlungszonen als Stützpunkte für die Errichtung der Kolonialherrschaft zu schaffen. Darüber, ob das Generalgouvernement auf lange Sicht polnisches Arbeitskräftereservoir bleiben oder ebenfalls „germanisiert" werden sollte, bestand in der nationalsozialistischen Führung noch keine Einigkeit. [...]

[In dem Bereich der eingegliederten Gebiete, d. Hrsg.] konnte man eine Politik der tabula rasa betreiben, ohne Rücksichtnahme auf Traditionen und Empfindungen der Bevölkerung, die ja aus diesem Raum verschwinden sollte. Deshalb war Polen auch das Experimentierfeld für die Verwirklichung der nationalsozialistischen Utopie. [...] Die nationalsozialistische Polen-Politik war nicht nur von macht-, sondern auch von rassenpolitischen Zielen geleitet. Es ging nicht nur um ökonomische Ausbeutung, sondern auch um die Umsetzung einer rassistischen Ideologie und der Utopie einer neuen, rassisch differenzierten, von „minderwertigen" und „zersetzenden" Rassen gereinigten Gesellschafft. Für Juden und Zigeuner gab es überhaupt keinen Platz mehr in der neuen Ordnung; den Polen – und generell den „ostischslawischen" Rassen – war immerhin der koloniale Status von „Schutzangehörigen" zugedacht, die, am unteren Ende der sozialen Hierarchie stehend, die künftigen Arbeitssklaven des Großgermanischen Reichs stellen würden – deshalb das polnische Volk zuallererst seiner Kultur und der sie tragenden Führungsschicht beraubt wurden. [...]

Vor diesem Hintergrund wird der historisch einzigartige Charakter des Herrschafts- und *Erziehungssystem* sichtbar, das die Deutschen im besetzten Polen errichteten. Es stützte sich auf ethnische Differenzierungen und rassisch begründete Selektionen, für die es kein Vorbild in der kolonialpolitischen Tradition gibt. [...]

In den dem Reich angegliederten Gebieten war das Ziel dieser Politik [...] weder „Assimilation“ noch „Separierung“. Weder Assimilation: Die polnischen Kinder sollten nicht zum „Deutschtum“ erzogen werden, „Germanisierung“ hieß vielmehr Inbesitznahme und Besiedlung durch Deutsche und „Rückdeutschung“ deutschstämmiger (und „nordrassischer“) Polen; noch Separierung in dem Sinn, daß den Polen ein untergeordneter, aber eigener Raum getrennt von den Deutschen zugestanden werden sollte: Sie sollten keine eigene, wie auch immer begrenzte kulturelle Identität mehr haben, da ihnen lediglich die Funktion einer Sklavenarbeiterschaft für die deutschen Interessen zugedacht war. [...] Diese Ziele fanden ihren Ausdruck in der Schulpolitik, die damit zu einem wichtigen Instrument der Rassen- und Volkstumspolitik avancierte: Den polnischen Kindern wurde die eigene Kultur verweigert, sie durften aber auch nicht an der Kultur der neuen Herrenschicht partizipieren. Die polnische Sprache wurde aus dem Unterricht verbannt, Deutsch wurde aber nur so weit unterrichtet, wie es zum Verstehen einfacher Arbeitsanweisungen unerläßlich war. Diese Politik lief auf eine Strategie der „De-Kulturation“ hinaus. Sie destruierte, von deutschen Erziehungswissenschaftlern und Pädagogen mit getragen [...] die „Enkulturation“ der Heranwachsenden. Insofern fällt diese Politik auch aus dem Kontext der allgemeinen Evolution moderner Bildungssysteme heraus, deren Merkmal fortschreitende „Inklusion“ ist, während hier eine Rückbildung durch die Etablierung von Mechanismen des Ausschlusses erfolgt. [...] An die Stelle einer Differenzierung nach Prinzipien individueller Leistung und sozialer Chancengleichheit trat jetzt eine Differenzierung nach Leistung und „Blut“, in der [...] rassische Merkmale über den Zugang zu Bildungsinstitutionen und das Maß staatlich zugeteilter „Enkulturation“ entschieden.

Quelle: Harten, H.-C. (1996). *De-Kulturation und Germanisierung. Die nationalsozialistische Rassen- und Erziehungspolitik in Polen 1939-1945.* Frankfurt a.M.: Campus [Hervorhebungen im Original].

Erläutern Sie anhand des Textes, welche Funktion die Schule für die nationalsozialistische Polen-Politik hatte.

Der Schulbesuch polnischer Kinder

Bei den folgenden Quellen handelt es sich um Ordnungsdokumente aus den Jahren 1942/1943, die sich auf die Regelung der Beschulung polnischer Kinder in den eingegliederten Gebieten des Gaus Wartheland beziehen. Bereits 1940 wurden alle polnischen Lehrer entlassen, alle Schulen für polnische Kinder und Jugendliche wurden geschlossen. Ein Teil der polnischen Lehrer wurde direkt hingerichtet, ein anderer Teil in das Generalgouvernement deportiert. Polnische Kinder durften nach der Angliederung Warthelands nur noch polnische Schulen besuchen, in denen sie von deutschen Laien unterrichtet wurden.

Die Quellen verdeutlichen die Organisation und den Zweck der Beschulung polnischer Kinder, deren Aufenthalt nur vorübergehend geduldet wurde. Gleichwohl erkannte man die Notwendigkeit der Beschulung im Rahmen der „De-Kulturation“ polnischer SchülerInnen sowie der Verhinderung ihrer Verwahrlosung und die Notwendigkeit ihrer Vorbereitung auf Sklavenarbeit. Etwas anders gestaltete sich die schulpolitische Situation im Generalgouvernement, auch wenn sich die ideologischen Ziele der Bildungspolitik in beiden Bereichen entsprachen. Das Generalgouvernement hatte wichtige Funktionen für die NS-Kriegswirtschaft. PolInnen wurden hier stärker als ArbeitssklavInnen gebraucht, wofür polnische SchülerInnen qualifiziert werden mussten. Anders als in Warthegau bestand im Generalgouvernement daher eine siebenjährige Schulpflicht, die sich jedoch nur teilweise realisieren ließ.

Analysieren Sie die folgenden Quellen aus dem angegliederten Reichsgau Wartheland. Berücksichtigen Sie dabei die Frage, in welchen konkreten Aspekten sich „De-Kulturation“ als zentrales Element nationalsozialistischer Schulpolitik in den annektierten Gebieten zeigt.

Der Regierungspräsident — Hohensalza, den 27. Juni 1942
II 2 C: 57/42. II 3 G.
An die Herren Landräte – Schulamt.
An die Herren Oberbürgermeister.
An die Herren Schulräte in Hohensalza, Gnesen und Leslau.

Betrifft: Schulbesuch polnischer Kinder

Aus mancherlei Erwägungen heraus ergibt sich die Notwendigkeit, die Kinder des polnischen Volkstums mit Beginn des neuen Schuljahrs allgemein zu beschulen. Für die zu ergreifenden Maßnahmen sind die nachstehenden Richtlinien zu beachten:

I. Allgemeines, insbesondere Schulpflicht.

1. Für Kinder polnischer Volkszugehörigkeit (Polenkinder) sind besondere Schulen einzurichten (Polenschulen).

2. Eingeschult werden zum jeweiligen Schuljahrsbeginn die Kinder, die im laufenden Kalenderjahr das 9. Lebensjahr vollendet haben oder vollenden. Zur Entlassung kommen zum jeweiligen Schuljahrsschluß die Kinder, die im laufenden Kalenderjahr das 14. Lebensjahr vollendet haben oder vollenden.
Wenn der Arbeits- und berufsmäßige Einsatz der polnischen Jugendlichen erforderlich ist, können sie mit Vollendung des 12. Lebensjahres zur Arbeitsaufnahme beurlaubt werden. Sie haben jedoch in die Schule zurückzukehren, sobald sie aus der Arbeit entlassen sind. Eine Schulentlassung *vor* vollendetem 14. Lebensjahre scheint untunlich.

3. Die unter 2. genannten Jahrgänge sind zum Schulbesuch verpflichtet.

II. Lehrkräfte.

1. Als Lehrkräfte sind in den Polenschulen deutsche Laienlehrkräfte tätig (Schulhalter). Für deutsche Schulen fachlich vorgebildete Lehrkräfte dürfen an Polenschulen im allgemeinen keine Verwendung finden. Ausnahmen bedürfen meiner ausdrücklichen Genehmigung. [...]

III. Lehrplan.

1. Ziel der Beschulung der Polenkinder ist in erster Linie die Erziehung zur Sauberkeit und Ordnung, zum anständigen Benehmen und zum Gehorsam gegenüber den Deutschen.

2. Die Unterrichtssprache in den Polenschulen ist Deutsch.

3. Die Schule übermittelt den Kindern ein genau umrissenes Wissen, das auf die spätere Arbeitskraftnutzung abgestimmt ist.

4. Ein genauer Stoffplan ist in Bearbeitung und wird zu gegebener Zeit bekanntgegeben.

5. Über die zu benutzenden Lehrbücher ergeht eine besondere Anordnung, sobald die Bücher fertiggestellt sind.

IV. Unterrichtszeit.

Die Unterrichtszeit in den Polenschulen beträgt bis zu 2 Stunden täglich.

V. Ferien.

Die Ferien der Polenschulen sind so zu legen, wie es die Wirtschaft notwendig macht. In den Sommermonaten müssen die älteren Schüler weitgehend zugunsten unserer Wirtschaft arbeitsmäßig eingesetzt werden.

VI. Unterbringung.

Die Einrichtung von Polenschulen kann nur erfolgen, soweit leerstehende Schulgebäude oder andere geeignete Räumlichkeiten vorhanden sind und in absehbarer Zeit für Zwecke der deutschen Schule nicht benötigt werden.

Die Beschulung der Polenkinder in einem Schulgebäude, in dem auch deutsche Kinder unterrichtet werden, ist unzulässig, es sei denn, daß sowohl die Schulräume als auch die Hoffläche und die Abortanlagen so restlos abgetrennt werden können, daß die Polenkinder mit den deutschen Kindern auf keine Weise in Berührung kommen.

Instandsetzungsarbeiten an Polenschulen in dem Umfange, wie sie für deutsche Schulen erforderlich sind, kommen grundsätzlich nicht in Frage. Kleinere Ausbesserungen, die zur Inbetriebnahme der Schulen erforderlich sind, müssen bis zur Eröffnung auf Kosten der Gemeinde durchgeführt werden. Anträge auf Baubeihilfe für Polenschulen sind zwecklos, da mir Mittel dafür nicht zur Verfügung stehen. [...]

Ergänzungszuschüsse für die Beschaffung der Einrichtung können nicht gewährt werden. Die notwendigen Einrichtungsgegenstände, wie Bänke usw., sind aus den Beständen der früheren polnischen Schulen zu entnehmen. Diese Gegenstände sind ordnungsgemäß in ein Geräteverzeichnis einzutragen.

VII. Arbeitseinsatz der Polenkinder.

Die Arbeitsämter sind zu ersuchen, daß bei Arbeitseinsatz von einzelnen Schülern oder ganzen Jahrgängen der Polenschulen der Schulrat beteiligt wird.

Die Beschulung der deutschen Kinder darf in keinem Falle unter diesen Maßnahmen leiden. In den Fällen, in denen die Einrichtung einer Polenschule z.Zt. nicht durchführbar ist, sind die Maßnahmen zurückzustellen, jedoch im Auge zu behalten.

Über das Veranlaßte ist mir bis zum 1.10.1942 eingehend zu berichten.

Im Auftrage
gez. v. Lahrbusch.

Quelle: Gamm, H.-J. (1984). *Führung und Verführung. Pädagogik des Nationalsozialismus* (S.440-442). Frankfurt: Campus 1983.

Reg.-Präs. Vom 16.12.1943 – II2C: 330/15

Lehrplan zur Beschulung der polnischen Kinder

1. Die Unterrichtssprache in den Schulen mit poln. K. ist Deutsch.
2. Ziel der Beschulung d. poln. K. ist in erster Linie die Erziehung zur Sauberkeit und Ordnung, zum anständigen Benehmen und zum Gehorsam gegenüber d. Deutschen.
3. Gemüts- und gesinnungsbildende Fächer und Leibeserziehung dürfen in den Plan der Schule nicht aufgenommen werden.
4. Die Schule übermittelt d. poln. K. bestimmte Kenntnisse und Fertigkeiten, die auf spätere Arbeitskraftnutzung abgestimmt sind.

I. Kenntnisse im Sprechen, Lesen und Schreiben d. dtsch. Sprache. Kenntnisse im Rechnen, gewisse Kenntnisse in Erdk., Naturkd. und Zeichnen.

a) Erlernung d. dtsch. Sprache in Wort und Schrift nur soweit, daß mündl. Anweisungen in d. Arbeitsstelle ohne besondere Schwierigkeiten verstanden werden u. kz. Anweisungen über Arbeitsvorgänge, Maschinenbedienung usw. in Druck und Schrift gelesen werden können. D. Unterr. im Deutschen muß sich auf ein bloßes Verständlichmachen beschränken. Es darf keine Mühe verwandt werden, durch systematische Rechtschreibe- und Leseübg. ein fehlerfreies Deutsch zu vermitteln. Ebenso fallen sämtliche planmäßige Grammatikübg. weg.
b) die vier Grundrechnungsarten u. d. Kenntnisse der Münzen, Maße u. Gewichte u. ihrer Schreibweise, einfache u. Zehntelbruchrechnung.
c) In d. beiden letzten Kl. einen Überblick über Europa, Dtschl. als das Herz Europas, die dtsch. Ostgaue, Gau Wartheland.
d) D. Nutztiere, ihre Pflege u. Behandl. – D. Nutzpflanzen, ihre Pflege u. Behandlung. – Schädlinge u. deren Bekämpfung. – D. menschl. Körper, Erziehung zur Sauberkeit u. Gesunderhaltung.
e) Zeichenunterr. so weit, daß d. Schüler einfache Gegenstände bildlich darstellen können.

II. Disziplin- und Ordnungsübungen

Übg., um d. Kd. zu Ordnung u. Sauberkeit, zu Gehorsam u. diszipliniertem Verhalten zu erziehen, sind vom ersten bis zum letzten Tage d. Schulzeit stetig u. in straffer Form durchzuführen. Sie umfassen im einzelnen: Grüßen, geraden und ausgerichteten Sitz während d. Unterr., schnelles u. straffes Aufstehen beim Aufruf, ordtl. Stehen, lautes Sprechen, Antreten in d. Kl. u. auf d. Hofe, Ordg. u. Schweigen während des Hinausgehens u. Hineinkommens. Aufmachen d. Tür u. Zurseitetreten für d. Durchgang d. Lehrers oder eines a. Erwachsenen, Ordnungsdienst i. d. Kl. (auf d. Platz, in den Gängen, für Öfen, Fenster, Schrank), Ordgdienst im Hof (Papieraufheben, Schließen d. Aborttüren), Kontrolle d. Lehrmittel (Hefte, Tafel, Schwamm, Stift), Kontr. d. Ordnung u. Sauberkt. an d. Kleidg., an Händen, Hals, Ohren, Frisur, Wiederholen eines mdl. Auftrages, Zurückmelden, Entschuldigung bei Versäumnis, Mitbringen eines Entschuldigungszettels, korrektes und höfl. Verhalten gegenüber Erwachsenen, Disz. auf der Straße u. im Straßenverkehr.

III. Arbeitsübungen

Folgende Übg. nach Möglichkeit d. Verhältnisse, Gruppen, Klassen, schulw. Bastel-, Klebe-, Pap.-, Schnitz-, Strick-, Flick- u. Näharbeiten; besonders für gemeinnützige dtsch. Einrichtungen: Flicken für NSV[1]-. Strümpfestopfen für d. Wehrmacht. Sammelarbeiten (Beeren, Heilkr., Pilze, Waldfrüchte), Sammeln u. Sortieren v. Altmaterial, leichte Arbeiten im Wald u. Feld (Entsteinung von Äckern, Bekämpfung von Unkraut, Pflanzenschädlingen). Einsatz bei der Getreide- und Hackfruchternte, Seidenraupenzucht ...

Quelle: Gamm, H.-J. (1984). *Führung und Verführung. Pädagogik des Nationalsozialismus* (S. 442-443). Frankfurt: Campus.

---

[1] Nationalsozialistische Volkswohlfahrt.

Der Ausbau eines deutschen Schulsystems in Polen

[Die deutschen Besatzer setzten, d. Hrsg.] ihre ganze Kraft in die Errichtung eines *deutschen* Schulwesens, während sie sich mit der Beschulung polnischer Kinder höchstens am Rande beschäftigten [...].

Eine wichtige *Aufgabe des deutschen Schulwesens* war die Unterstützung des „Eindeutschungsprozesses". Die einer Aufnahme in die deutsche Volksgemeinschaft „würdig" befundenen Kinder sollten – als künftige „Herrenmenschen" – auf die rassistischen, imperialistischen und totalitären Ziele des Nazi-Staates „ausgerichtet", zugleich seiner Herrschaft bedingungslos unterworfen werden. Vor allem mußten sie lernen, wie man sich den Polen als „Fremdvölkischen" oder gar den Juden als „absoluten Untermenschen" gegenüber zu verhalten hatte.

Um die kulturelle Führungsrolle zu gewährleisten, war ein voll ausgebautes deutsches Schulsystem notwendig. Jedes Dorf erhielt nach Möglichkeit eine deutsche *Volks-,* jede Kreisstadt eine deutsche *Ober-,* zumindest aber eine deutsche *Mittelschule*. Ab 1941 wurde die 6-klassige (schulgeldpflichtige) Mittelschule häufig durch die 4-klassige (schulgeldfreie) *Hauptschule* nach österreichischem Vorbild ersetzt [...]. Allein im „Reichsgau Wartheland" entstanden (bis zum Frühjahr 1944) 68 Haupt- und (bereits bis Herbst 1942) 35 Oberschulen [...]. Kinder, deren Eltern in die „eingegliederten Ostgebiete" versetzt worden waren und vor Ort keine weiterführende Schule vorfanden, ebenso „rassisch wertvolle" und begabte volksdeutsche Kinder aus ländlichen Gebieten, konnten Heimschulen oder Schulen mit angeschlossenen Schülerheimen auf Ober- und Hauptschulniveau besuchen, in denen sie „zu aktiven Kämpfern für die nationalsozialistische Weltanschauung" erzogen wurden.[1]

Deutsche Briefmarke aus dem Generalgouvernement (1940)[2]

Da in den annektierten Gebieten höchstens noch Reste deutscher Schulen vorhanden waren, mußte ein deutsches Schulwesen weitgehend neu aufgebaut werden. Planungen dafür lagen – insbesondere für die ehemals preußischen Gebiete – teilweise bereits vor dem 1. September 1939 vor, so daß vielfach noch während der Kriegshandlungen im September 1939 die entscheidenden Weichenstellungen erfolgten; z.B. in der Hafenstadt Gdingen (Gotenhafen). Dort übernahm am 16.9.1939 ein Nazi die städtische Schulverwaltung und hatte nur knapp vier Wochen später alle polnischen in deutsche Schulen umgewandelt, zehn Hakenkreuzfahnen und 40 Führerbilder für deren Ausstattung bestellt und die „Erfassung" aller deutschsprachigen Kinder in die Wege geleitet. Zum 18.2.1940 konnten bereits alle polnischen Lehrkräfte entlassen werden, da man sie infolge „vermehrten Zuzugs von Lehrkräften aus dem Altreich" nicht mehr benötigte[3]. Die Machtübernahme

---

[1] Heimordnung für die Heimoberschule für Jungen in Turek, zit. n. Hansen, G. (Hrsg.) (1994). *Schulpolitik als Volkstumspolitik. Quellen zur Schulpolitik der Besatzer in Polen 1939 bis 1945* (S. 70) Münster/New York.

[2] Quelle: *https://colnect.com/de/stamps/stamp/169618-1st_anniversary_of_General_Government-1st_anniversary_of_General_Government-Deutschland_Generalgouvernement* [01.02.2019].

[3] zit. n. Klattenhoff, K. & Wißmann, F. (1989). Der deutsche Überfall auf Polen 1939 und seine Auswirkungen auf polnische Schulen im „Reichsgau Danzig-Westpreußen". In *Pädagogik und Schule in Ost und West* 37 (1989), S. 35-43, S.38.

der Nazis vollzog sich überall nach dem gleichen Schema: Die überkommenen Schulstrukturen wurden zerschlagen, polnische Schulen geschlossen oder in deutsche umgewandelt, die polnische Lehrerschaft entlassen, vertrieben oder sogar ermordet. [...]

Das deutsche Schulwesen konnte nur deshalb so zügig aufgebaut werden, weil man den Polen ihre Schulen rücksichtslos wegnahm, und zwar unabhängig von den betroffenen Schülerzahlen. Gultsch, ein Dorf zwischen Netze und Warthe im „Posener Land" mit 1000 Einwohnern, davon 700 Polen, hatte 1900 eine neue Schule bekommen, ein zweistöckiges Gebäude mit vier Klassenräumen, Lehrerzimmer und drei Lehrerwohnungen zu je dreieinhalb Zimmern sowie einer großen Küche mit Speisekammer und außerdem einer Dachwohnung für den Hilfslehrer. Nach der Besetzung wurde diese Schule für die 36 Kinder der deutschen Familien in eine deutsche Schule umgewandelt und bevölkerten diese Kinder die eine untere Klasse, während die Kinder der im selben Dorf lebenden 700 Polen „zweimal wöchentlich notdürftig" in einem Nachbarort unterrichtet wurden.[4]

Quelle: Keim, W. (1997). *Erziehung unter der Nazi-Diktatur. Bd. II: Kriegsvorbereitung, Krieg und Holocaust* (S. 192-193). Darmstadt: Wissenschaftliche Buchgesellschaft. [Hervorhebungen im Original]

Ideen zur Vertiefung

Inhaltliche Vertiefung: Die „Deutsche Volksliste"

Im Reichsgau Wartheland verfolgten die Nationalsozialisten eine strikte Apartheitspolitik. Polen, besonders polnische Juden, wurden systematisch ausgegrenzt und vernichtet, in Polen wohnhafte „Volksdeutsche", „Deutschstämmige" oder „Eindeutschungsfähige" wurden in die „Deutsche Volksliste" aufgenommen und erhielten damit die deutsche Staatsangehörigkeit oder ein späteres Anrecht auf sie.

Gemäß der „Deutschen Volksliste" unterschieden sie verschiedene deutschstämmige Bevölkerungsgruppen, die hierarchisch geordnet waren. Für jede Stufe waren bestimmte Bildungsgänge vorgesehen. Insgesamt wurde die polnische Bevölkerung in acht Hierarchiestufen aufgeteilt. Diese Aufteilung hatte Folgen für die Schulpolitik. Genauere Informationen über die Deutsche Volksliste:

- Hansen, G. (Hrsg.) (1994). *Schulpolitik als Volkstumspolitik. Quellen zur Schulpolitik der Besatzer in Polen 1939 bis 1945.* Münster: Waxmann.
- Harten, H.-C. (1996). *De-Kulturation und Germanisierung. Die nationalsozialistische Rassen- und Erziehungspolitik in Polen 1939-1946*. Frankfurt a.M.: Campus.

Der Umgang mit dem Holocaust und dem 2. Weltkrieg in Polen

Der politische und pädagogische Umgang mit der Geschichte zwischen 1939 und 1945 ist in Polen sehr umstritten. Am Beispiel der Debatten um den preisgekrönten Film "Ida" von Pawel Pawlikowski werden die kontroversen Positionen erkennbar: https://zeitgeschichte-online.de/film/geschichtspolitik-polen [01.02.2019].

---

[4] Hornung, G. (1986). *Schrimm, Schroda, Bomst. ... Als Lehrerin im Posener Land 1942 bis 45* (S. 86). Leer.

4.2 Krieg nach innen: Behinderte Kinder als Opfer nationalsozialistischer Vernichtungsprogramme

Vorgeschichte

Forderungen, Menschen mit Behinderungen oder psychischen Erkrankungen an der Fortpflanzung zu hindern oder zu töten, gab es nicht erst in der NS-Zeit. Schon vor 1933 wurde über „aktive Sterbehilfe" oder „Euthanasie"[1] *bei unheilbar körperlich erkrankten oder geistig behinderten Menschen, aber auch bei pflegebedürftigen Anstaltspatienten und Neugeborenen mit Behinderungen diskutiert. Grundlagen dieser Positionen waren die im 19. Jahrhundert entstandenen Lehren der Eugenik und „Rassenhygiene". Ihre Vertreter waren der Auffassung, dass die „Erbgesundheit" der Bevölkerung durch eine zu starke Vermehrung „erblich Minderwertiger" gefährdet sei. Auch außerhalb Deutschlands, z.B. in der Schweiz, in Skandinavien und in einigen Teilen der USA, gab es Sterilisationsprogramme, z.T. bis weit über den Zweiten Weltkrieg hinaus. In Deutschland veröffentlichten der Psychiater Prof. Alfred Erich Hoche und der Jurist Prof. Karl Binding 1920 das Buch „Die Freigabe der Vernichtung lebensunwerten Lebens", über das in der Weimarer Republik heftig gestritten wurde. Hoche begründete hierin seine Forderung nach Zwangssterilisierung von sog. „Vollidioten":*

„Die Freigabe der Vernichtung lebensunwerten Lebens" (1920)

Es ist eine peinliche Vorstellung, daß ganze Generationen von Pflegern neben diesen leeren Menschenhülsen dahinaltern, von denen nicht wenige 70 Jahre und älter werden. Die Frage, ob der für diese Kategorien von Ballastexistenzen notwendige Aufwand nach allen Richtungen hin gerechtfertigt sei, war in den verflossenen Zeiten des Wohlstandes nicht dringend; jetzt ist es anders geworden, und wir müssen uns ernstlich mit ihr beschäftigen. Unsere Lage ist wie die der Teilnehmer an einer schwierigen Expedition, bei welcher die größtmögliche Leistungsfähigkeit Aller die unersetzliche Voraussetzung für das Gelingen der Unternehmung bedeutet, und bei der kein Platz ist für halbe, Viertels- und Achtels-Kräfte. Unsere deutsche Aufgabe wird für lange Zeit sein: eine bis zum höchsten gesteigerte Zusammenfassung aller Möglichkeiten, ein Freimachen jeder verfügbaren Leistungsfähigkeit für fördernde Zwecke. Der Erfüllung dieser Aufgabe steht das moderne Bestreben entgegen, möglichst auch die Schwächlinge aller Sorten zu erhalten, allen, auch den zwar nicht geistig Toten, aber doch ihrer Organisation nach minderwertigen Elementen Pflege und Schutz angedeihen zu lassen – Bemühungen, die dadurch ihre besondere Tragweite erhalten, daß es bisher nicht möglich gewesen, auch nicht im Ernste versucht worden ist, diese Defektmenschen von der Fortpflanzung auszuschließen.

Quelle: Binding, K. & Hoche, A. (1920). *Die Freigabe der Vernichtung lebensunwerten Lebens. Ihr Maß und ihre Form* (S. 55). Leipzig: Meiner.

Binding trat für die „Euthanasie" unheilbar Kranker und „Blödsinniger" ein. Zur letzteren Gruppe schrieb er (ebd., S. 32-33):

Sie haben weder den Willen zu leben, noch zu sterben. So gibt es ihrerseits keine beachtliche Einwilligung in die Tötung, andererseits stößt diese auf keinen Lebenswillen, der gebrochen werden müßte. Ihr Leben ist absolut zwecklos, aber sie empfinden es nicht als unerträglich. Für ihre Angehörigen wie für die Gesellschaft bilden sie eine furchtbar schwere Belastung. Ihr Tod reißt nicht die geringste Lücke- außer vielleicht im Gefühl der Mutter oder der treuen Pflegerin. Da sie großer Pflege bedürfen, geben sie Anlaß, daß ein Menschenberuf entsteht, der darin aufgeht, absolut lebensunwertes Leben für Jahre und Jahrzehnte zu fristen. [...]

---

[1] Griechisch: guter/schöner Tod, auch Gnadentod.

Wieder finde ich weder vom rechtlichen, noch vom sozialen, noch vom sittlichen, noch vom religiösen Standpunkt aus schlechterdings keinen Grund, die Tötung dieser Menschen, die das furchtbare Gegenbild echter Menschen bilden und fast in jedem Entsetzen erwecken, der ihnen begegnet, nicht freizugeben [...].

Nach der Machtübernahme 1933 machten die Nationalsozialisten die „Rassenhygiene" zur Staatsdoktrin und zur Leitwissenschaft ihrer Gesundheitspolitik. Kernstück war das „Gesetz zur Verhütung erbkranken Nachwuchses", das Zwangssterilisationen ermöglichte (vgl. Kap. 2.2.3). Die staatliche Propaganda, aber auch der Biologieunterricht betonte vor allem die finanzielle Belastung durch „Erbkranke". Damit wurde das Lebensrecht von Menschen mit psychischen Erkrankungen und geistigen oder körperlichen Behinderungen in Frage gestellt.

Anschauungsmaterial für den Schulunterricht (ca. 1937)[1]

Radikalisierung der Behindertenpolitik mit Beginn des 2. Weltkrieges

Im August 1939 wurde in Deutschland eine amtliche Meldepflicht für Kinder mit geistigen und körperlichen Behinderungen bis zu drei Jahren eingeführt. Im Oktober 1939 unterzeichnete Hitler den offiziellen Auftrag zur Ermordung Kranker und Behinderter. Hierin hieß es verharmlosend, dass „die Befugnisse namentlich zu bestimmender Ärzte so zu erweitern" seien, „daß nach menschlichem Ermessen unheilbar Kranken bei kritischster Beurteilung ihres Krankheitszustandes der Gnadentod gewährt werden kann". Dieses Schriftstück wurde von den Nationalsozialisten nachträglich auf den 1. September 1939, den Tag des Überfalls auf Polen, vordatiert.

Als Erfassungs- und Organisationszentrale für die „Kinder-Euthanasie" fungierte der „Reichsausschuss zur wissenschaftlichen Erfassung erb- und anlagebedingter schwerer Leiden". Ein unmittelbar Hitler unterstellter „Gutachterausschuss" entschied nach Aktenlage über die Einweisung von Säuglingen und Kindern in „Kinderfachabteilungen", die in Kinderkliniken oder

[1] *https://www2.klett.de/sixcms/media.php/229/DO01430017_21_euthanasie.pdf* [01.02.2019].

Heil- und Pflegeanstalten eingerichtet wurden. Hier wurden die Mädchen und Jungen nach einer Beobachtungszeit und negativer Begutachtung durch überdosiert verabreichte Beruhigungsmittel oder Nahrungsentzug ermordet. Die erste dieser „Kinderfachabteilungen" entstand im Juni 1940 in der Landesanstalt Brandenburg-Görden; reichsweit folgten über dreißig weitere solcher Einrichtungen. Insgesamt wurden etwa 5.000 der vom „Reichsausschuss" begutachteten Kinder getötet.

Die „Euthanasie"-Verbrechen an Kindern und Jugendlichen umfassten jedoch nicht nur die Morde in den „Kinderfachabteilungen". Mehr als 4.000 minderjährige Patienten psychiatrischer Anstalten wurden im Rahmen der „Aktion T4"[2] getötet. Ihre Leichen wurden zum Teil als medizinische Forschungsobjekte missbraucht. Eine große Zahl von Kindern und Jugendlichen fiel bis 1945 darüber hinaus der dezentralen „Euthanasie" in den psychiatrischen Anstalten durch Medikamente oder Verhungernlassen zum Opfer.

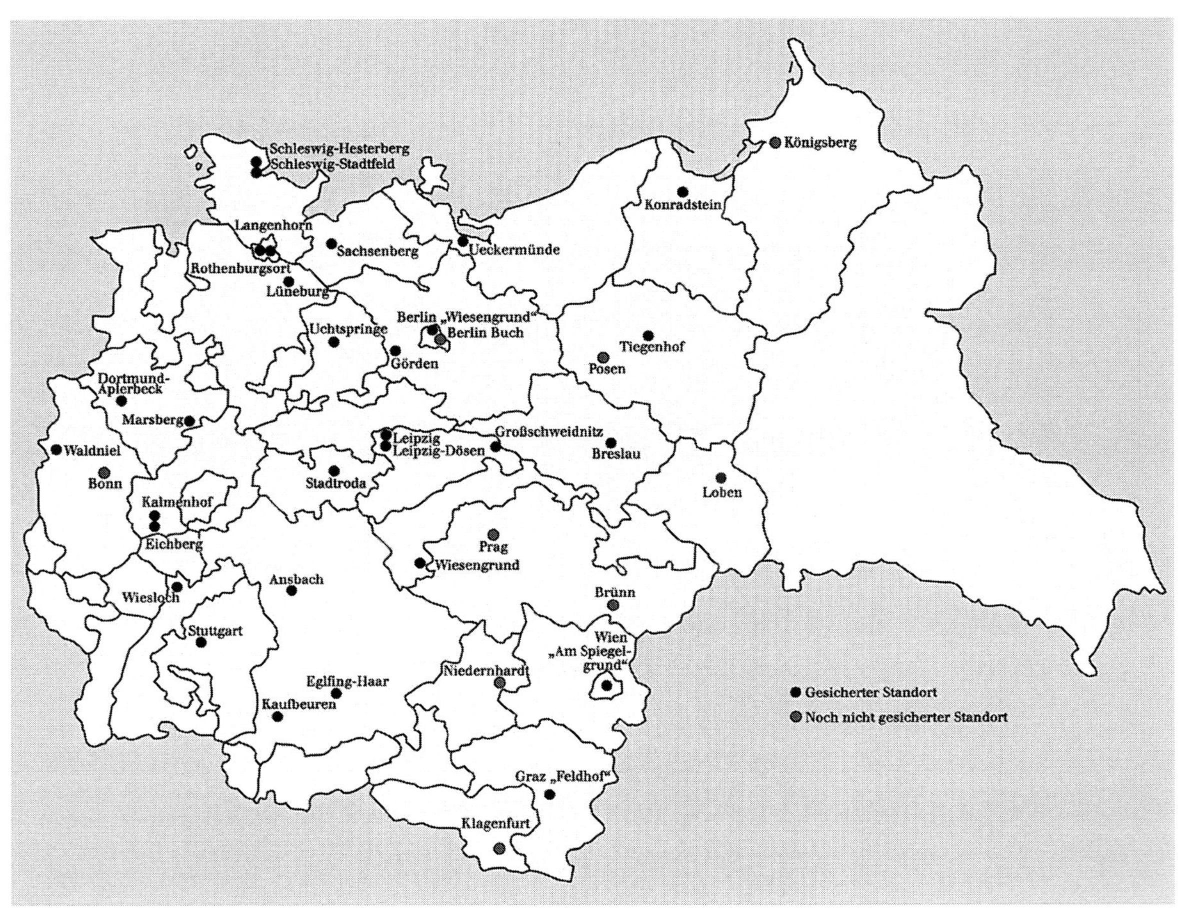

Sog. „Kinderfachabteilungen im „Dritten Reich" (nach 1939)[3]

Runderlass des Reichsministeriums des Innern zur „Frühzeitigen Erfassung" (1939)

Betrifft: Meldepflicht über mißgestaltete usw. Neugeborene

(1) Zur Klärung wissenschaftlicher Fragen auf dem Gebiete der angeborenen Mißbildung und der geistigen Unterentwicklung ist eine möglichst frühzeitige Erfassung der einschlägigen Fälle notwendig.

(2) Ich ordne daher an, daß die Hebamme, die bei der Geburt eines Kindes Beistand geleistet

---

[2] Benannt nach der Adresse der Organisationszentrale in Berlin, Tiergartenstraße 4.

[3] *http://www.die-wiese-zittergras.de/index.php/orte.html* [01.02.2019].

hat [...], eine Meldung an das [...] zuständige Gesundheitsamt [...] zu erstatten hat, falls das neugeborene Kind verdächtig ist, mit [...] schweren angeborenen Leiden behaftet zu sein. [...]

(3) Ferner sind von allen Ärzten zu melden Kinder, die mit [...] [solchen] Leiden behaftet sind und das 3. Lebensjahr noch nicht vollendet haben, falls den Ärzten die Kinder in Ausübung ihrer Berufstätigkeit bekannt werden.

(4) Die Hebamme erhält für ihre Mühewaltung eine Entschädigung von 2 RM[4]. [...]

(8) Der Amtsarzt hat die ihm erstattete Meldung auf die Vollständigkeit der Angaben zu prüfen und nach etwa erforderlicher Ergänzung [...] unverzüglich an den Reichsausschuß zur wissenschaftlichen Erfassung von erb- und anlagebedingten schweren Leiden in Berlin [...] weiterzuleiten [...].

Quelle: Bleidick, U. (Hrsg.) (1999). *Allgemeine Behindertenpädagogik* (S. 201-203). Neuwied: Luchterhand.

(16) Idstein, 11.2.1944.

Liebe Mutter!

Ich habe Deinen Brief mit großer Freude erhalten. Mir geht es noch gut. Heute haben wir Geburtstag gefeiert. Ich gebe mir viel Mühe in der Schule und lese schon aus dem Lese= buch. Einen schönen Gruß au meine Schwester. Ich gehe manchmal auf den Acker, um Dich wurz zu verräumen. Herr Frann ist unser Lehrer Er ist der Vater von Fräulein Frann

Ich brauche bitte Griffel.

Herzlichen Gruß

Dein Emil.

Der letzte Brief des in der „Kinderfachabteilung“ Kalmenhof bei Idstein getöteten Emil W. vom 11. Februar 1944[5]

1. Interpretieren Sie die Begriffe „Ballastexistenzen“ und „lebensunwertes Leben“ aus der Veröffentlichung von Binding und Hoche aus dem Jahr 1920.
2. Stellen Sie Vermutungen an, aus welchem Grund der schriftliche Auftrag Hitlers zur Ermordung behinderter Menschen auf den Tag des Kriegsbeginns am 1.9.1939 zurückdatiert wurde.
3. Entwickeln Sie vor dem Hintergrund Ihrer Kenntnisse zur Ideologie und Praxis der Behindertenpolitik nach 1933 Erklärungsansätze dafür, dass offensichtlich intelligente Kinder, wie Emil W., den Tötungsaktionen der Nationalsozialisten zum Opfer fallen konnten.

[4] Reichsmark.

[5] Quelle: Hessisches Hauptstaatsarchiv Wiesbaden, Abt. 461 Nr. 31526/5, *https://www.t4-denkmal.de/Kindereuthanasie* [01.02.2019].

Ideen zur Vertiefung

An einigen Standorten ehemaliger Pflege- und Heilanstalten ist die Geschichte von zwangssterilisierten und getöteten Kindern und Jugendlichen inzwischen untersucht worden – z.T. auch unter der Mitwirkung von Schülerinnen und Schülern. Auffällig ist, dass diese Arbeit in der Regel erst viele Jahrzehnte nach dem Krieg aufgenommen und in den vergangenen Jahren besonders intensiviert wurde. Dokumentiert sind diese Untersuchungen häufig auch auf Websites, die zahlreiche Anregungen für Referate, Facharbeiten und Projekte bieten.

Eine ausgezeichnete Website aus Bielefeld zu den Euthanasie-Morden : https://erna-k-gedenkblog.blogspot.com/

Eine Bielefelder Jugendgruppe hat das Schicksal Erna Kronshages in einem Theaterstück dargestellt: *https://www.y-outube. com/watch?v=ikWS _bUC-Y0* [01.02.2019].

https://www.ns-euthanasie.de [01.02.2019].

https://www.gedenkort-t4.eu/de [01.02.2019].

4.3 Überleben – Kinder und Erziehung im Ghetto[1]

Paul Fux, Boy in the Ghetto Box[2]

1. Beschreiben Sie die Zeichnung.
2. Interpretieren Sie die Zeichnung bezüglich ihrer Aussagen über das Leben von Kindern im Ghetto.
3. Welche Fragen und Thesen zum Thema „Kinder und Erziehung im Ghetto“ ergeben sich aus der Auseinandersetzung mit der Zeichnung?

---

[1] Die Schreibweise des Wortes variiert. In den Texten der HerausgeberInnen und in Überschriften wird die Variante Ghetto benutzt. In den Quellentexten wurde die Originalschreibweise beibehalten.

[2] Quelle Illustration: Illustration: *Boy in the Ghetto Box* von Paul Fux in der Publikation *Through Our Eyes* von Itzhak B. Tatelbaum, Yad Vashem

יד ושם
YAD VASHEM

Hunderttausende in der Hölle auf Erden

Am 2. Oktober 1940 richtete die deutsche Besatzungsmacht den „jüdischen Wohnbezirk" in Polens Hauptstadt ein. Im größten aller Gettos drängten sich fortan 350.000 Menschen auf drei Quadratkilometern.

Wirklich überraschend kam die Anordnung nicht. Schon seit Monaten hatte es am Rande der Innenstadt von Warschau seltsame Bauarbeiten gegeben: An insgesamt 47 Stellen im Stadtteil Wola westlich der Weichsel, zwischen dem Danziger Bahnhof und dem Jüdischen Friedhof, wurden Mauern erhöht oder neu errichtet. Worauf das hinauslief, konnten sich viele Einwohner der besetzten Hauptstadt Polens vorstellen: die Einrichtung eines Gettos. Schon in anderen Städten des sogenannten Generalgouvernements waren [...] abgeschlossene „jüdische Wohnbezirke" eingerichtet worden. Viele Warschauer Juden lebten bereits seit November 1939 in einem kontrollierten Stadtviertel der Altstadt. Der Militärbefehlshaber hatte die Straßenzüge formal zum „Seuchensperrgebiet" erklärt; deutsche Soldaten durften das Gebiet nicht betreten.

Trotz dieser Warnsignale war die Anordnung, die der Chef der Warschauer Besatzungsverwaltung, Ludwig Fischer,[1] am 2. Oktober 1940 per Aushang bekannt machen ließ, ein Schock: Binnen der nächsten sechs Wochen mussten alle Juden der Stadt zwangsweise in den „Wohnbezirk" umziehen. Ein Drittel der gesamten Stadtbevölkerung auf nicht einmal einem Dreißigstel der Fläche. 350.000 Menschen drängten sich fortan auf den drei Quadratkilometern des Gettos. Rein rechnerisch hatte jeder Insasse damit 8,5 Quadratmeter zum Leben – doch tatsächlich mussten oft acht, manchmal zwölf oder mehr Juden in einem einzigen Raum hausen.

Nach Ablauf der Frist Mitte November 1940 wurde die Mauer um das Getto geschlossen. Von außen bewachten deutsche Polizisten und polnische Helfershelfer die Sperre, innen war der eigens eingerichtete jüdische Ordnungsdienst verantwortlich. „Die Straßen sind so übervölkert, dass man nur schwer vorwärts gelangt. Alle sind zerlumpt, in Fetzen. Oft besitzt man nicht mal mehr ein Hemd", schrieb der polnisch-jüdische Arzt Ludwik Hirszfeld,[2] der selbst zwei Jahre im Getto verbringen musste: „Überall ist Lärm und Geschrei. Dünne, jämmerliche Kinderstimmen übertönen den Krach."

Eine Hölle auf Erden. Da die Versorgung systematisch knapp gehalten wurde, die Hygiene katastrophal und die medizinische Versorgung schlecht war, stieg die Sterberate stark an. Pro Monat gingen bis zu 5000 Menschen an Hunger, Seuchen oder Kälte im Winter zugrunde. [...] Wer die völlig überfüllten Straßenzüge verlassen wollte, brauchte dafür einen Passierschein oder musste flüchten. Schmuggel und Schwarzmarkt weiteten sich schlagartig aus; die niedersten Instinkte des Menschen traten durch die zwangsweise Einpferchung hervor. Besonders pervers war der Einfall der Besatzer, dass sich die Geschädigten der antisemitischen Politik selbst organisieren mussten. [...] Der Ingenieur Adam Czerniaków[3] wurde als Vorsitzender des Judenrates zur tragischen Figur. Die Besatzer hatten ihn eingesetzt mit der Aufgabe, das Getto möglichst reibungslos zu führen. Doch damit musste er scheitern. Denn Czerniaków wollte Leben organisieren, doch seine Auftraggeber hatten daran kein Interesse; Überleben von Juden war letztlich nicht vorgesehen. [...]

Quelle: Kleikamp, A. (2015). *Hunderttausende in der Hölle auf Erden. https://www.welt.de/geschichte/zweiter-weltkrieg/article147123280/Hunderttausende-in-der-Hoelle-auf-Erden.html* [24.01.2019].

---

[1] Ludwig Fischer (1905-1947); SA-Mitglied und deutscher Politiker der NSDAP. In den Jahren von 1939-1945 war er als Gouverneur des Warschauer Distrikts im Generalgouvernement Polen eingesetzt. Wegen Kriegsverbrechen wurde er 1947 zum Tode verurteilt.

[2] Ludwik Hirszfeld (1884-1954); polnischer Mediziner und Mikrobiologe, lebte während der NS-Zeit auf der Flucht.

[3] Adam Czerniaków (1880-1942); zeitweise Vorsitzender des Judenrats des Warschauer Ghettos. Er versuchte mit seiner Idee „Monat der Kinder", den Kindern im Ghetto das Spielen und Freude zu ermöglichen. 1942 wählte er den Freitod.

Das Warschauer Ghetto:
Alltag und Widerstand im Angesicht der Vernichtung – Kinder und Jugendliche

Im Januar 1942 lebten etwa 100.000 Kinder unter 14 Jahren im Getto. In zahlreichen Tagebüchern und Berichten ist davon die Rede, dass das Schicksal der hungernden Kinder, die im Dreck lagen und bettelten oder auf der Straße starben, Kinder, die unter so inhumanen Bedingungen aufwuchsen, so unnatürlich schnell erwachsen werden mussten und mitunter so greisenhaft aussahen, das Traurigste war, was die Menschen sehen mussten. Bei allen Konflikten und Kämpfen um Lebensmittel herrschte innerhalb der Bevölkerung weitgehende Einigkeit darüber, dass die Kinder versorgt werden müssten. [...]

[Manche Kinder ernährten] durch Schmuggel ihre gesamten Familien. Familienstrukturen änderten sich, Eltern, die nur knappe Lebensmittelrationen erhielten, gerieten in Abhängigkeit von ihren minderjährigen Kindern. Dass dies Konflikte mit sich brachte, ist nicht verwunderlich. Ohnehin waren nicht alle Väter und Mütter angesichts eines Lebens in ständiger Existenzangst in der Lage, ihren Kindern die nötige Liebe und Zuwendung zu geben. Den Kindern fehlte ein Rahmen, eine Struktur. Sie lebten in einer aus den Fugen geratenen Welt, in der sämtliches Handeln auf die Sicherung der Existenz ausgerichtet sein musste. Nur wenig Zeit blieb zum Lernen, zum Lesen, zum Spielen. Sie wurden lange vor ihrer Zeit erwachsen, wussten und kannten so vieles, das noch nicht für sie bestimmt war. [...]

Die Realität des Gettos war für die jüngeren Kinder die einzige, die sie kannten, sie wurde ihre normale Existenz. Also erfanden sie Spiele, die ihrer Lebenswelt entsprachen, spielten «Schmuggel» oder «Razzia», sie erfanden Lieder und Reime, in denen es um Hunger und Krankheiten ging. Sie spielten «Deutsche und Juden», ein Spiel, in dem der «Deutsche» die «Juden» beschimpfen und treten durfte. Viele jedoch konnten nicht einmal mehr spielen.

Adolf Berman,[1] der Leiter der Kinderfürsorge, schätzte, dass 75 Prozent der Kinder auf Hilfe angewiesen waren. Dies umso mehr, als die Bedingungen ein weiteres gravierendes Problem schufen: Immer mehr Kinder wurden zu Waisen. [...]

Viele Kinder sahen keinen anderen Ausweg mehr, als sich auf die Straße zu setzen und zu betteln [...]. Die Kinder hungerten, wurden dünner, viele waren krank, sie stumpften ab. [...] Die zahllosen bettelnden Kinder waren ein sichtbares Zeichen dafür, dass der Judenrat[2] es nicht schaffte, die Menschen zu ernähren. Er wies immer wieder den Ordnungsdienst an, die Kinder von den Straßen zu holen und in den Waisenhäusern unterzubringen. Viele rissen jedoch wieder aus, da sie dachten, besser dazustehen, wenn sie sich auf niemanden verließen. [...]

In vielerlei Hinsicht waren Kinder auf Hilfe angewiesen. Die zentrale Fürsorgeinstitution für jüdische Kinder in Polen, CENTOS, war schon 1924 gegründet worden, hatte Ende 1939 verschiedene andere Hilfsorganisationen übernommen, die zuvor von öffentlichen Stellen finanziert worden waren, und wirkte nun auch im Getto. Adolf Berman, der Anfang 1940 Direktor von CENTOS wurde, nachdem sein Vorgänger ermordet worden war, gelang es über seine Kontakte, zahlreiche Lehrerinnen und Lehrer, Krankenschwestern, Psychologen und viele andere mehr für die Arbeit in der Institution zu gewinnen. Mehrfach veranstaltete die Hilfsorganisation Geldsammlungen unter dem Namen «Monat des Kindes». Künstler brachten sich mit Plakaten ein, Kinder aus verschiedenen Einrichtungen von CENTOS spielten Theater und boten andere Vorführungen dar.

[1] Adolf Berman (1906-1978); polnisch-israelischer Aktivist und Politiker, der sich u.a. in einigen Organisationen an der Rettung der Juden vor der Deportation beteiligte.

[2] Der in besetzten Gebieten während des Zweiten Weltkrieges zusammengestellte Rat von Juden durch das nationalsozialistische Regime, um antijüdische Befehle durchzusetzen.

Neben Waisenheimen wurden Küchen eigens für Kinder errichtet [...]. Die hier tätigen Erzieherinnen und andere Helfer kümmerten sich direkt in den Sammelunterkünften in beengten Kindertagesstätten um die Kleinen, deren Eltern bereits eine Arbeit gefunden hatten und daher tagsüber nicht auf sie achten konnten. Vor allem aber sorgten sie für die vielen Waisen. [...]

Im Oktober 1941 unterstanden CENTOS ungefähr 100 Fürsorgeeinrichtungen für Kinder. Dawid Wdowinski[3] beschreibt nach dem Krieg, dass Berman und seine Kollegen Unglaubliches für die Kinder im Getto leisteten, unter größter Selbstaufopferung versuchten, deren junges Leben ein kleines bisschen lebenswerter zu gestalten. Der größte Held war für ihn – und diese Meinung teilen viele – aber Janusz Korczak.[4] Der Schriftsteller und Pädagoge hatte sich lange vor dem Zweiten Weltkrieg entschieden, sein Leben den Waisenkindern zu widmen, und diesem Entschluss blieb er im Getto treu.

CENTOS unterhielt auch sein Waisenheim. Das Gebäude, in dem dieses seit 1912 beheimatet war, lag außerhalb der Gettogrenzen und allen Bemühungen Korczaks zum Trotz musste er mit den seinerzeit 150 Kindern in das kleinere und im Grunde für diesen Zweck völlig ungeeignete Gebäude in der ul.[5] Chłodna 33 umziehen, Ende 1941 musste das Waisenheim wegen Grenzänderungen erneut ein neues Gebäude finden. Janusz Korczak wurde während des ersten Umzugs inhaftiert, da er seine Armbinde[6] nicht getragen hatte, nach einem Monat wurde er entlassen. Danach bemühte er sich unablässig und mit unglaublicher Energie darum, den Kindern auch innerhalb der Gettomauern ein gutes Zuhause zu schaffen. [...]

Zwar blieb Korczak, der nicht einmal einen Raum für sich selbst beanspruchte, seinen Erziehungsmethoden von vor dem Krieg, seiner Idee der Kinderselbstverwaltung, treu und versuchte, den Kindern ein normales Leben zu ermöglichen, doch stieg die Zahl der Waisen in seinem Heim stetig an und auch hier waren die hauptsächlichen Probleme der Kampf gegen Hunger und Krankheiten. [...]

Korczak ging unermüdlich umher und versuchte, Gelder von Institutionen und Privatpersonen einzutreiben, um seine Schützlinge zu versorgen. Er initiierte Konzerte und Lesungen in seinem Waisenhaus, um die Kinder durch die Erlöse derartiger Abende wieder einen Moment lang besser versorgen zu können. [...]

Das größte jüdische Waisenhaus zog im November 1940 in die ul. Dzielna 39. Ungefähr ein Drittel aller Kinder in Waisenhäusern lebte hier. Es gab Platz für mehrere hundert Kinder, doch mussten weit über tausend hier unterkommen. Das Personal war angesichts dessen völlig überfordert, konnte sich kaum um die Kinder kümmern. Wie der Arzt Ludwik Hirszfeld in seinen Erinnerungen beschreibt, lagen Babys im Schmutz, gab es keine Windeln, im Winter fror der Urin in den Hosen der Kinder, warteten alle ständig nur auf ihre viel zu schlechten Mahlzeiten [...]. Im November 1941 starben hier fast zwanzig Prozent der Kinder. [...] Janusz Korczak arbeitete hier im Februar 1942 als Direktor, um die Situation in diesem «Schlachthaus für Kinder»,[7] wie er es nannte, zu verbessern. [...] Insgesamt gab es ungefähr 30 Waisenhäuser und Internate im Getto. [...]

---

[3] Dawid Wdowinski (1895-1970); polnischer Psychologe und Neurologe, beteiligt am Aufstand im Warschauer Ghetto. Quelle: Wdowinski, D. (1986). *And we are not saved* (Chapter III). Ashgate Publishing Group

[4] Janusz Korczak (1878-1942); polnischer Arzt, Pädagoge und Autor, unterhielt ein Waisenhaus und fand mit den Kindern seines Waisenhauses im August 1942 den Tod im Vernichtungslager Treblinka.

[5] Die Abkürzung steht für das polnische Wort *ulica*, deutsch: Straße.

[6] Gemeint ist die Armbinde, die mit der Ablichtung des sog. Judensterns Juden für die Öffentlichkeit kennzeichnen sollte.

[7] Quelle: Zit. nach Engelking, B., & Leociak, J. (2009). *The Warsaw Ghetto. A Guide to the Perished City* (S. 321). New Haven: Yale University Press.

Um das Problem der bettelnden Straßenkinder, die gefährdet waren, in kriminelle Banden hineinzugeraten, besser in den Griff zu bekommen, ging CENTOS seit Anfang 1941 dazu über, sogenannte Halbinternate zu gründen. Der Ordnungsdienst arbeitete hier mit CENTOS zusammen, jüdische Polizisten griffen Kinder auf den Straßen auf und brachten sie in die Heime und Internate. Die Mitarbeiter von CENTOS richteten Werkstätten ein und boten verschiedene Kurse an. Auf der beruflichen Ausbildung lag auch ein Hauptaugenmerk der Betreuer in den Fürsorgeeinrichtungen für Jugendliche, es gab Nähkurse, in denen Mädchen Lumpen zu einfacher Kleidung umarbeiteten, die dann wiederum Waisenkinder bekamen. Kinder und Jugendliche wirkten in Gärtnergruppen an der Bewirtschaftung der wenigen nicht bebauten Flächen im Getto mit.

Auch der Judenrat legte einen Schwerpunkt auf berufsbildende Kurse, schließlich hatten vor allem Arbeiter eine Überlebenschance. Zahlreiche junge Männer schrieben sich in diese Kurse ein, sahen sie doch dadurch eine Chance, der Deportation in die gefürchteten Arbeitslager zu entgehen. [...] Im September 1941 erhielt der Judenrat die Erlaubnis, wieder Grundschulen zu eröffnen. Er errichtete eine Kommission bei der Schulabteilung, die daranging, Lehrpläne zu erstellen. Das erste – und, wie sich herausstellen sollte, das letzte – Schuljahr im Getto begann am 1. Oktober 1941. Im Dezember gab es neun Schulen, zum Ende des Schuljahres war die Zahl auf 19 Schulen mit 6700 Schülern angewachsen. Noch im Frühjahr 1942 eröffnete der Judenrat neue Grundschulen. Kurz vor Beginn der großen Deportationsaktion im Juli 1942 begannen Lehrerfortbildungskurse. Da es zu wenige Schulbücher gab, wurden auf Schreibmaschinen Hefte zu diesem Zweck produziert und an die Lehrer ausgegeben. Wenig später lebten kaum noch Lehrer im Getto, ebenso wenig wie Kinder, die sie hätten unterrichten können.

Neben den offiziellen Schulen und besonders vor deren Eröffnung gab es geheimen Unterricht, durchgeführt in Küchen, den Horten der Umsiedlerheime oder den «Winkeln» der Hauskomitees. Von der Wichtigkeit überzeugt, gerade die Kinder und Jugendlichen auf ein Leben nach dem Krieg vorzubereiten, ihnen Werte und Wissen beizubringen, welche in der Welt des Gettos nicht gefragt waren, gingen zahlreiche Menschen daran, diesen Unterricht mit aufzubauen und zu leiten. Hier gab es zumeist keine Strafen und keine schlechten Noten, als positiver Anreiz für die jungen Gettobewohner dienten Mahlzeiten – Motivation genug unter den gegebenen Bedingungen. Sowohl für den offiziellen als auch den inoffiziellen Bildungsbereich entwarfen Aktivisten Unterrichtspläne, und in gemeinsamen Sitzungen diskutierten sie die Maßstäbe, die für den Unterricht im Getto gültig sein sollten. [...] Neben organisierten Aktivitäten gab es auch privaten Unterricht, den Einzelne für ihre Kinder durchführten, auch sie in der Überzeugung, dass sie ihnen für das Leben nach dem Getto etwas mit auf den Weg geben müssten. In Privatwohnungen scharten sich die Kinder um einen Lehrer und übersetzten literarische Texte, lernten Geschichte oder Vokabeln. Auch in den sogenannten Jugendzirkeln unterrichteten Erwachsene die Kinder und leisteten im weiteren Sinne Kultur- und Bildungsarbeit. [...]

Sowohl die Schulen als auch die Heime organisierten Theatergruppen und Chöre, veranstalteten besonders festliche Abende für die Kinder anlässlich der jüdischen Feiertage. Die Malerin Gela Sekstein[8] initiierte Theateraufführungen von Kindern für Kinder, ihr Mann Israel Lichtenstein war als Lehrer tätig und schrieb Schulbücher. Ihnen allen war es ein Anliegen, die geistige Gesundheit der Kinder irgendwie zu erhalten. Lehrer und Erzieher stellten sich der schwierigen Aufgabe, Kinder in dieser chaotischen Welt zu erziehen, hungrigen Waisenkindern zu erklären, dass das Leben trotz des Todes der Eltern, trotz ihrer Krankheiten und

---

[8] Gela Sekstein (1907-1943); polnische Künstlerin.

ihres ständigen Hungers, trotz der Bedrohung durch gewalttätige Deutsche lebenswert sei, einen Sinn habe. Sie versuchten ihnen das Gefühl von Freude und Geborgenheit wenigstens in manchen Momenten zu vermitteln.

Noch im Juni 1942, während Nachrichten über die Vernichtung anderer jüdischer Gemeinden in immer dichterer Folge ins Getto gelangten, ließ der Judenrat einen Garten für Kinder errichten [...].

Quelle: Roth, M., & Löw, A. (2013). *Das Warschauer Getto: Alltag und Widerstand im Angesicht der Vernichtung* (S. 113-124). München: Beck.

Die Originalausgabe der Publikation „Spielen im Schatten des Todes" erschien 1988 unter dem Titel „Children and Play in the Holocaust". Im Rahmen seiner Dissertation erforschte George Eisen die Bedeutung und die Formen des kindlichen Spiels während des Holocaust.

Spielen im Schatten des Todes

In Lagern, Ghettos und Verstecken waren die geistigen und physischen Beschränkungen, die der eingesperrten Bevölkerung auferlegt wurden, die Hauptdeterminanten[1] der Spielerfahrungen von Kindern. Sie prägten alle Bereiche menschlichen Bestrebens und verschonten weder die Erwachsenen noch die Kinder. Die Umwelt sowie der Hunger, die seelische Qual und der unablässige Terror prägten allen Aspekten des Daseins der jungen Häftlinge ihren Stempel auf. Diese veränderten Bedingungen schlugen sich zwangsläufig auch in den Spielen und Freizeitbeschäftigungen nieder. Um mit den Anforderungen ihrer neuen Umwelt und den Bedingungen fertigzuwerden, mußten die Erwachsenen und die Kinder sich anpassen, improvisieren, innovativ sein und sich aus dem Nichts eine neue Welt aufbauen. [...]

Bei der gewaltsamen Verschleppung von Familien in Ghettos und Lager galten für das, was an materiellem Besitz mitgenommen werden durfte, enge Grenzen, die sich zwangsläufig auch auf Spielsachen erstreckten. Außerdem gingen bei mehrfachem Ortswechsel Spielsachen verloren, und wertvolles Spielzeug wurde vielfach von den Deutschen oder ihren einheimischen Söldlingen[2] beschlagnahmt. So kamen beispielsweise in Theresienstadt mit dem Strom der Häftlinge zunächst keine Spielsachen ins Lager. Für die Kleinkinder wurde das Spielen erst nach längerer Zeit wieder zur Selbstverständlichkeit, denn zuvor mußte man sich neue Spielsachen ausdenken und neue Spiele organisieren. Die Kinder waren gezwungen, sich mit ein paar Lumpen oder einem Stück Holz neue Spielgelegenheiten zu schaffen. [...]

Ein junges Mädchen, das sich in Italien versteckt hielt, beschrieb eine phantastische Spielwelt, die es mit Hilfe einer Schere und einer Pappschachtel schaffen konnte. Ein anderer junger Mensch mußte sich, da er immer wieder das Versteck wechselte, seine Spielsachen aus Schlamm bauen: „Schiffe, Kanonen, Panzer und Bunker – alles aus der eigenen Vorstellung. So fiel es mir leichter, die Zeit zu vertreiben." [...] Zigarettenschachteln [wurden] für die Kinder [...] zu wertvollen Schätzen [...]. „Die Blicke der Kinder betteln um diese Schachteln [...]." „Sie schneiden die bunten Vorderseiten aus und stapeln sie, bis sie einen ganzen Packen zusammenhaben. Spielkarten."

[...] „Das Ghettospielzeug im Sommer 1943: zwei Plättchen aus Holz, wenn möglich Hartholz! Das eine Plättchen wird zwischen Zeigefinger und Mittelfinger, das andere zwischen Mittelfinger und Ringfinger gesteckt ... Das entstehende Geräusch ähnelt ... musikalisch gesprochen, dem Klappern von Kastagnetten." [...]

---

[1] Die obersten, bestimmenden Faktoren.

[2] Das Agieren von Söldlingen ist auf ihre finanzielle Abhängigkeit von jemandem zurückzuführen.

Von menschlichen Kontakten abgeschnitten, waren [...] Kinder in der Lage, sich neue Spiele und Spielsachen auszudenken. Die Phantasie eines Kindes besitzt erstaunliche Fähigkeiten, neue Welten zu erschaffen oder umzuformen. [...]

Gabriele Silten[3] erinnerte sich [....] daran, daß sie und ihr kleinerer Freund Hans des öfteren in der Öffnung des Dachgebälks standen „und so taten, als könnten wir fliegen ... Die Flugphantasie war herrlich, denn wenn wir fliegen konnten, dann konnten wir fortfliegen.“ Andere dachten sich imaginäre Freunde aus [...]. Diese imaginierten Freundschaften sollten nicht einer Realitätsflucht dienen, sondern helfen, sich an eine vollkommen irrationale Welt anzupassen oder diese ein wenig rationaler zu machen. Für die Kinder in den Ghettos haben die Spielplätze, Schulen und Vereine diesen Effekt bis zu einem gewissen Grad erreicht. Doch Kinder, die in Verstecken lebten und kaum Kontakt mit Menschen hatten, mußten sich ihre imaginären Welten selbst ausdenken. In der Phantasie konnte man die physischen Schranken eines kleinen Zimmers oder Bunkers symbolisch überwinden. [...]

Die kurzen Momente der Freude [im Spiel, d. Hrsg.] wurden von den Kindern ausgekostet und mit einer Begeisterung begrüßt, als seien es kostbare, vergängliche Geschenke. Ein Leben, das von unablässigen Veränderungen und Gefahren begleitet war, ließ die Menschen das äußerste erwarten. [...]

Eine [enge] Beziehung entwickelten Kinder zu ihren Spielsachen. Die wenigen Spielsachen, die es gab, wurden den Kindern zum sorgsam gehüteten Besitz. [...] Vor ihrer Deportation nach Westerbork vertraute Gabriele Silten ihren Lieblingsbär ihrem nichtjüdischen Freund an, der ihn ihr nach dem Krieg zurückgeben sollte. [...] „Dahinter steckte wohl der Gedanke, daß Braunchen nichts passieren sollte“, sagt sie zurückblickend; „mir lag zu viel an ihm. Deshalb wollte ich ihn nicht mitnehmen. Wir wußten zwar nicht, wohin es ging, aber es konnte nur ein schlimmer Ort sein.“ [...]

Das Spielzeug bot nicht nur eine Beschäftigungsmöglichkeit, sondern auch dringend benötigte emotionale Sicherheit. [...] Der schmerzliche Verlust von Angehörigen und Freunden, die plötzlich aus ihrem Leben verschwanden, führte dazu, daß die Kinder sich verschlossen oder sich ihren Lieblingsspielsachen zuwandten. Wenn die Kinder es schaffen konnten, daß sie statt von einem geliebten von einem leblosen Objekt Liebe erfuhren, vollzog sich eine psychologische Übertragung. Sie konnten ihre Angst, ihren Kummer, ihre Qual, ihre Liebe [...] mitteilen, denn die zerschlissenen Puppen und die zerbrochenen Spielsachen waren gute Zuhörer. [...]

Kinder bewiesen eine erstaunliche Fähigkeit, sich über die zerstörten Häuser, die schmutzigen, buckligen Straßen, die Ratten, die Leichen und den ständigen Hunger zu erheben. Sie konnten zusammen mit ihren leblosen kleinen Freunden weinen, trauern und sich nach Verstorbenen sehnen. [...]

„Die Realitäten des Ghettolebens wurden zur normalen Existenz von Kindern, die keine andere Lebensweise kannten, und so erfanden sie Lieder und Spiele, in denen Aktion, Blockade, Kummer, Tränen und Hunger zum gängigen Wortschatz ihres Theaterspiels wurden ...“

Die Erfahrungen, die die Kinder im Spiel nachvollzogen, waren natürlich je nach Ort und Zeit verschieden, denn im Holocaust hingen alle realen Ereignisse von Ort und Zeit sowie von der sozioökonomischen Stellung der Beteiligten ab. [...] Den neugierigen Augen von Kindern konnte nichts entgehen, und alles, was sich in ihrer Umgebung abspielte, wurde von ihnen festgehalten und interpretiert. [...]

---

[3] Gabriele Silten (geb. 1933); Holocaust-Überlebende, die 1945 aus dem Ghetto Theresienstadt befreit wurde.

Überall spiegelten sich so im Spielverhalten die Leiden, Dramen und Absurditäten, die das kurze Leben der Kinder ausfüllten. Die düsteren Schatten der Realität drängten sich selbst in die magische Welt des Scheins. [...]

Der allgegenwärtige Tod trat in jeder erdenklichen Gestalt auf. Einige der größeren Jungen veranstalteten Mutproben [...]. Sie liefen auf den elektrischen Zaun zu, und manche berührten ihn sogar kurz mit ihren Fingerspitzen. Meistens hatten sie Glück, denn der Strom war tagsüber abgeschaltet. Der Gegenwart des Todes wurden sich die Kinder besonders dann bewußt, wenn sie zu den Rauchsäulen hinübersahen, die täglich aus den Schornsteinen der Krematorien aufstiegen, und sie benutzten diese Symbole des Todes in ihren Spielen.

„Sie spielten ‚Lagerältester' und ‚Blockältester' oder ‚Appell', wobei sie ‚Mütze ab!' riefen. Sie übernahmen die Rolle der Kranken, die beim Appell ohnmächtig wurden und deshalb geschlagen wurden, oder sie spielten ‚Doktor', einen Doktor, der den Kranken ihre Essensrationen wegnahm und ihnen jegliche Hilfe versagte, wenn sie nichts hatten, um ihn zu bestechen ... Einmal spielten sie sogar ‚Gaskammer'. Sie gruben ein Loch in den Boden und warfen nach und nach Steine hinein. Das sollten Menschen sein, die in die Krematorien gebracht wurden, und sie ahmten deren Schreie nach." [...]

Die Widersprüche waren ungeheuerlich. Das Medium, das über den Abgrund zwischen einer nebelhaften Vergangenheit und einer unabweisbaren Gegenwart eine schwache, zerbrechliche Brücke zu errichten vermochte, waren die Spiele, die selbst mitten in Auschwitz spontan entstanden. Sie halfen den Kindern, sich das grauenhafte Geschehen zurechtzulegen und sich seelisch auf die Umgebung einzustellen. [...]

Quelle: Eisen, G. (1993). *Spielen im Schatten des Todes* (S. 106-124). München: Piper.

Die Zeichnung von Paul Fux, *Boy in the Ghetto Box*, versucht die beklemmende Lebenssituation von Kindern im Ghetto darzustellen. Zeitzeugen, Historiker und Künstler haben immer wieder darüber gestritten, ob und wie die Verfolgung und Ermordung der Opfer des Holocaust künstlerisch dargestellt werden kann.

Erörtern Sie im Hinblick auf die Zeichnung von Paul Fux, worin diese Schwierigkeiten bestehen können.

Biographische Informationen zu Paul Fux

Paul Fux, israelischer Künstler, geboren in Rumänien, 1922-2011

Paul Fux wurde in Transsilvanien (Rumänien) geboren. In den Jahren 1943-1945 war er in einem Arbeitslager in Polen inhaftiert. Von 1945-1955 arbeitete er als Buchillustrator und Graphiker für verschiedene Zeitungen. In den Jahren 1955-1971 entwarf er Bühnenausstattung und etablierte sich vor allem in Oradea (dt.: Großwardein, Rumänien) im Bereich des Puppentheaters. Zudem war er leitender Graphiker bei der Firma Sonnenfeld. Im Jahr 1972 wanderte Fux nach Israel aus und ließ sich in Jerusalem nieder.

Quelle: The Israel Museum, Jerusalem. *https://museum.imj.org.il/artcenter/newsite/en/?artist=Fux,%20Paul&list=F* [24.01.2019]. Übersetzung aus dem Englischen von Sabrina Wüllner.

JANUSZ KORCZAK

Janusz KORCZAK
geboren in Warschau,
ermordet in Treblinka,[1]
Arzt,
Schriftsteller,
Erzieher,
Jude,
Pole,
für das Kind,
kein Professor,
kein Lehrstuhl für Erziehungswissenschaft,
keine Lehrkanzel für Reden über ...
zuständig für:
zerschlagene Scheiben, zerrissene Handtücher,
schmerzende Zähne,
erfrorene Finger,
für das Gerstenkorn im Auge,
den verlorenen Schlüssel,
das gestohlene Buch,
die Kartoffeln,
das Brot,
für Tränen,
für Lachen,
für Schlaf.
Zuständig für
Aaron NAJMAJSTER,
Shimon JAKUBOWICZ,
Roza WEINTHAL,
Staschek KOWASLKI
und andere.
Der Mann ist geboren
1878
am 22. Juli.

Textquelle: Dauzenroth, E. (1990). Janusz Korczak. In W. Licharz & H. Karg (Hrsg.), *Janusz Korczak in seiner und in unserer Zeit. Das Leben gewinnen in der Begegnung mit Kindern* (4. neubearbeitete und erweiterte Auflage) (S. 184). Frankfurt am Main: Haag u. Herchen. Bildquelle: Illustration von Maurizio A.C. Quarello aus /L'Ultimo viaggio, /© 2015 orecchio acerbo, Rom. Titel der deutschen Ausgabe: Die letzte Reise. Bildquelle für die deutsche Ausgabe: © 2015 Verlagshaus Jacoby & Stuart, Berlin.

[1] Dorf nordöstlich von Warschau, in dem 1942 nach Beauftragung durch Heinrich Himmler ein Vernichtungslager erbaut wurde.

Janusz Korczak war ein Arzt, Pädagoge und Autor jüdischer Herkunft, der unter dem Namen Henryk Goldszmit im Jahr 1878 oder 1879 in Warschau geboren wurde. In den Jahren 1940 bis 1942 betreute er jüdische Kinder nach der Verlegung des Waisenhauses Dom Sierot im Warschauer Ghetto. Im August 1942 begleitete er 200 Waisenkinder auf ihrer Deportation in das Vernichtungslager Treblinka, wo er selbst auch den Tod fand.
Seine pädagogischen Überlegungen formulierte Korczak vor dem Hintergrund der eigenen langjährigen Erfahrungen in der Erziehung von Kindern und Jugendlichen. Er zählt zu den ersten Pädagoginnen und Pädagogen, welche die Rechte von Kindern nicht nur theoretisch in den Mittelpunkt rückten, sondern auch in der pädagogischen Praxis fokussierten. So sieht er innerhalb der sogenannten Pädagogik der Achtung Educans und Educandus als gleichberechtigt – sowohl die Förderung der Mündigkeit der Zu-Erziehenden bzw. des Zu-Erziehenden als auch der respektvolle Umgang miteinander sind von Relevanz. In seiner Publikation „Wie man ein Kind lieben soll" fordert Korczak im Jahr 1919 drei Grundrechte für Kinder innerhalb der Pädagogik der Achtung.

<table>
<tr><th colspan="3">Das RECHT des Kindes auf ACHTUNG
Achtung als ein wechselseitiger Vorgang:
Respektierung des Kindes durch den Erwachsenen lehrt das Kind, andere Menschen zu achten.</th></tr>
<tr><th>Das Recht des Kindes
auf den Tod</th><th>Das Recht des Kindes
auf den heutigen Tag</th><th>Das Recht des Kindes,
das zu sein, was es ist</th></tr>
<tr><td>„Aus Furcht, der Tod könnte uns das Kind entreißen, entreißen wir das Kind dem Leben; wir wollen nicht, dass es stirbt und erlauben ihm deshalb nicht zu leben."[1]</td><td>„Lasst uns Achtung haben vor der gegenwärtigen Stunde, dem heutigen Tag. Wie soll es morgen leben können, wenn wir heute kein bewusstes, verantwortungsvolles Leben ermöglichen?"[2]</td><td>„Kinder werden nicht erst Menschen, sie sind es bereits; ja sie sind Menschen und keine Puppen; man kann an ihren Verstand appellieren, sie antworten uns, sprechen wir zu ihren Herzen, fühlen sie uns."[3]</td></tr>
<tr><td>Förderung von Selbstständigkeit und Selbstbestimmung; impliziert[4] die Forderung nach:
Möglichkeiten zur Selbstentdeckung;
Möglichkeiten, Erfahrungen „am eigenen Leibe" zu machen;
Anerkennung des Rechts auf Fehler und Misserfolge;
Spielraum für eigene Erfahrungen, die prinzipiell risikobehaftet sind.</td><td>Betonung des absoluten Wertes der Kindheit; impliziert die Forderung nach:
Gleichberechtigung des Stadiums der Kindheit gegenüber dem Erwachsensein in Familie und Gesellschaft;
Zubilligung der Kinderperspektive und spezifischer Bedürfnisse und Wünsche im Hier und Jetzt (z.B. Bedürfnis nach Spiel, nach kindergemäßer Beantwortung von Fragen). Zubilligung altersadäquater Rechte und Pflichten.</td><td>Förderung von Individualität und Identität; impliziert die Forderung nach:
Abbau eines überhöhten „Kindheitsideals";
Recht des Kindes auf Mittelmäßigkeit;
Berücksichtigung von Veranlagung und Erziehungsmilieu als wichtige Erziehungsdeterminanten;
Freien Entfaltungsmöglichkeiten, aber mit Rücksicht auf soziale Bezüge, Bedingungen, Ansprüche;
Gewährleistung eigener Ziele und Positionen.</td></tr>
<tr><th colspan="3">Basis: Humanistisch-aufgeklärtes Menschenbild</th></tr>
</table>

Quelle: Nach Beiner, F. (2008). *Was Kindern zusteht. Janusz Korczaks Pädagogik der Achtung. Inhalt – Methoden – Chancen* (S. 49). Gütersloh: Gütersloher Verlagshaus.

---

[1] Quelle: Korczak, J., & Beiner, F. (1999). *Wie liebt man ein Kind* (Sämtliche Werke, Bd. 4) (S. 49). Gütersloh: Gütersloher Verl.-Haus.

[2] Quelle: Ebd. S. 404.

[3] Quelle: Korczak, J., & Beiner, F. (2004). *Theorie und Praxis der Erziehung. Pädagogische Essays 1898 - 1942* (Sämtliche Werke, Bd. 9) (S. 50). Gütersloh: Gütersloher Verl.-Haus.

[4] Einbeziehen.

Die Umsetzung von Korczaks Erziehungsverständnis in die Praxis

Heimerziehung – Kindergericht

Hervorstechendes Merkmal der Heimpädagogik Korczaks ist die Einsetzung eines Kinderparlaments und eines Kindergerichts. Wie im politisch-republikanischen [politischen] Leben der Erwachsenen, sollen die Kinder Spielregeln ihres Zusammenlebens selbst festlegen und die Einhaltung der Gesetze selbst überwachen. Durch die Selbstverwaltung der Kinder ändert sich die Rolle des Erziehers, der nicht mehr willkürlich entscheiden kann, was er gewährt und was er verbietet, worauf er sein Augenmerk richtet und worauf nicht. [...]

Zielsetzung und Organisation

Das Kindergericht setzt sich aus fünf Kindern zusammen, ergänzt durch einen Erzieher als Sekretär. Dieser hat kein Stimmrecht, sondern trägt die Beschuldigungen und Zeugenaussagen vor, er notiert die Gerichtsanträge und die Gerichtsentscheidungen in einem Protokollbuch. Die Richter werden in regelmäßigen Abständen aus dem Kreis derjenigen Kinder ausgelost, die in der betreffenden Woche keine Anzeige erhalten haben, damit sie nicht über sich selbst urteilen müssen. [...] Jedes Kind kann im Verlaufe der Woche an einer gut sichtbaren Anzeigetafel ein anderes Kind (oder auch sich selbst) anklagen, indem es den Namen und den Grund der Anzeige notiert. Das Gericht kommt einmal wöchentlich zusammen, hört den Kläger, den Beschuldigten und ggf. Zeugen an und entscheidet nach einem vorgegebenen Gesetzbuch. Die Urteile werden veröffentlicht und statistisch erfasst. Um die Gerichtsurteile auch für die Kindergruppe insgesamt zu nutzen, werden die Verurteilungen einer Woche gemäß ihrer Schwere (ausgedrückt durch die Nummer des Paragraphen) aufaddiert [...]. Ein Kind hat das Recht, innerhalb einer gewissen Frist die Überprüfung seines Falles zu verlangen. Der entscheidende Punkt ist, dass das Kindergericht nicht nur über Streitfälle zwischen verschiedenen Kindern entscheidet, sondern auch bei Auseinandersetzungen zwischen Kindern und den Erwachsenen. Jedes Kind hat das Recht, einen Erzieher anzuzeigen, wenn es sich ungerecht behandelt fühlt. Selbst Korczak muss einige Male als Angeklagter vor Gericht erscheinen.

Für weitreichende oder strittige Gerichtsurteile gibt es den Gerichtsrat, der aus zwei (oder vier – die Angaben sind in den verschiedenen Veröffentlichungen nicht einheitlich) Kindern und einem Erzieher besteht, der hier auch Stimmrecht hat. Die Kinder werden in den Gerichtsrat für drei Monate von den Kindern gewählt. Der Rat hat eine doppelte Aufgabe: Einerseits ist er Gesetzgeber, der die Paragraphen des Gesetzbuches beschließt, andererseits ist er übergeordnete Gerichtsinstanz, die in schwierigen und grundsätzlichen Fragen entscheidet. Wenn sich herausstellt, dass ein bestimmtes negatives Verhalten nicht nur bei einem, sondern bei vielen Kindern vorkommt, wäre eine Verurteilung eines einzelnen ungerecht, sodass die Selbstverwaltungsorgane sich andere Möglichkeiten der Veränderung überlegen müssen.

Dritte Einrichtung ist das Kinderparlament (Sejm), das aus zwölf (oder 20 – auch hier gibt es unterschiedliche Zahlenangaben) Abgeordneten besteht, die gewählt werden. Wahlberechtigt sind alle Kinder, gewählt werden können Kinder, die „nie eine Anzeige wegen Unehrlichkeit bekommen" haben, aber „den Unehrlichen (Diebstahl, Betrug) wird ein Recht auf Rehabilitierung zugestanden" (IV, 312).[1] Der Sejm erlässt bzw. bestätigt die vom Gerichtsrat erlassenen Gesetze, er bereichert das Heimprogramm durch die Festlegung besonderer Ereignisse im Kalenderjahr, und er vergibt [...] Erinnerungspostkarten. In seinem Programm sieht

---

[1] Quelle: Korczak, J., & Beiner, F. (1999). *Wie liebt man ein Kind* (Sämtliche Werke, Bd. 4). Gütersloh: Gütersloher Verl.-Haus.

Korczak die schrittweise Ausweitung der Kompetenzen des Sejm vor: den Ausschluss eines Kindes aus dem Heim, die Entscheidung über die Aufnahme neuer Kinder, ja sogar die Einstellung der Erzieher. [...]

Korczak hebt unterschiedliche Gründe für die Einführung der Selbstverwaltung der Kinder durch das Kindergericht, den Gerichtsrat und den Sejm hervor:

- Kinder sind Experten in eigener Sache [...]. Die Institutionen der Selbstverwaltung setzen Anliegen, Sichtweisen, Wünsche und Ängste der Kinder auf die Tagesordnung, die dem Erwachsenen entgehen, verändern die Perspektive, mit der das Heim auf die Angelegenheiten der Kinder schaut. Die Kinderrichter des Gerichts können über ein anderes angeklagtes Kind gerechter entscheiden, weil sie selbst wissen, dass es nicht immer einfach ist, die geltenden Spielregeln der Institution einzuhalten.
- Kinder lernen Selbstverantwortung. Was Gericht und Parlament entscheiden, ist keine Spielerei, sondern hat Einfluss auf ihre eigenen Lebensmöglichkeiten. Wenn sie die eigenen Dinge schlecht regieren, werden sie selbst darunter leiden und sich bemühen, es besser zu machen.
- Das Kind hat ein Recht darauf, ernst genommen zu werden. Der Kern der Pädagogik Korczaks betrifft das Recht des Kindes, das von Beginn seines Lebens an Mensch ist und dem Menschenwürde zukommt. Das, was einem Kind widerfährt, seine Sorgen und Ängste sind nicht weniger wichtig als die Angelegenheiten der Erwachsenen. Das Kindergericht und der Kindersejm sind Konkretisierungen des Rechtsgedankens.
- Das Kind muss vor der Willkür, die manchmal auch in Despotismus[2] ausufern kann, geschützt werden. Es soll nicht abhängig sein von den Stimmungen der Erwachsenen, die gewähren, wenn sie positiv gestimmt sind, und versagen, wenn es ihnen nicht gutgeht.
- Das Kind wird vor unmenschlichen Strafen und Repression[3] geschützt. Es gibt keine körperlichen Strafen, keinen Essensentzug, keine Einschränkungen in der Mobilität des Kindes. Heutige Heimerziehung würde dies sicherlich auch ohne die Einrichtung eines Kindergerichts von sich sagen, doch Korczak geht es um mehr: Alle von dem Erzieher verhängten Strafen sind willkürlich, weil sie weder in der Anklage noch in der Urteilsverkündung vom Kind ausgehen, obwohl sein Wohlergehen und seine Perspektive doch im Mittelpunkt stehen sollten.
- Das Kind muss durch das Gericht Schutz erhalten. [...] [E]r hat alle Kinder im Blick und betont deshalb, weil er darum weiß, wie ein Kind unter anderen Kindern leiden kann, dass zurückgezogene, sensible, weniger durchsetzungsfähige Kinder vor den Angriffen anderer geschützt werden müssen. Die Selbstverwaltung ist kein Instrument, das den aufdringlichen Kindern neben der Faust ein weiteres Durchsetzungsinstrument egoistischer Ziele bietet. [...]

Zusammenfassend gesagt: Die Selbstverwaltung hat das Ziel, dass für alle Kinder das Heim ein glücklicher Lebensort ist [...].

Das Gericht und der Sejm greifen entscheidend in die Kompetenzen des Erziehers ein. Seine Rolle ändert sich, er ist nicht mehr der Bestimmer, sondern Teil einer Gemeinschaft. Das heißt nicht, dass er nun seine Verantwortung aufgibt, im Gegenteil: Korczak betont die notwendige Stärke des Erziehers als Erwachsener. Viel von der traditionellen Macht abzugeben, sich selbst den Urteilen des Kindergerichts zu stellen, wird einen schwachen Erzieher hilflos machen, weil er seine Amtsautorität verliert. Ein starker Erzieher wird dagegen durch die

---

[2] Herrschaftsform, in der ein Herrscher uneingeschränkte Macht ausübt.

[3] Unterdrückung.

Verschiebung der Machtbalance befreit, neu auf das Kind schauen zu können, das sich nicht zu verstecken braucht, weil es Sanktionen befürchtet oder Privilegien erhofft. Konkret behält der Erwachsene beim Kindergericht die Aufgabe des Sekretärs, der die Anklagen vorträgt und die Entscheidungen des Gerichts öffentlich macht und so auch für den ordnungsgemäßen Ablauf sorgt. Darüber hinaus steht er dafür ein, dass die benannten Ziele der Selbstverwaltung tatsächlich auch erreicht werden und er gegensteuern und reformierte Spielregeln durchsetzen kann, wenn er sieht, dass dies nicht der Fall ist. [...]

Korczak weiß auch darum, dass es einzelne Kinder geben mag, die sich dem Reglement des Kindergerichts nicht unterwerfen können, da sie beispielsweise durch ihre negativen Vorerfahrungen ein so hohes Maß an Problemen mitbringen, dass sie die mit dem Gericht verbundene Disziplin, sozial verantwortliches Handeln einzuüben, nicht einhalten können. Diese Kinder können sich auf eigenen Antrag vom Gericht als „Ausnahmen" erklären lassen, ein Zustand, der so lange andauert, wie sie es selber wollen. Der Status „Ausnahme" entlastet das Kind zum einen, weil es etwas erlaubt bekommt, was den anderen verboten ist, weil sie von den verbindlichen Verpflichtungen im Alltagsleben befreit werden. Auf der anderen Seite stellt sich damit das Kind auch ein Stück weit außerhalb der Kindergemeinschaft und darf beispielsweise an den Wahlen zum Gerichtsrat und zum Sejm nicht teilnehmen.

Quelle: Hebenstreit, S. (2017). *Janusz Korczak. Leben – Werk – Praxis. Ein Studienbuch* (S. 311f.). Weinheim: Beltz Juventa.

1. Erläutern Sie auf Basis des Schaubildes *Die Grundrechte des Kindes innerhalb der Pädagogik der Achtung* und des Textes *Heimerziehung – Kindergericht* die pädagogischen Grundsätze Korczaks.
2. Vergleichen Sie Korczaks Erziehungsideale mit denen der Nationalsozialisten.

Janusz Korczak (Mitte) und Sabina Lejzerowicz (zu seiner rechten Seite) im Kreis von Kindern und Mitarbeitern seines Waisenhauses[1]

[1] Quelle: © U.S. Holocaust Memorial Museum, mit freundlicher Genehmigung von Shlomo Nadel.

Tagebuch aus dem Warschauer Ghetto 1942

Das „Tagebuch aus dem Warschauer Ghetto 1942", das Janusz Korczak selbst als „Autobiographie"[1] *bezeichnete, enthält Eintragungen, die sich auf einen dreimonatigen Zeitraum beziehen. Die letzten Aufzeichnungen wurden am 4. August 1942 angefertigt – am 5. August 1942 erfolgte die Deportation nach Treblinka. Die Rettung und Veröffentlichung der Aufzeichnungen sind dem ehemaligen Sekretär Korczaks und Redakteur der Kinderzeitung „Mały Przegląd" (Kleine Rundschau) Igor Newerly zu verdanken. Der Erziehungswissenschaftler Friedhelm Beiner erläutert im Vorwort der deutschen Publikation, dass die vorliegenden Ausführungen als „eine Mischung aus Memoiren, Beobachtungen, aktuellen Erlebnissen und Reflexionen unterschiedlichster Art"*[2] *zu verstehen seien.*

15. Juli 1942

[...] Lange konnte ich nicht verstehen, wodurch sich ein heutiges Waisenhaus von einem früheren unterscheidet, auch von unserem ehemaligen.

Das Waisenhaus – eine Kaserne. Ich weiß. Das Waisenhaus – ein Gefängnis. Ja. Das Waisenhaus ein Bienenstock, ein Ameisenhaufen. Nein. Unser Haus ist jetzt ein Altersheim. In der Isolierstation habe ich gegenwärtig sieben Kranke, davon drei neue. Das Alter der Patienten: vom Siebenjährigen bis zum sechzigjährigen Azryl, der stöhnend und mit hängenden Beinen auf seinem Bettrand sitzt und sich auf eine Stuhllehne stützt. Die Gespräche der Kinder am Morgen – das Ergebnis ihrer Temperaturmessungen. Wieviel Fieber habe ich, wieviel du. Wer fühlt sich schlechter. Wie hat jeder die Nacht verbracht. [...]

21. Juli 1942

[...] Es ist schwer, geboren zu werden und leben zu lernen. Mir bleibt die viel leichtere Aufgabe: zu sterben. Nach dem Tode kann es wieder schwer sein, aber daran denke ich nicht. Das letzte Jahr, oder der letzte Monat, oder die letzte Stunde.

Ich möchte gern bei Bewußtsein und bei voller Besinnung sterben. Was ich den Kindern zum Abschied sagen würde, weiß ich nicht. Ich möchte ihnen so viel sagen und es ihnen so sagen, daß sie ganz frei sind bei der Wahl ihres Weges. Zehn Uhr. Schüsse: zwei, mehrere, zwei, einer, mehrere. Vielleicht ist ausgerechnet mein Fenster schlecht verdunkelt. Aber ich unterbreche meine Notizen nicht. Im Gegenteil: lebendiger (ein einzelner Schuß) werden die Gedanken. [...]

Warum ich das Eßgeschirr wegräume?

Ich weiß, daß viele es nicht gerne sehen, daß ich nach den Mahlzeiten das Eßgeschirr wegräume. Selbst die, welche Tagesdienst haben, haben das anscheinend nicht gern. Sie werden ja auch so fertig. Sie sind ihrer ja genug. Und wenn sie zu wenige wären, müßten eben noch einer oder zwei helfen. Was ist das also für eine Grille[3], was für ein Eigensinn, vielleicht sogar eine häßliche Angeberei, ich sei fleißig und solch ein guter Demokrat. Und was noch schlimmer ist, wenn jemand mit etwas Wichtigem zu mir kommt, dann lasse ich ihn warten und erkläre: „Ich bin gerade beschäftigt." Auch eine Beschäftigung: dieses Einsammeln von Suppenschüsseln, Löffeln und Tellern. Am allerschlimmsten ist aber, daß ich mich dabei sehr ungeschickt anstelle, beim Verteilen der Zusatzportionen störe und die eng an ihren Tischen sitzenden Kinder stoße. [...]

---

[1] Quelle: Beiner, F. (1992). Vorwort von Friedhelm Beiner. In J. Korczak, *Tagebuch aus dem Warschauer Ghetto 1942 mit einem Vorwort von Friedhelm Beiner* (S. 26*)*. Göttingen: Vandenhoeck & Ruprecht.

[2] Quelle: Beiner, F. (1992). Vorwort von Friedhelm Beiner. In J. Korczak, *Tagebuch aus dem Warschauer Ghetto 1942 mit einem Vorwort von Friedhelm Beiner* (S. 7*)*. Göttingen: Vandenhoeck & Ruprecht.

[3] Veraltet: sonderbarer, schrulliger Gedanke, Einfall.

Merkwürdig: ich spüre, daß jemand im stillen [sic] denkt, ich solle das Geschirr nicht einsammeln, aber niemand hat sich bei mir erkundigt, warum ich es tue. Niemand hat direkt gefragt: „Warum tun Sie das eigentlich? Warum stören Sie hier?“ Und das ist meine Erklärung: Wenn ich das Eßgeschirr selbst einsammle, dann sehe ich die Teller, die einen Sprung haben, die verbogenen Löffel, die zerkratzten Schüsseln. Ich mache die Tische rascher frei, daß die Kinder vom Tagesdienst aufräumen können und ein Tisch als Verkaufsstand zur Verfügung steht. Ich sehe, wie gedankenlose Tischgemeinschaften – ein wenig in aristokratischer Manier, ein bißchen ungezogen – ihre Löffel, Messer, Salznäpfe und Becher unordentlich liegen lassen, anstatt sie aufzuräumen. Manchmal beobachte ich verstohlen, wie die Zusatzportionen ausgegeben werden, oder wer neben wem sitzt. Und ich denke mir dies und das dabei. Denn ich tue niemals etwas gedankenlos. Diese Kellnerarbeit ist für mich sowohl nützlich als auch angenehm und interessant. Aber nicht dies ist wichtig. Wichtig ist etwas ganz anderes. Etwas, worüber ich schon oft gesprochen und geschrieben habe, wogegen ich seit dreißig Jahren ankämpfe, seit der Zeit, als das „Haus der Waisen“ gegründet wurde, ohne Hoffnung auf Sieg, ohne sichtbaren Effekt; aber ich kann und will diesen Kampf nicht aufgeben. Ich setze mich dafür ein, daß es im „Haus der Waisen“ keine feine oder grobe, gescheite oder dumme, saubere oder schmutzige Arbeit gibt – Arbeit für junge Damen oder für gewöhnliches Gesinde. Es sollte im „Haus der Waisen“ niemanden geben, der nur körperlich oder nur geistig arbeitet. [...]

1. August 1942

Es ist so weich und warm im Bett. Das Aufstehen wird mir schwerfallen. Aber heute ist Samstag – und am Samstag wiege ich die Kinder frühmorgens, vor dem Frühstück. Es ist wohl das erstemal [sic], daß mich das Wochenresultat überhaupt nicht interessiert. Sie sollten eigentlich zugenommen haben. (Ich weiß gar nicht, warum es gestern zum Abendbrot rohe Möhren gab.) [...]

Von Tag zu Tag ändert sich das Gesicht des Stadtviertels.

1. Gefängnis.
2. Verseuchte.
3. Balzplatz.
4. Irrenhaus.
5. Spielhölle. Monaco. Einsatz – der eigene Kopf.

Das Wichtigste ist – daß es all das schon einmal gab. Elende, die zwischen Zuchthaus und Krankenhaus lebten. Sklavenarbeit: das ist nicht nur die Anstrengung der Muskeln, sondern auch Ehre, Mädchenehre. Mißachtung von Glaube, Familie, Mutterschaft. Handel mit allen geistigen Gütern. Eine Börse, an der man notierte, wieviel ein Gewissen wert ist. [...]

4. August 1942

[...] Ich begieße die Blumen. Meine Glatze am Fenster – ein gutes Ziel. Er hat einen Karabiner. Warum steht er da und betrachtet mich so friedlich? Er hat keinen Befehl. Vielleicht war er im bürgerlichen Leben Dorfschullehrer, vielleicht Notar, Straßenkehrer in Leipzig oder Kellner in Köln? Was würde er tun, wenn ich ihm zunickte? Freundlich winken? Vielleicht weiß er gar nicht, daß es so ist, wie es ist? Vielleicht ist er erst gestern von weither gekommen ...

Quelle: Korczak, J. (1992). *Tagebuch aus dem Warschauer Ghetto 1942 mit einem Vorwort von Friedhelm Beiner* (S. 98-119). Göttingen: Vandenhoeck & Ruprecht.

Diskutieren Sie die Möglichkeiten der praktischen Umsetzung von Korczaks Erziehungsverständnis vor dem Hintergrund Ihrer Kenntnisse zu den Lebensumständen im Ghetto.

Ideen zur Vertiefung

Leseempfehlungen

Das Leben im Warschauer Ghetto und Formen des Widerstandes werden zugänglich nachgezeichnet in:

- Roth, M., & Löw, A. (2013). *Das Warschauer Getto: Alltag und Widerstand im Angesicht der Vernichtung.* München: Beck.

Für eine vertiefende Auseinandersetzung mit dem Werk Janusz Korczaks sind u.a. die Publikationen des Erziehungswissenschaftlers Friedhelm Beiner zu empfehlen, z.B.:

- Beiner, F. (2008). *Was Kindern zusteht. Janusz Korczaks Pädagogik der Achtung. Inhalt – Methoden – Chancen*. Gütersloh: Gütersloher Verlagshaus.

Spielfilm

Spielfilm von Andrzej Wajda aus dem Jahr 1990 über das Schicksal von Janusz Korczak. Der Fokus liegt auf den letzten Lebenswochen im Warschauer Ghetto und den von ihm vertretenen Ansichten:

Wajda, A. (1990). *Korczak*. Deutschland, Polen: © absolut Medien

4.4 Kinder und Jugendliche im KZ Auschwitz

Auschwitz 1940-1945 – Ein Überblick über die Geschichte des Lagers

Gründung

Das Konzentrationslager Auschwitz [...] wurde Mitte 1940 in der Vorstadt der polnischen Stadt Oświęcim gegründet, welche an das Deutsche Reich angeschlossen worden war. Die Stadt erhielt den deutschen Namen „Auschwitz", ebenso wurde das Lager in der Nähe der Stadt genannt: Konzentrationslager Auschwitz. Ausschlaggebend für die Einrichtung des Lagers war die steigende Zahl der von der deutschen Polizei festgenommenen Polen und – damit verbunden – die überfüllten Gefängnisse. Anfangs war es als Konzentrationslager konzipiert, wie es sie schon seit Anfang der 30er Jahre im Rahmen des nationalsozialistischen Terrorsystems gab. Diese Funktion erfüllte es auch während seines gesamten Bestehens, auch nachdem es ab 1942 zum größten Ort der Massenvernichtung der Juden wurde. [...]

In den Jahren 1940-1941 siedelten die Deutschen die Bewohner des Stadtteils von Oświęcim, in welchem das Lager eingerichtet wurde, sowie die Bewohner von acht angrenzenden Dörfern um. [...]

In Stadt und Umgebung wurden 1200 Gebäude gesprengt. An das Lager angrenzend wurden technische Nebengebäude des Lagers, Lagerhäuser, Werkstätten, Büros sowie Kasernen für die Angehörigen der SS eingerichtet. [...]

Ausbau

Aufgrund der Lage des KZs – fast im Zentrum des deutsch besetzten Europas – sowie der günstigen Verkehrsanbindungen ließ die deutsche Führung Auschwitz im großen Maßstab ausbauen und Menschen aus ganz Europa dort hin deportieren. Auf dem Gipfel seines Ausbaus bestand das Lager Auschwitz aus drei Hauptteilen. [...]

Auschwitz als Konzentrationslager

Auschwitz erfüllte während seines gesamten Bestehens die Funktion eines Konzentrationslagers und wurde mit der Zeit zum größten deutschen Lager. In der ersten Zeit schickten die Okkupationsmächte vor allem polnische politische Häftlinge nach Auschwitz, die für besonders gefährlich befunden wurden, darunter gesellschaftliche und geistige Führungspersonen, Vertreter der Intelligenz, Kultur und Wissenschaft, Mitglieder der Widerstandsbewegung und Offiziere.

Der erste Transport mit 728 polnischen politischen Häftlingen aus dem Gefängnis in Tarnów erreichte Auschwitz am 14. Juni 1940. Er markiert den Beginn des Lagerbetriebes. Während des gesamten Bestehens des Lagers inhaftierten die Nationalsozialisten Polen in Auschwitz. [...]

Mit der Zeit begannen die Deutschen auch Häftlinge aus anderen besetzten Ländern nach Auschwitz zu schicken, darunter auch Roma und sowjetische Kriegsgefangene. Sie wurden registriert und nummeriert. Von 1942 an wurden auch diejenigen jüdischen Deportierten aus den für die Vernichtung bestimmten Massentransporten ins Konzentrationslager geschickt, die während der Selektionen von den SS-Ärzten für arbeitsfähig befunden wurden. Von insgesamt mindestens 1,3 Millionen nach Auschwitz deportierten wurden etwa 400.000 registriert und in das Konzentrationslager gebracht, darunter etwa 200.000 Juden, 150.000 Polen, 23.000 Roma, 12.000 sowjetische Kriegsgefangene und 25.000 Häftlinge anderer Herkunft. Mehr als die Hälfte kam durch Hunger, über die Kräfte hinaus gehende Arbeit, Terror, Exekutionen sowie durch die Lebensbedingungen im Lager, Krankheiten und Epidemien, Strafen, Folter und verbrecherische medizinische Experimente um. [...]

Befreiung
Ende 1944, als die sowjetische Armee sich näherte, begannen die Deutschen, die Spuren ihrer Verbrechen zu verwischen. Dokumente wurden vernichtet, Gebäude abgebaut, gesprengt oder in Brand gesetzt. Die Häftlinge, die dazu in der Lage waren, wurden zwischen dem 17. und dem 21. Januar auf einen Marsch ins Innere des Reiches geschickt. In diesem Moment war die Rote Armee[1] nur noch 60 km entfernt, und befreite Krakau. Die Deutschen ließen etwa 7.000 Häftlinge im Lager zurück. Sie wurden am 27. Januar von Soldaten der Roten Armee befreit. [...]

Quelle: Świebocka, T., Pinderska-Lech, J., & Mensfelt, J. (2010). *Auschwitz-Birkenau. Vergangenheit und Gegenwart* (S. 4-12). Oświęcim: Państwowe Muzeum Auschwitz-Birkenau.

Recherchieren Sie zu den drei Hauptteilen des Lagers: Auschwitz I, Auschwitz II-Birkenau und Auschwitz III-Monowitz. Berücksichtigen Sie dabei die folgenden Aspekte: Errichtung, Ort, Zweck, Häftlinge, Haftbedingungen.

Kinder in Auschwitz – historischer Überblick

Auf der Grundlage erhaltengebliebener [sic] Dokumente ist nur schwer festzustellen, wie viele Kinder und Jugendliche ins Konzentrationslager Auschwitz eingeliefert worden sind, wie viele man als Häftlinge registriert hat, wie viele umgebracht wurden und wie viele gestorben sind. Anhand von teilweise erhaltenen Unterlagen aus dem Lager und geschätzten Angaben kann lediglich gesagt werden, dass es unter den mindestens 1,3 Mio. Menschen, die ins KZ Auschwitz-Birkenau deportiert worden sind, etwa 232 000 Kinder und Jugendliche im Alter unter 18 Jahren gegeben hat. [...]

Jüdische Kinder
Die zahlreichste Gruppe der ins Lager eingelieferten Kinder und Jugendlichen bestand aus Kindern jüdischer Abstammung. Sie wurden meist zusammen mit den Erwachsenen schon ab den ersten Monaten des Jahres 1942 im Rahmen der sogenannten „Endlösung der Judenfrage", das heißt der restlosen Ausrottung der europäischen Juden, ins Lager eingeliefert. Die Kinder wurden, weil arbeitsunfähig, direkt von der Entladerampe in die Gaskammern gebracht und dort getötet. Unter den zur Arbeit ausgesuchten Häftlingen gab es manchmal eine kleine Zahl von minderjährigen Jungen und Mädchen, und 1944 – als sich der Arbeitskräftemangel immer stärker bemerkbar machte – wurden sogar dreizehn- bis vierzehnjährige Kinder ins Lager eingewiesen [...]. Außerdem wurden für die SS-Ärzte, darunter für Dr. Josef Mengele,[1] ab 1943 aus den Judentransporten Kinder ausgesucht, die für verbrecherische medizinische Experimente geeignet waren.

Etwas anders gestaltet sich auch das Schicksal der Kinder von den Judentransporten, die zwischen September 1943 und Mai 1944 vom Ghetto in Theresienstadt[2] nach Auschwitz geschickt wurden. Diese Transporte brachte man in Birkenau in einem getrennten „Familienlager" (BIIb) unter, und daher hielten sich die Kinder dort zusammen mit den Eltern auf. Das zeitweilige (11 Monate dauernde) Bestehen des „Familienlagers" war [...] nur ein propagan-

---

[1] Bezeichnung für das Heer der Sowjetunion.

[1] Dr. Josef Mengele (1911-1979); arbeitete als KZ-Arzt in Auschwitz und war bekannt für inhumane Zwillingsexperimente.

[2] Theresienstadt ist die deutsche Bezeichnung für die Stadt Terezín in Tschechien, in der im Zweiten Weltkrieg ein Konzentrationslager errichtet wurde.

distisches Verschleierungsmanöver. In diesem Falle ging es darum, nicht nur die Öffentlichkeit, sondern auch die Opfer selbst bezüglich des wahren Zwecks der „Verschickung nach Osten“ in die Irre zu führen. [...]

Das Schicksal der Kinder im Lager

Das Schicksal der eingekerkerten Kinder und Jugendlichen unterschied sich im Grunde nicht vom Schicksal der erwachsenen Häftlinge (mit Ausnahme der Kinder in den Familienlagern). Ebenso wie die Erwachsenen litten sie unter Hunger und Kälte. Sie wurden als Arbeitskräfte missbraucht, bestraft und getötet. [...]

Ende 1943 wurden für die mehr als zwei Jahre alten Kinder getrennte Baracken eingerichtet, in denen sich die Bedingungen in nichts von den Verhältnissen in den für die Erwachsenen bestimmten Baracken unterschieden. Selbst für Säuglinge genehmigte die Lagerführung keine Milchzuteilungen oder entsprechende Verpflegungsrationen, und dadurch verdammte sie sie zum Verhungern. Ein wenig besser hatten es nur die Kinder im Krankenrevier des Lagers. Die Ärzte und Pfleger des Häftlingspersonals bemühten sich für sie um zusätzliche Decken, Lebensmittel, Kleidung und Medikamente.

Am schwierigsten war es, Hilfe für die jüdischen Kinder zu organisieren, die ständig von Selektionen für Gaskammern bedroht waren.

Die Ausrottung der Kinder im Lager und die vor allem in der Endphase des Bestehens des Lagers erfolgten Verlegungen in andere Lager bewirkten, dass nur wenige Kinder bis zur Befreiung im Lager verblieben.

Anhand der zugänglichen Unterlagen ist festgestellt worden, dass sich beim Eintreffen der sowjetischen Soldaten mindestens 700 Kinder und Jugendliche als Häftlinge im Lager befanden, darunter etwa 500 Kinder unter 15 Jahren. Über die Hälfte davon waren jüdische Kinder.

Die befreiten Kinder waren extrem ausgezehrt. Viele von ihnen mussten in den Feldlazaretten[3] behandelt werden, die unmittelbar nach der Befreiung von den sowjetischen Behörden und vom polnischen Roten Kreuz auf dem Gelände des ehemaligen Stammlagers eingerichtet wurden. [...]

Quelle: Kubica, H. (2008). Kinder in Auschwitz – historischer Überblick. In B. Bartnikowski, *Eine Kindheit hinterm Stacheldraht* (S. 13-19). Oświęcim: Staatliches Museum Auschwitz-Birkenau.

[3] Mobile Sanitätseinrichtungen an Kriegsschauplätzen.

Rede von Bundeskanzlerin Merkel anlässlich der Gedenkveranstaltung des Internationalen Auschwitz-Komitees zum 70. Jahrestag der Befreiung des Konzentrationslagers Auschwitz-Birkenau am 26. Januar 2015

Sehr geehrte Frau Fahidi,
sehr geehrter Herr Turski,
sehr geehrter Herr Heubner,
sehr geehrte Botschafter,
Herr Ministerpräsident Woidke,
meine Damen und Herren,
liebe junge Gäste,

es ist für mich eine große Ehre und erfüllt mich mit Dankbarkeit, heute hier bei Ihnen zu sein und zu Ihnen sprechen zu dürfen.

Der Jahrestag der Befreiung des Lagers Auschwitz-Birkenau durch sowjetische Soldaten jährt sich morgen zum 70. Mal. Auschwitz – dieses eine Wort steht für Millionen Einzelschicksale. Jedes Schicksal steht für sich. Jedes Schicksal erzählt auf seine Weise von unfassbarem Leid, von unsäglicher Quälerei bis hin zur systematischen Ermordung. Wie grausam all die vielen Lebenswege durchkreuzt und beendet wurden – das übersteigt letztlich unsere Vorstellungskraft. Eines aber wissen wir: Das Unvorstellbare ist geschehen; es war möglich.

Der Auschwitzüberlebende und langjährige Präsident des Zentralrats der Juden[1] in Deutschland Heinz Galinski[2] hat einmal gesagt: „Auschwitz – dieser Name steht für Untaten einer bis dahin unbekannten Dimension, für Verbrechen nicht allein gegen die Menschlichkeit, sondern für Verbrechen an der Menschheit."

Was dort geschehen ist, war ein fundamentaler Angriff auf den Kern dessen, was unser Menschsein ausmacht: auf die Würde des Menschen. Eine wahnhafte Ideologie sprach Menschen das Menschsein ab.

An Auschwitz manifestiert sich das grausame Vorhaben, jüdisches Leben in ganz Europa auszulöschen. Denken wir an Auschwitz, dann denken wir auch an die vielen anderen Konzentrations- und Vernichtungslager. Der Name Auschwitz ist seit jeher ein Synonym für die gesamte nationalsozialistische Verfolgungs- und Ermordungsmaschinerie.

Auschwitz ist eine Mahnung, was Menschen anderen Menschen antun können. Auschwitz ist eine grausame Zäsur in der Geschichte der Menschheit. Auschwitz steht für den von Deutschland begangenen Zivilisationsbruch der Shoa.[3] [...]

Verbrechen an der Menschheit verjähren nicht. Wir haben die immerwährende Verantwortung, das Wissen über die Gräueltaten von damals weiterzugeben und das Erinnern wachzuhalten.

Liebe Frau Fahidi, lieber Herr Turski, Sie haben die Hölle des Konzentrations- und Vernichtungslagers Auschwitz-Birkenau als Jugendliche von 18, 19 Jahren erlitten und überlebt. Ihre Familien wurden dort ermordet. Die Bilder von einst und die Trauer tragen Sie tief in sich. Ich trauere mit Ihnen. Ich trauere mit all denjenigen, die gelitten und Angehörige verloren haben.

---

[1] Zentralrat der Juden in Deutschland (ZdJ); als Gemeinschaft das öffentlichen Rechts gegründet 1950.

[2] Heinz Galinski (1912-1992); Überlebender des KZ-Auschwitz und erster Präsident des Zentralrats der Juden (ab 1990).

[3] Hebräische Bezeichnung für den Völkermord an den Juden durch die Nationalsozialisten zur Zeit des Zweiten Weltkriegs.

Was geschehen ist, erfüllt uns Deutsche mit großer Scham. Denn es waren Deutsche, die das Leid und den Tod von Millionen Menschen verschuldet oder in Kauf genommen haben – als Täter, als Mitläufer, als wegschauende und stillschweigende Mitwisser.

Liebe Frau Fahidi, von Ihnen stammt der Satz: „In uns, die wir aus Auschwitz zurückgekommen sind, ist die Lebenskraft sehr tief. Wir wissen, wie kostbar das Leben ist." Sie haben ebenso wie Herr Turski diese Lebenskraft eingesetzt, um Zeugnis abzulegen. Sie haben Ihre Geschichte wieder und wieder erzählt. Es ist kaum zu ermessen, wie viel Kraft es kostet, sich schmerzhafte Erfahrungen immer wieder vor Augen zu führen.

Gleichwohl haben Sie mit dafür gesorgt, dass Erinnerung über Generationen hinweg wachbleibt – dass aus ihr auch künftig Lehren gezogen werden können. Sie haben uns damit ein großes, ein wichtiges Geschenk gemacht, für das ich Ihnen von ganzem Herzen danken möchte. Denn wir dürfen nicht vergessen. Das sind wir Ihnen schuldig. Das sind wir den vielen Millionen Opfern schuldig. Und das sind wir uns selbst schuldig, die wir heute leben und eine gute Zukunft gestalten wollen.

Wir müssen immer wieder aufs Neue der Frage nachgehen, die der Auschwitzüberlebende und Friedensnobelpreisträger Elie Wiesel[4] in die Worte gefasst hat: „Wie konnten intelligente und gebildete Menschen tagsüber mit Maschinengewehren auf hunderte Kinder schießen und sich am Abend an den Versen Schillers oder einer Partitur von Bach erfreuen?" [...]

Jeder, dem eine gute Zukunft Deutschlands am Herzen liegt, ist sich der immerwährenden Verantwortung nach dem Zivilisationsbruch der Shoa bewusst. Die Erinnerung an die grausamen Kapitel unserer Geschichte prägt unser Selbstverständnis als Nation. Bei uns muss jeder – unabhängig von Religion oder Herkunft – frei und sicher leben können.

„Nie wieder!" – Diese Botschaft ist für unser demokratisches Land, das in Frieden mit seinen Nachbarn lebt, geradezu konstitutiv. Unser Bekenntnis zu einem geeinten Europa ist ebenso wie das Bewusstsein der unermesslich hohen Bedeutung von Freiheit und Rechtsstaatlichkeit, Pluralität und Toleranz fest verankert. Doch so kostbar diese Werte auch sind, so zerbrechlich sind sie zugleich. Freiheit, Demokratie und Rechtsstaatlichkeit verlangen stets unsere Aufmerksamkeit und unseren Einsatz. Das beginnt schon damit, alte und neue Vorurteile und Feindbilder als solche zu entlarven.

Welche furchtbaren Taten letzten Endes aus irregeleiteter Gesinnung erwachsen können, haben uns die Attentate in Paris[5] einmal mehr vor Augen geführt. Dort richteten sich Hass und Gewalt gezielt gegen Menschen, die als Journalisten und Karikaturisten Gebrauch von ihrer Meinungsfreiheit gemacht haben. Dort richteten sich Hass und Gewalt gezielt gegen jüdische Kunden eines koscheren Supermarkts bzw. weil die Mörder annahmen, dort Juden anzutreffen. Dort zeigten sich zwei der großen Übel unserer Zeit: islamistischer Terrorismus und Antisemitismus. [...]

Das Lebensprinzip der Demokratie ist unser Gegenentwurf zur Welt des Terrorismus. Und er ist stärker als der Terrorismus. Diese Überzeugung gilt es auch im Alltag immer und immer wieder zu bekunden, um jegliche Stimmungsmache auf Kosten bestimmter Gruppen zu bekämpfen – ganz gleich, von welcher Seite sie kommt; ganz gleich, gegen wen sie sich richtet. [...]

Ich freue mich besonders über die jungen Menschen, die heute hier unter uns sind. Sie haben sich auf die dunkelsten Kapitel der Geschichte unseres Landes eingelassen. Sie wissen

---

[4] Elie Wiesel (1928-2016); Überlebender des Holocaust; er verfasste diverse Werke zum Thema Holocaust und leistete damit einen großen Beitrag zur Aufklärung und Reflexion, für den er 1986 den Nobelpreis erhielt.

[5] Gemeint ist u.a. der islamistische Terroranschlag auf die Redaktion der Satirezeitschrift *Charlie Hebdo* in Paris am 7. Januar 2015.

um die eindringliche Mahnung, die aus Vergangenem zu uns heute spricht. Daher wissen sie auch, wie wichtig es ist, Erinnerung wachzuhalten.

Denn gerade wer sich mit Auschwitz, wer sich mit der Shoa und den Verbrechen Deutschlands im Nationalsozialismus auseinandersetzt, der kann ein feines Gespür und Warnsystem dafür entwickeln, wenn grundlegende Werte unseres Zusammenlebens infrage gestellt werden.

Was geschehen ist, können wir nicht ungeschehen machen. Doch nur im Bewusstsein unserer immerwährenden Verantwortung können wir eine gute Zukunft gestalten. Dieses Wissen lässt uns nicht ruhen und uns einfach darauf verlassen, dass sich schon andere finden werden, die sich um eine gute Zukunft kümmern.

Aus Erinnerung erwächst also ein Auftrag. Und so lautet die Botschaft des Gedenktags an die Opfer des Nationalsozialismus: Vergangenes wird nicht vergessen. Auschwitz fordert uns täglich heraus, unser Miteinander nach Maßstäben der Menschlichkeit zu gestalten. Auschwitz geht uns alle an – heute und morgen, nicht nur an Gedenktagen.
Ich danke Ihnen.

Quelle: Merkel, A. (2015). *Rede anlässlich der Gedenkveranstaltung des Internationalen Auschwitz-Komitees zum 70. Jahrestag der Befreiung des Konzentrationslagers Auschwitz-Birkenau am 26. Januar 2015. https://www.bundesregierung.de/breg-de/aktuelles/rede-von-bundeskanzlerin-merkel-anlaesslich-der-gedenkveranstaltung-des-internationalen-auschwitz-komitees-zum-70-jahrestag-der-befreiung-des-konzentrationslagers-auschwitz-birkenau-am-26-januar-2015-431116* [23.01.2019].

1. Erläutern Sie, welche symbolische Bedeutung dem Begriff Auschwitz in der Rede zugeschrieben wird.
2. Beschreiben Sie die Éva Fahidi und Marian Turski zugeschriebene Rolle.
3. Arbeiten Sie den Zusammenhang zwischen Vergangenheit, Gegenwart und Zukunft heraus, der in der Rede hergestellt wird.

Jehuda Bacon in seinem Atelier in Jerusalem[1]

Jehuda Bacon wurde 1929 in Moravská-Ostrava (Tschechoslowakei) geboren. Im Jahr 1942 wurde er zunächst in das Konzentrationslager Theresienstadt deportiert und im Jahr 1943 nach Auschwitz. Nach Todesmärschen in das Konzentrationslager Mauthausen und das Außenlager Gunskirchen wurde er am 5. Mai 1945 von der amerikanischen Armee befreit. Bevor er 1946 nach Palästina auswanderte, lebte er in einem Heim bei Prag, das von dem tschechischen Pädagogen Premsyl Pitter geleitet wurde. Gegenwärtig lebt er als freischaffender Künstler in Jerusalem. Die Publikation „Solange wir leben, müssen wir uns entscheiden" ist auf der Basis von Gesprächen über sein Leben mit dem Theologen Manfred Lütz im Januar 2016 entstanden.

[1] Quelle: Welz, L., Attribution-ShareAlike 3.0 Unported. https://de.wikipedia.org/wiki/Jehuda_Bacon#/media/Datei:Jehuda_Bacon_in_Jerusalem.jpg [17.07.2019].

Solange wir leben, müssen wir uns entscheiden

Sie waren 15 Monate in Theresienstadt. Am 16. Dezember 1943 trafen Sie dann in Auschwitz ein. Seit wann wussten Sie, dass Sie nach Auschwitz deportiert werden sollten?

Nun, ich denk' nicht so lange, zwei Wochen. [...] Man hatte eine große Angst, die Atmosphäre war schrecklich unangenehm, wobei unangenehm ein Understatement ist. Man versuchte dem noch durch Beziehungen zu entgehen, aber nichts ging. Die Nacht vor dem Abtransport schläft man nicht mehr da, wo man bisher im Kinderheim geschlafen hatte, sondern auf irgendeinem Fußboden, immerhin mit meinem Vater, das konnten wir durch Protektion erreichen, dann ist man nicht so alleine und verloren.

Wie war die Fahrt nach Auschwitz?

[...] Das war alles sehr dramatisch. Um die 80 in einem Viehwaggon, zwei Kübel Wasser und einen Laib Brot für jeden. Und dann dieses schreckliche Erlebnis, wie man den Waggon versiegelt, wie lebendig begraben. Und der Waggon war voller Geschrei kleiner Kinder, auch von Babys. Man konnte nicht sitzen, nicht liegen, nicht stehen, man musste irgendeine Position dazwischen finden, es war alles sehr, sehr gedrängt. Die Fahrt dauerte zwei, drei Tage und es war eine sehr erschreckende und bedrückende Atmosphäre. [...] Und dann kamen wir in Auschwitz an. Ich guckte raus und sah eine surrealistische Landschaft und ich sah schwarze Ballons, die irgendwie gegen Flugzeuge waren. Und ringsum alles voll von Soldaten. [...] Und dann waren da diese Scheinwerfer und plötzlich reißt man uns unseren Waggon auf: »Raus! Raus! Alles stehen lassen!« Ein unmenschliches Geschrei. Und dann mussten wir auf Lastwagen steigen und da standen wir wie Sardinen gepresst.

Bild des Vaters im aufsteigenden Rauch eines Krematoriums[1]

Diese Lastwagen fuhren ja eigentlich sofort ins Krematorium ...

Wir waren die erste Ausnahme, die nicht ins Krematorium fuhr, sondern ins Familienlager nach Auschwitz-Birkenau. Die Landschaft, durch die wir fuhren, war merkwürdig. Man sah eigentlich nichts, aber alles war voller solcher geometrischer Lichter, immer auf jedem vierten Betonpfosten, um die Drähte zu beleuchten, die wir aber von ferne nicht sahen. Und dann treffen wir müde, todmüde mitten in der Nacht in einem Lager ein und kommen in so eine Holzbude, auf der steht: Pferdestall für 20 Pferde. Das habe ich mir sofort alles eingeprägt. Und da gab es immer 3 Kojen mit so komischen Überschriften: »Ehre deinen Vorgesetzten!« »Im Block Mützen ab!« »Eine Laus dein Tod!« »Ehrlich währt am längsten!« Alles in sehr schöner gotischer Schrift. [...]

Warum wurden Sie nicht wie alle jüngeren Kinder mit ihren Familien sofort in die Gaskammern geschickt?

[1] Quelle: Yad Vashem (Yehuda Bacon).

Als wir ankamen, stand in der Kartei: SB für 6 Monate, das bedeutete Sonderbehandlung. Und diese 6 Monate bekamen wir, weil vielleicht noch das Internationale Rote Kreuz hätte einen Besuch verlangen können. Dafür waren wir Kinder da.

Wie ging es weiter nach diesem »Empfang«?

Am nächsten Tag ging es in die »Sauna», wo uns die Kleider weggenommen wurden, die dann in einen Sack kamen. Ich erinnere mich genau, dass ich als damals 14-Jähriger unterschreiben musste, dass ich mich freiwillig in Schutzhaft[2] begeben hätte, wegen der Wut der Bevölkerung. Und da passierten dann merkwürdige Sachen. Die Offiziere wussten, dass wir so ein besonderer Transport waren, um das Rote Kreuz zu täuschen. Normalerweise durfte man Offiziere gar nicht ansprechen. Und da kam ein älterer deutscher Jude und sagt zu einem Offizier: »Herr Offizier, ich hab' Kopfschmerzen, können Sie so lieb sein und mir ein Aspirin bringen, mit Wasser?« Und das in Auschwitz! Doch der antwortete: »Ja, mein Herr«, ging und ich sah, wie er ihm ein Glas mit Aspirin brachte. Und da dachte ich, was ist das für eine Welt! Wir hatten ja schon Angst vor jeder SS-Uniform und da spielte einer einfach wie im Theater den guten Offizier. [...]

Wie waren die ersten Eindrücke im Familienlager?

Wir waren da ja mit Kindern, mit Alten und mit Siechen. Und am nächsten Morgen erlebte ich einen der schlimmsten Anblicke meines Lebens: Zwischen den Blocks gab es einen kleinen freien Platz. Und da sehe ich einen drei bis vier Meter hohen Berg von Leichen von den gerade Angekommenen. Die hatten noch ihre Kleider an. Diese älteren Menschen hatten die schrecklichen drei Tage in den geschlossenen Waggons nicht überstehen können, den Durst, den Hunger oder sie hatten keine Luft mehr bekommen. [...]

Was geschah mit den Kindern im Familienlager?

Ich kam in den Kinderblock, der von Fredy Hirsch[3] geleitet wurde. Ich kannte ihn ja noch von Theresienstadt.

Was war eigentlich so besonders an ihm?

Er hat uns das Leben gerettet. Weil er bei der SS erreicht hatte, dass man diesen Kinderblock über Tag bewilligte. Er hatte gesagt: »Die Kinder stören ja nur bei der Arbeit und laufen zwischen den Füßen herum, da ist es doch besser, sie sind im Kinderblock und machen keinen Krach.« Und er konnte auch durchsetzen, dass für die Kinder der Appell nicht im Freien, sondern im Kinderblock stattfand. Was bedeutet das? Bei den Appellen starben massenhaft Menschen, weil sie stundenlang manchmal im Regen oder in der Hitze einfach nur stehen mussten. Das war eine der schrecklichsten Schikanen, und wenn man sich in der Nummer mal irrte, dann ging es wieder von vorne los. Davor hat Fredy Hirsch uns bewahrt. Außerdem sorgte er für extra Kinderportionen. Und dann gab es sogar offiziell Unterricht für uns. Natürlich nicht mit Tisch und Stuhl, aber man erzählte uns von Physik und sogar von Literatur und so weiter. Und wir hatten es warm. [...]

Die Kinder haben auch gemeinsam gesungen ...

Ja zum Beispiel: *Dona nobis pacem.*[4] Da gab es eine schöne Geschichte: Ein SS-Mann kam und sagte: »Ihr habt's gut, ihr habt ja Frieden und wir müssen an der Front kämpfen.« Und da antwortete Fredy Hirsch schlagfertig: »Eben darum danken wir ihnen mit *Dona nobis*

[2] Euphemistisch gebrauchter Begriff aus der Zeit des Zweiten Weltkriegs, der die nicht überprüfte und damit illegale Inhaftierung von NS-Gegnern bedeutete.

[3] Fredy Hirsch (1916-1944); Häftling im KZ Auschwitz, engagierte sich für die Verbesserung der Lebensbedingungen der Kinder im KZ.

[4] Dreistimmiger Kanon, übersetzt: „Gib uns Frieden".

pacem für den Frieden, den wir haben.« Und da wurde der SS-Mann ganz ruhig und hat nichts mehr gesagt. Manchmal kamen die SS-Leute zu uns nach den Selektionen, um sich auszuruhen. Und dann sangen wir Kinder ihnen ein bisschen vor.

Welche Überlebensstrategien hat Fredy Hirsch Ihnen beigebracht?

Er sagte immer: »Passt auf, dass ihr immer besser ausseht und nicht vernachlässigt, deswegen wascht euch immer, notfalls mit Schnee.« Denn es ist so wichtig, im Lager schon auf den ersten Blick wie ein Mensch auszusehen. Das kann jemanden retten, dass er nicht in die Gaskammern kommt. [...]

Was waren in der ersten Zeit in Auschwitz besonders erschütternde Erlebnisse?

Als ich noch ganz früh im Lager war, sehe ich, wie ein Kapo[5] meinen Vater vor meinen Augen ohrfeigt, das sehe ich zum ersten Mal. Das ist fürchterlich. Denn ich kann nichts sagen, weil ich sonst auch nur verprügelt werde. Man muss das ruhig ertragen, aber das ist eine Erniedrigung, die man sich kaum vorstellen kann. Man lebt in einer anderen Welt mit anderen Gesetzen. Immerhin konnte ich meine Eltern nach dem Abendappell sehen und ihnen mit Kleinigkeiten helfen. Und nachher war es selbstverständlich am erschütterndsten, dass ich meine Eltern und meine Schwester verlor. [...]

[...] Ihre Sonderbehandlung sollte ja eigentlich nur 6 Monate dauern, aber Sie blieben länger ...

Die Politik hatte sich geändert. Etwa ab Juli 1944 brauchte man Arbeitskräfte und nun kam es sozusagen zu Selektionen im guten Sinn. Man wurde nicht fürs Gas ausgewählt, sondern für die Arbeit, wenn man arbeitsfähig war. [...]

Zurück zu dieser »Selektion im guten Sinne«. Wie viele Jungen wurden da ausgewählt?

Neunundachtzig. Und es waren mehr als die Hälfte noch die Freunde aus Theresienstadt. Das war sehr wichtig. Die Strategie der Nazis war, die Menschen erst psychisch und dann auch physisch zu vernichten [...]. Aber dank der Erziehung von Fredy Hirsch war das bei uns anders, wir fühlten uns alle als Kameraden und auch ohne verantwortliche Betreuer sorgte einer für den anderen, denn wir merkten instinktiv, wir müssen jetzt so wie Brüder noch mehr zusammenhalten. Wenn zum Beispiel jemand Durchfall hatte, und Durchfall war in Auschwitz lebensgefährlich, dann haben wir Brotrationen gesammelt und dafür Medikamente besorgt. Dieses Gefühl der Brüderlichkeit hat uns wahrscheinlich das Weiterleben ermöglicht.

Wo kamen Sie hin?

Als wir abmarschierten, wussten wir überhaupt nicht, was mit uns passieren sollte. Geht es jetzt vielleicht ins Krematorium oder in die normale Dusche? Und tatsächlich, wir kamen erst in eine normale Dusche, zur Entlausung, wie das bei jedem Umzug in Auschwitz üblich war, und dann in einen abgeschlossenen, aber besseren Sonderbereich, in ein Gebäude, in dem Strafgefangene untergebracht waren, aber wir kamen dahin nicht, um bestraft, sondern um isoliert zu werden. [...] Erst nach drei Monaten wurden wir langsam eingeteilt als Hilfe für die SS. Es gab sogenannte Läufer, die Nachrichten und anderes durchs Lager brachten, es gab nicht überall Telefone. Die trugen eine Armbinde und so jemand war in Auschwitz ein halber König. Das waren 16-jährige Jungens und die konnten dann absolute Macht ausüben, das konnten einige auch missbrauchen. Ich kam zu einer Gruppe, die an der Stelle von Pferden einen Rollwagen durchs Lager zog, und wir »Birkenau-Boys« kamen überall hin und konnten uns fast alles besorgen. [...]

Was haben Sie bei Ihren Touren mit den Rollwagen erlebt?

---

[5] Bezeichnung für einen Häftling im KZ, der die Aufgabe hatte, andere Inhaftierte zu beaufsichtigen, er unterstand der Lagerleitung.

In Auschwitz war alles unvorhersehbar, nichts war logisch, es war eine Welt mit ganz anderen Gesetzen. Im Winter mussten wir zum Beispiel die Asche aus den Krematorien auf die Wege streuen, das war irgendwie surrealistisch. [...] Eines Tages sagt uns einer vom Sonderkommando, als wir bei den Krematorien zu tun hatten und gerade kein Transport bevorstand: »Jungs es ist kalt, wenn ihr wollt, könnt ihr euch unten in der Gaskammer ein bisschen wärmen.« Die meisten hatten Angst, aber ich war immer schon sehr neugierig und ging hinunter. Und da hat mir einer meiner Freunde vom Sonderkommando alles so gezeigt, wie man durch ein Museum führt, und ich ließ mir auch ihre Arbeit ganz genau erklären. [...]

Haben Sie auch in Auschwitz gemalt?

Gemalt ist übertrieben, gezeichnet. Manchmal die Gesichter meiner Freunde, mal den Block, deswegen ist mir all das auch so gut im Gedächtnis geblieben, und dann habe ich das Schicksal gezeichnet, so als ob eine grausame Hand von oben kommt, etwas Bedrückendes, Bedrohliches. [...]

Was würden Sie Mengele sagen, wenn Sie ihm heute begegneten?

Ach wahrscheinlich: Wie schlafen Sie nachts? Das würde ich ihn fragen. Aber es würde mich interessieren, ob er überhaupt ein Gewissen hat oder ob er noch so verblendet ist von all den Theorien, dass er bis heute denkt, dass er das Richtige gemacht hat.

Sie würden ihn nicht anklagen?

Was hat das für einen Sinn? Ich bin gegen Rache, ich würde ihn nicht zum Tode verurteilen, sondern ich würde ihn zwingen, seine Biografie zu schreiben, damit das einen Sinn hat für andere Menschen. [...] Man sollte etwas Gutes daraus machen, also er sollte schreiben, über sein ganzes Leben, was er da dachte ... Ich würde ihm schon ein paar Punkte mitgeben, über die er schreiben sollte, aber er könnte schreiben, was er will, damit die Menschen für die Zukunft daraus etwas lernen können. [...]

Gab es eigentlich Humor in Auschwitz?

Oh ja. Der Humor von uns Kindern war manchmal etwas harsch, aber gut gemeint. Wir waren ja keine bösartigen Kinder. Wenn irgendein älterer Mann, so um die 40, und das war schon alt für Auschwitz, sagte: »Kinder, macht nicht so viel Lärm!« Was war unsere Antwort? »Du Alter, was regst du dich auf, du bist ja sowieso schon mit einem Bein im Krematorium.« Das ist schrecklich, aber für uns war das harmlos, ein halber Witz.

Wie war das Ende in Auschwitz?

[...] Am 18. Januar 1945 nachts mussten wir, alle Übriggebliebenen, antreten. [...] Alle mussten sich noch so gut wie jeder konnte anziehen, wir bekamen sogar noch einen Laib Brot mit auf den Weg und wir warteten, bis alle da waren. Und da zeigte sich, wie sehr unsere Kameradschaft half! Derjenige von uns, der bei den Schuhen gearbeitet hatte, hatte dafür gesorgt, dass wir alle gute Schuhe hatten. [...] Ein anderer Junge arbeitete in der Kleiderkammer, der konnte ein bisschen bessere Kleidung sammeln für diesen Marsch. Wir waren also besser ausgerüstet. Und dann gingen wir raus. Das habe ich noch klar in Erinnerung, und genau als wir abmarschierten, wurden die Krematorien gesprengt. [...]

Quelle: Bacon, J., & Lütz, M. (2016). *»Solange wir leben, müssen wir uns entscheiden.« Leben nach Auschwitz* (S. 66-107). Gütersloh: Gütersloher Verlagshaus.

Welche weiteren Fragen würden Sie an Jehuda Bacon richten, wenn Sie die Gelegenheit hätten, ein Interview mit ihm zu führen?

Ideen zur Vertiefung

Leseempfehlungen mit Darstellungen zum (Über)Leben im ehemaligen Konzentrationslager Auschwitz

Publikation auf der Basis von Gesprächen mit dem Zeitzeugen Jehuda Bacon:

- Bacon, J., & Lütz, M. (2016). *„Solange wir leben, müssen wir uns entscheiden." Leben nach Auschwitz.* Gütersloh: Gütersloher Verlagshaus.

Sammelband basierend auf Interviews mit Zeitzeugen, Multiplikatoren und Angestellten der Gedenkstätte Auschwitz sowie Besucherinnen und Besuchern verschiedenster Altersstufen und Herkunft:

- Schaefer, B. (Hrsg.) (2009). *Lass uns über Auschwitz sprechen. Gedenkstätte – Museum – Friedhof: Begegnungen mit dem Weltkulturerbe Auschwitz.* Frankfurt am Main: Brandes und Apsel.

Die Zeit des Zweiten Weltkriegs aus der Perspektive jüdischer Kinder:

- Tatelbaum, I. B. (2004). *Through our eyes. Children witness the holocaust*. Israel: Yad Vashem International School for Holocaust Studies.

Leseempfehlungen zur Problematik des Verhältnisses zwischen 1. und 2. Generation:

- Kichka, M. (2014). *Zweite Generation. Was ich meinem Vater nie gesagt habe.* Köln: Egmont Graphic Novel. (Textsorte: Graphic Novel)
- Spiegelman, A. (2008). *Die vollständige Maus.* Frankfurt am Main: Fischer. (Textsorte: Graphic Novel)

Die vollständige Maus[1]

[1] Quelle: © S. Fischer Verlag, Frankfurt am Main.

5. Der Umgang mit dem Nationalsozialismus als pädagogische Herausforderung 1945 – heute

Der Umgang mit den Menschheitsverbrechen, Nationalsozialismus und Holocaust stellt für die nachfolgenden Generationen eine große Herausforderung dar. Diese Herausforderung gestaltet sich für die Nachkommen der Opfer, Täter und Mitläufer sehr unterschiedlich.

Der Holocaust ist in der jüdischen Erinnerung ein radikaler Bruch. Der Genozid an den Juden hat schwerwiegende Folgen für die Überlebenden und Nachkommen und ihr Selbstverständnis von Erinnerung und Zeugenschaft. Dabei steht die Frage des „Wie" problematisch im Mittelpunkt. Die Suche nach der Form der Erinnerung und einer Artikulationsweise des unvorstellbaren Grauens durchzieht den jüdischen Erinnerungsdiskurs. Einerseits ist hier der Wunsch der Überlebenden und deren Nachkommen vorhanden, Zeugnis ablegen zu wollen. Andererseits existiert allerdings auch ein Schweigen, was nicht Ausdruck des Vergessens, sondern Resultat einer traumatischen Erfahrung ist. Dass dieses traumatische Schweigen nicht zum Vergessen führt, zeigen die Opfer, die nach lang andauerndem Schweigen nun Mitteilungsbedürfnisse äußern. Kinder, Enkel und Urenkel der Überlebenden stoßen oft auf Leerstellen in der Auseinandersetzung mit der Vergangenheit der eigenen Familie, die genauso wie das explizite Wissen über die Erfahrung des Genozids in der eigenen Familie zu belastenden schweren Traumata der Nachkommen führen können.

Eine ganz andere Situation liegt für die Täter, Mitläufer und deren Nachkommen vor. In den 1950er-Jahren herrschte in Deutschland ein Klima des Verdrängens. Kriegsanekdoten, Geschichten aus der Gefangenschaft und kollektives Schweigen verdeckten häufig eigene Verflechtungen in Nationalsozialismus und Holocaust, sie verhinderten eine kritische Auseinandersetzung mit der eigenen Schuld und Verantwortung. Oftmals kam es vor, dass sich deutsche Täter und Mitläufer selbst zu Opfern des Krieges oder des nationalsozialistischen Regimes stilisierten, von denen sie sich verführt und betrogen fühlten. Auch die Kinder und Enkelkinder der deutschen Zeitzeugen sind häufig mit einer innerfamiliären Schweigebarriere konfrontiert, die allerdings nicht auf die eigene Erfahrung als Opfer des Holocaust zurückzuführen ist, sondern auf die Verstrickung in nationalsozialistische Taten oder Mitläuferschaft. Dieses Verschweigen von Nationalsozialismus und Holocaust in der eigenen Familie wurde erst in den 1960er Jahren radikal gebrochen. Die Kinder der Zeitzeugen, die sogenannte „68er-Generation", fanden Möglichkeiten, gegen das Schweigen der Elterngeneration zu protestieren. Sie erhoben den Vorwurf, dass die eigenen Eltern die Vergangenheit nicht bewältigten und verbanden dies mit einer moralischen Verurteilung und Anklage. Für die „68er-Studentenbewegung" hatten Theodor W. Adornos Schriften eine wichtige Bedeutung. Adorno wurde für sie zur Leitfigur in ihrer Auseinandersetzung mit der schuldhaften Verstrickung der eigenen Eltern in den Nationalsozialismus. In diesem Kontext wurde diskutiert, welchen Stellenwert Erziehung und Bildung für den Umgang mit der deutschen Vergangenheit haben.

5.1 Schuld und Verantwortung – Ansätze zur Veränderung der Erziehung nach 1945 in der BRD

Die Verantwortung der Erziehung. Theodor W. Adorno

Der 1966 von Adorno im Hessischen Rundfunk gehaltene Vortrag „Erziehung nach Auschwitz" zählt zu den wohl bedeutendsten pädagogischen Publikationen im Nachkriegsdeutschland. Der dort formulierte „neue kategorische Imperativ" lautete, dass alle Erziehung darauf hinzuwirken habe, ein weiteres Auschwitz zu verhindern.

Dieses heute so selbstverständlich klingende normative Telos[1] der Erziehung war damals längst noch kein Allgemeingut. Im Deutschland nach 1945 herrschte eher eine Tendenz des Verdrängens und Stillschweigens vor, die sich in einer „Unfähigkeit zu trauern" äußerte [...]. Seit den späten 60er Jahren jedoch fand nicht zuletzt im Zuge der Studentenrevolte eine etwas breiter angelegte Aufarbeitung der jüngeren deutschen Geschichte statt. Die junge Generation fragte nach der Vergangenheit ihrer Eltern während der Zeit zwischen 1933 und 1945, thematisierte die Schuldfrage der Deutschen, und es wurden verstärkt ehemalige Nazigrößen enttarnt, die im neuen Deutschland unter falschem Namen wissenschaftliche oder gar politische Karrieren machen konnten.

Vor großem Publikum:
Theodor W. Adorno hält 1964 einen Vortrag an der Universität Frankfurt.[2]

In die Zeit dieses allgemeinen Aufbruchs der 60er Jahre fällt auch die von der neuen sozialliberalen Regierung initiierte Bildungsreform. Unter dem Motto „Mehr Demokratie wagen" sollten nicht nur Bildungschancen für alle Bevölkerungsschichten erhöht, der Unterricht modernisiert und stärker verwissenschaftlicht, sondern auch ein möglichst demokratisches Bildungswesen geschaffen werden, welches weniger angepasste, als vielmehr mündige Bürger hervorbringen sollte, weil eben dies die unabdingbare Voraussetzung einer den Totalitarismus abwehrenden, gut funktionierenden Demokratie sei. In diesen Kontext gehört auch eine sinnvolle „Aufarbeitung der Vergangenheit", damit, wie Adorno es formulierte, Auschwitz nicht noch einmal sei.

Quelle: Geister, O. (2008). „Erziehung nach Auschwitz" in der Institution Schule. Zur Problematisierung eines aporetischen Verhältnisses. In J. Birkmeyer, Jens (Hrsg.), *Holocaust-Literatur und Deutschunterricht. Perspektiven schulischer Erinnerungsarbeit* (S. 26-36). Baltmannsweiler: Schneider.

---

[1] Endzweck oder Ziel.

[2] Quelle: bpk / Abisag Tüllmann

Erziehung nach Auschwitz

Die Forderung, daß Auschwitz nicht noch einmal sei, ist die allererste an Erziehung. Sie geht so sehr jeglicher anderen voran, daß ich weder glaube, sie begründen zu müssen noch zu sollen. Ich kann nicht verstehen, daß man mit ihr bis heute so wenig sich abgegeben hat. Sie zu begründen hätte etwas Ungeheuerliches angesichts des Ungeheuerlichen, das sich zutrug.

Daß man aber die Forderung, und was sie an Fragen aufwirft, so wenig sich bewußt macht, zeigt, daß das Ungeheuerliche nicht in die Menschen eingedrungen ist, Symptom dessen, daß die Möglichkeit der Wiederholung, was den Bewußtseins- und Unbewußtseinsstand der Menschen anlangt, fortbesteht. Jede Debatte über Erziehungsideale ist nichtig und gleichgültig diesem einen gegenüber, daß Auschwitz nicht sich wiederhole. [...]

Da die Möglichkeit, die objektiven, nämlich gesellschaftlichen und politischen Voraussetzungen, die solche Ereignisse ausbrüten, zu verändern, heute aufs äußerste beschränkt ist, sind Versuche, der Wiederholung entgegenzuarbeiten, notwendig auf die subjektive Seite abgedrängt. [...] Man muß die Mechanismen erkennen, die die Menschen so machen, daß sie solcher Taten fähig werden, muß ihnen selbst diese Mechanismen aufzeigen und zu verhindern trachten, daß sie abermals so werden, indem man ein allgemeines Bewußtsein solcher Mechanismen erweckt. [...]

Ein Schema, das in der Geschichte aller Verfolgungen sich bestätigt hat, ist, daß die Wut gegen die Schwachen sich richtet, vor allem gegen die, welche man als gesellschaftlich schwach und zugleich - mit Recht oder Unrecht - als glücklich empfindet. [...]

Spreche ich von der Erziehung nach Auschwitz, so meine ich zwei Bereiche: einmal Erziehung in der Kindheit, zumal der frühen; dann allgemeine Aufklärung, die ein geistiges, kulturelles und gesellschaftliches Klima schafft, das eine Wiederholung nicht zuläßt, ein Klima also, in dem die Motive, die zu dem Grauen geführt haben, einigermaßen bewußt werden. Ich kann mir selbstverständlich nicht anmaßen, den Plan einer solchen Erziehung auch nur im Umriß zu entwerfen. Aber ich möchte wenigstens einige Nervenpunkte bezeichnen. Vielfach hat man - etwa in Amerika - den autoritätsgläubigen deutschen Geist für den Nationalsozialismus und auch für Auschwitz verantwortlich gemacht. Ich halte diese Erklärung für zu oberflächlich, obwohl bei uns, wie in vielen anderen europäischen Ländern, autoritäre Verhaltensweisen und blinde Autorität viel zäher überdauern, als man es unter Bedingungen formaler Demokratie gern Wort hat. Eher ist anzunehmen, daß der Faschismus und das Entsetzen, das er bereitete, damit zusammenhängen, daß die alten, etablierten Autoritäten des Kaiserreichs zerfallen, gestürzt waren, nicht aber die Menschen psychologisch schon bereit, sich selbst zu bestimmen. Sie zeigten der Freiheit, die ihnen in den Schoß fiel, nicht sich gewachsen. Darum haben dann die Autoritätsstrukturen jene destruktive und - wenn ich so sagen darf - irre Dimension angenommen, die sie vorher nicht hatten, jedenfalls nicht offenbarten. [...] Ich möchte aber nachdrücklich betonen, daß die Wiederkehr oder Nichtwiederkehr des Faschismus im Entscheidenden keine psychologische, sondern eine gesellschaftliche Frage ist. Vom Psychologischen rede ich nur deshalb soviel, weil die anderen, wesentlicheren Momente dem Willen gerade der Erziehung weitgehend entrückt sind, wenn nicht dem Eingriff des Einzelnen überhaupt. [...]

Gerade die Bereitschaft, mit der Macht es zu halten und äußerlich dem, was stärker ist, als Norm sich zu beugen, ist aber die Sinnesart der Quälgeister, die nicht mehr aufkommen soll. [...] Die einzig wahrhafte Kraft gegen das Prinzip von Auschwitz wäre Autonomie, wenn ich den Kantischen Ausdruck verwenden darf; die Kraft zur Reflexion, zur Selbstbestimmung, zum Nicht-Mitmachen. [...]

Regressionstendenzen - will sagen, Menschen mit verdrückt sadistischen Zügen - werden von der gesellschaftlichen Gesamttendenz heute überall hervorgebracht. [...] Überall dort, wo Bewußtsein verstümmelt ist, wird es in unfreier, zur Gewalttat neigender Gestalt auf den Körper und die Sphäre des Körperlichen zurückgeworfen. Man muß nur bei einem bestimmten Typus von Ungebildeten einmal darauf achten, wie bereits ihre Sprache - vor allem, wenn irgendetwas ausgesetzt oder beanstandet wird - ins Drohende übergeht, als wären die Sprachgesten solche von kaum kontrollierter körperlicher Gewalt. Hier müßte man wohl auch die Rolle des Sports studieren, die von einer kritischen Sozialpsychologie wohl noch kaum zureichend erkannt wurde. Der Sport ist doppeldeutig: auf der einen Seite kann er antibarbarisch und antisadistisch wirken durch fair Play, Ritterlichkeit, Rücksicht auf den Schwächeren. Andererseits kann er in manchen seiner Arten und Verfahrungsweisen Aggression, Roheit und Sadismus fördern, vor allem in Personen, die nicht selbst der Anstrengung und Disziplin des Sports sich aussetzen, sondern bloß zusehen; in jenen, die auf dem Sportfeld zu brüllen pflegen. Solche Doppeldeutigkeit wäre systematisch zu analysieren. Soweit Erziehung darauf Einfluß hat, wären die Ergebnisse aufs Sportleben anzuwenden.

All das hängt mehr oder weniger mit der alten autoritätsgebundenen Struktur zusammen, mit Verhaltensweisen - ich hätte beinah gesagt - des guten alten autoritären Charakters. Was aber Auschwitz hervorbringt, die für die Welt von Auschwitz charakteristischen Typen, sind vermutlich ein Neues. Sie bezeichnet auf der einen Seite die blinde Identifikation mit dem Kollektiv. Auf der anderen sind sie danach zugeschnitten, Massen, Kollektive zu manipulieren [...]. Für das Allerwichtigste gegenüber der Gefahr einer Wiederholung halte ich, der blinden Vormacht aller Kollektive entgegenzuarbeiten, den Widerstand gegen sie dadurch zu steigern, daß man das Problem der Kollektivierung ins Licht rückt. Das ist nicht so abstrakt, wie es angesichts der Leidenschaft gerade junger, dem Bewußtsein nach progressiver Menschen, sich in irgend etwas einzugliedern, klingt. Anknüpfen ließe sich an das Leiden, das die Kollektive zunächst allen Individuen, die in sie aufgenommen werden, zufügen. Man braucht nur an die eigenen ersten Erfahrungen in der Schule zu denken. Anzugehen wäre gegen jene Art folk-ways, Volkssitten, Initiationsriten jeglicher Gestalt, die einem Menschen physischen Schmerz - oft bis zum Unerträglichen - antun als Preis dafür, dass er sich als Dazugehöriger, als einer des Kollektivs fühlen darf. [...]

In dieser gesamten Sphäre geht es um ein vorgebliches Ideal, das in der traditionellen Erziehung auch sonst eine erhebliche Rolle spielt, das der Härte. [...] Dies Erziehungsbild der Härte, an das viele glauben mögen, ohne darüber nachzudenken, ist durch und durch verkehrt. [...] Das gepriesene Hart-Sein, zu dem da erzogen werden soll, bedeutet Gleichgültigkeit gegen den Schmerz schlechthin. Dabei wird zwischen dem eigenen und dem anderer gar nicht einmal so sehr fest unterschieden. Wer hart ist gegen sich, der erkauft sich das Recht, hart auch gegen andere zu sein, und rächt sich für den Schmerz, dessen Regungen er nicht zeigen durfte, die er verdrängen mußte. Dieser Mechanismus ist ebenso bewußt zu machen wie eine Erziehung zu fördern, die nicht, wie früher, auch noch Prämien auf den Schmerz setzt und auf die Fähigkeit, Schmerzen auszuhalten. Mit anderen Worten: Erziehung müßte Ernst machen mit einem Gedanken, der der Philosophie keineswegs fremd ist: daß man die Angst nicht verdrängen soll. Wenn Angst nicht verdrängt wird, wenn man sich gestattet, real so viel Angst zu haben, wie diese Realität Angst verdient, dann wird gerade dadurch doch manches von dem zerstörerischen Effekt der unbewußten und verschobenen Angst verschwinden. [...]

Ich möchte einen konkreten Vorschlag machen: die Schuldigen von Auschwitz mit allen der Wissenschaft verfügbaren Methoden, insbesondere mit langjährigen Psychoanalysen, zu studieren, um möglicherweise herauszubringen, wie ein Mensch so wird. Das, was jene an

Gutem irgend noch tun können, ist, wenn sie selbst, in Widerspruch zu ihrer eigenen Charakterstruktur, etwas dazu helfen, daß es nicht noch einmal so komme. Das würde nur dann geschehen, wenn sie mitarbeiten wollten bei der Erforschung ihrer Genese. [...] Kennt man aber einmal die inneren und äußeren Bedingungen, die sie so machten - wenn ich hypothetisch unterstellen darf, daß man das tatsächlich herausbringen kann -, dann lassen sich möglicherweise doch praktische Folgerungen ziehen, daß es nicht noch einmal so werde. Ob der Versuch etwas hilft oder nicht, wird sich erst zeigen, wenn er unternommen ward; ich möchte ihn nicht überschätzen. Man muß sich vergegenwärtigen, daß aus derlei Bedingungen Menschen nicht automatisch erklärt werden können. Unter gleichen Bedingungen wurden manche so und manche ganz anders. Trotzdem wäre es der Mühe wert. [...]

Unfähigkeit zur Identifikation war fraglos die wichtigste psychologische Bedingung dafür, daß so etwas wie Auschwitz sich inmitten von einigermaßen gesitteten und harmlosen Menschen hat abspielen können. Was man so "Mitläufertum" nennt, war primär Geschäftsinteresse: daß man seinen eigenen Vorteil vor allem anderen wahrnimmt und, um nur ja nicht sich zu gefährden, sich nicht den Mund verbrennt. Das ist ein allgemeines Gesetz des Bestehenden. Das Schweigen unter dem Terror war nur dessen Konsequenz. [...]

Wer heute noch sagt, es sei nicht so oder nicht ganz so schlimm gewesen, der verteidigt bereits, was geschah, und wäre fraglos bereit zuzusehen oder mitzutun, wenn es wieder geschieht. [...]

Weiter wäre aufzuklären über die Möglichkeit der Verschiebung dessen, was in Auschwitz sich austobte. Morgen kann eine andere Gruppe drankommen als die Juden, etwa die Alten, die ja im Dritten Reich gerade eben noch verschont wurden, oder die Intellektuellen, oder einfach abweichende Gruppen. Das Klima - ich deutete darauf hin -, das am meisten solche Auferstehung fördert, ist der wiedererwachende Nationalismus. Er ist deshalb so böse, weil er im Zeitalter der internationalen Kommunikation und der übernationalen Blöcke an sich selbst gar nicht mehr so recht glauben kann und sich ins Maßlose übertreiben muß, um sich und anderen einzureden, er wäre noch substantiell. [...]

Quelle: Adorno, T.W. (1977). Erziehung nach Auschwitz. In Ders., *Gesammelte Schriften Band 10. Kulturkritik und Gesellschaft II* (S. 674-690). Suhrkamp: Frankfurt a. M.

1. Arbeiten Sie die „Mechanismen“ heraus, die laut Adorno die nationalsozialistischen Gräueltaten unterstützten.
2. Erläutern Sie die erzieherischen Konsequenzen, die Adorno herleitet.

Die Kinderladenbewegung

Die schweigende Kindheit der 1950er- und frühen 1960er- Jahre

Die Kindheit der 1950er-Jahre kann, darin ist sich die historische Forschung einig, als „schweigende Kindheit“ beschrieben werden. Sie folgte der Anpassungsmaxime „Wenn Du lächelst, bist Du schöner“, so ein Buchtitel aus dem Jahre 2004 über Kindheit in den 1950er- und 1960er-Jahren. Diese Orientierung galt für Mädchen und dabei insbesondere für Mädchen aus der Mittelschicht. [...]

Jener Ausrichtung der Erziehung an Gehorsam, Angepasstheit und familiärer Wohlanständigkeit, die Teil des bundesrepublikanischen Nachkriegs-Programms der Rückkehr zur Normalität war, setzten die pädagogischen Aufbrüche um 1968 diametral andere Prinzipien entgegen. Die Kindheits- und Erziehungsnorm der 1960er Jahre, die Klaus Mollenhauer als traditionell „familiar-pädagogisches Wohlverhalten“ bezeichnet hat, wurde durch die pädagogischen Aufbrüche von „68“ mit einer Erziehung zum „Ungehorsam“ konfrontiert, die Gehorsam, Autoritätsorientierung und Unterordnung in Frage stellte. Dieses Konzept war zugleich mit der Überschreitung des familialen Nahraums als primärem Ort der Erziehung von Kindern im Vorschulalter verbunden.

Vor dem Hintergrund der historischen Erfahrung des Nationalsozialismus wurde darüber nachgedacht, wie eine „Erziehung zur Mündigkeit", zur Kritik- und Widerstandsfähigkeit gelingen könnte und wie entsprechende Erziehungspraxen aussehen müssten. Dabei wurde (mit Adorno) davon ausgegangen, dass diese bereits in der frühen Kindheit beginnen müsse. Der Film „Erziehung zum Ungehorsam" von Gerhard Bott, Redakteur des Polit-Magazins PANORAMA, der 1969 im NDR ausgestrahlt wurde, informierte die bundesrepublikanische Öffentlichkeit erstmals breiter über Erziehung in den so genannten Kinderläden, die das Programm einer antiautoritären Erziehung verfolgten. Diese stieß allerdings beim Publikum keineswegs auf ungeteilte Zustimmung, sondern vor allem auf Empörung und massive Kritik, wie die Zuschauerreaktionen zeigten.

Kinderläden im städtischen Raum

Kinderläden waren Selbsthilfeinitiativen und -einrichtungen von Eltern aus dem akademischen Milieu im Umfeld der Studentenbewegung, die zunächst in den Großstädten und Zentren der Studentenbewegung, in Berlin und Frankfurt, in den Jahren 1967/68 gegründet wurden, dann auch in kleineren Universitätsstädten. Die Motive für die Gründung waren durchaus unterschiedlich. Was diese Eltern jedoch verband, war der Umstand, dass sie ihren Kindern eine andere Erziehung als in den traditionellen Kindergärten zuteil werden lassen wollten. [...]

Auf der Basis von Interviews und Gruppendiskussionen sowie der Auswertung von Protokollen und Flugblättern ergibt sich für die Kinderladengründung ein Spektrum an Motiven, das sich wie folgt zusammenfassen lässt. Erstens: Die Erziehung in der frühen Kindheit muss so gestaltet werden, dass Auschwitz sich nicht wiederholt. Zweitens: Das Interesse an einer Erziehung zu Kritikfähigkeit, statt zu Autoritätsfixierung, Gehorsam und Unterordnung. Hierbei spielte die Bezugnahme auf die „Studien zum autoritären Charakter" (1949/50) des Frankfurter Institutes für Sozialforschung eine Rolle. Drittens: Anders erziehen, als die Eltern und damit anders, als die eigene Generation erzogen worden war. Viertens: Kritik an den praktizierten Methoden der Erziehung und den traditionellen Kindergärten. Formuliert wurde auch immer wieder die Kritik, dass existierende Einrichtungen in den Händen der Kirchen lagen. Fünftens: Fehlende öffentliche Einrichtungen der Kinderbetreuung. [...] Sechstens: Kritik am dominierenden gesellschaftlichen Leitbild der Mutter. Frauen stellten die geschlechtsspezifische Arbeitsteilung infrage und wollten nicht mehr ausschließlich für die Betreuung ihrer Kinder im Vorschulalter zuständig sein. [...] Und schließlich gab es siebtens das Motiv der Veränderung der Gesellschaft durch Erziehung.

Wie [die antiautoritäre Erziehung in Kinderläden, d. Hrsg.] dann genau aussehen sollte, darüber gab es Diskussionen, Kontroversen und unterschiedliche Konzepte. Das Schlagwort von der „antiautoritären Erziehung" erwies sich dabei eher als Chiffre[1] für die verschiedenen Ansätze, das Spektrum war breit und erstreckte sich von einer proletarisch „sozialistischen Erziehung bis zum buddhistischen Om". [...] Unterschiedliche Ausrichtungen der Kinderläden lassen sich zudem für die verschiedenen Städte feststellen; sie folgten den jeweiligen politischen Kulturen und deren Akzentuierungen [...].

Quelle: Baader, M. S. (2011). „An der großen Schaufensterscheibe sollen sich die Kinder von innen und die Passanten von außen die Nase platt drücken." Kinderläden, Kinderkulturen und Kinder als Akteure im öffentlich-städtischen Raum seit 1969. In M.S. Baader & H. Ullrich (Hrsg.), *68 – Engagierte Jugend und Kritische Pädagogik* (S. 232-251). Weinheim: Beltz.

[1] Gemeinsames Kennzeichen.

Die Kinderschule Frankfurt Eschersheimer Landstraße

Ein Junge in der Kinderschule Frankfurt[1]

Im Jahr 1967 schlossen sich einige pädagogisch interessierte Eltern in Frankfurt zusammen, darunter federführend die Soziologin und Psychoanalytikerin Monika Seifert (1932-2002), um eine Kinderschule zu eröffnen, die aus einem Kindergarten, einer Vorschule und später einer Grundschule bestehen sollte. Im selben Jahr wurde der Kindergarten zunächst mit nur fünf Kindern in kleinen Räumlichkeiten eröffnet, 1968 zog der Kindergarten in eine größere Wohnung in der Eschersheimer Landstraße um, so dass zunächst 12, dann 20 Kinder im Alter zwischen drei bis sechs Jahren aufgenommen wurden. Erzogen wurden die Kinder von einer Grundschullehrerin, einer Psychologiestudentin, einer Malerin und einer Schauspielerin, die als Erzieherinnen in der Kinderschule tätig waren. Leitend war das pädagogische Konzept von Monika Seifert, das an einem repressionsfreien, antiautoritären Erziehungsstil orientiert war. Dem folgend wurde versucht, den Kindern einen Spielraum zu ermöglichen, innerhalb dessen sie sich frei von den Anpassungsforderungen an die Gesellschaft entfalten konnten. Dies war mit der politisch motivierten Hoffnung verbunden, die Kinder gegen Autoritätsabhängigkeit und Autoritätshörigkeit und zur Selbstständigkeit und Selbstbestimmung zu erziehen. Dahinter steht die Orientierung an der von Adorno formulierten Intention, dass sich antiautoritär erzogene Kinder, „die zur „Selbstregulierung" fähig, die ichstark und selbstständig sind, [...] notwendigerweise anti-autoritär verhalten, d.h. sie werden sich gegen die institutionalisierte Autorität unserer Gesellschaft, soweit sie auf bloßer Herrschaft beruht, auflehnen".[2]

Der folgende Bericht von Monika Seifert verdeutlicht die Praxis der frühkindlichen Erziehung und das ihr zugrundeliegende Prinzip der „Selbstregulierung".

---

[1] Quelle: Erika Sulzer-Kleinmeier. In: W. Aden-Grossmann (2014). *Monika Seifert. Pädagogin der antiautoritären Erziehung. Eine Biographie.* Frankfurt a.M.: Brandes & Apsel.

[2] Bott, G. (1970). *Erziehung zum Ungehorsam. Antiautoritäre Kinderläden. Kinderläden berichten aus der Praxis der antiautoritären Erziehung.* Frankfurt: März, S. 10.

Tageslauf

Beginn der Kinderschule: 9.00 Uhr; Ende der Kinderschule: 16.00 Uhr.

Einen festgelegten Tageslauf im üblichen Sinne gibt es bei uns nicht; da wir ständig mit den neu auftauchenden Wünschen und Interessen der Kinder rechnen müssen, legen wir uns mit unseren Vorstellungen über den Ablauf des Tages nicht fest.

Es werden bestimmte Aktivitäten, wie Ausflüge, Spiele, Feste und Möglichkeiten für manuelle Beschäftigungen (Basteln, Malen, Zeichnen und Schnitzen, Tonarbeiten usw.), vorbereitet, wobei immer davon ausgegangen wird, daß die Kinder von den angebotenen Möglichkeiten keinen Gebrauch machen müssen. [...]

Im Gegensatz zum herkömmlichen Kindergarten, in dem die Kinder aufgrund des fast überall herrschenden Personal- und Raummangels durch festgelegte Zeiten und Räume, durch vorgeschriebene Beschäftigung und Material unter dem Druck von Disziplinmaßnahmen in ihrer Bewegungsfreiheit stark eingeschränkt sind, haben die Kinder in unserem Projekt die Möglichkeit, sich ihren Neigungen entsprechend zu betätigen. Das gleiche gilt auch für das Essen. Die Kinder haben Gelegenheit, innerhalb ihres „Kinderrates“ ihre Essenswünsche vorzutragen. Nach diesem Kochplan richten sich die Eltern, die in abwechselnder Reihenfolge täglich in der Kinderschule kochen. Das Mittagessen gibt es täglich zwischen 12.00 und 13.00 in der Küche der Kinderschule, wobei es den Kindern überlassen bleibt, das Essen gemeinsam mit anderen oder allein und außerhalb der Küche einzunehmen.

Auch bei der Aufteilung der übrigen Räume haben die Kinder mitbestimmt. Ein großes Zimmer wird als Raum für ruhigere Aktivität benutzt; im zweiten großen Raum, dem sog. Tobezimmer, werden alle lauten Bewegungsspiele ausgeführt; ein kleiner Raum dient als Schul- und Unterrichtszimmer für Kinder, die sich mit Lernmaterial beschäftigen wollen. Die Waschküche ist mit einer Feuerstelle ausgestattet, die jederzeit benutzt werden kann, und der vorhandene Garten wird bei jedem Wetter von den Kindern für die verschiedensten Aktivitäten benutzt. [...]

Selbstregulierung

Unser Erziehungsprogramm beruht auf dem Prinzip der Selbstregulierung der kindlichen Bedürfnisse, d.h. das Kind soll in jedem Alter und auf allen Lebensgebieten (wie Essen, Schlafen, Sexualität, Sozialverhalten, Spielen, Lernen usw.) seine Bedürfnisse frei äußern und selbst regulieren können, es soll Gelegenheit haben und darin unterstützt werden, seine Interessen individuell und kollektiv zu erkennen und angemessen zu vertreten. [...] Wir versuchen, in unserem Projekt den Kindern den nötigen Freiheitsspielraum zu schaffen, innerhalb dessen sie frei von den Anpassungsforderungen an eine Zwangs- und Leistungsgesellschaft fähig werden, Selbstregulierung zu verwirklichen. [...] Selbstregulierung ist als pädagogisches Programm, das Ziel und Methode umfaßt, zu verstehen: ein sich selbst regulierendes Kind ist das pädagogische Ziel der Erwachsenen und Erzieher; insofern sich Selbstregulierung auf jeder Altersstufe anders äußert [...], kann man Selbstregulierung als ein – nicht formales – Verhalten definieren, das als Produkt des Verhältnisses zwischen dem Kind und seinen Bedürfnissen auf der einen Seite und der materiellen sowie sozialen *Umwelt* auf der anderen Seite [...] aufgefasst werden muß.

Ein selbstregulierendes Kind ist kein sich selbst überlassenes Kind im Sinne des „Laissez-faire-Stils“. Das Kind kann seine Bedürfnisse nur dann regulieren und seine eigene Interessenvertretung lernen, wenn es sich in der Geborgenheit eines stabilen Bezugsrahmens (Elternhaus, Kinderkollektiv) befindet. Die Voraussetzung für Selbstregulierung ist ein liebevolles Klima, wo affektive Zuwendung möglich ist, in dem keine festen rigiden Deutungsmuster von den erwachsenen Bezugspersonen vorgegeben sind, sondern der Erfahrungsspielraum für das Kind in jeder Hinsicht offengehalten wird.

Das Kind – je jünger es ist – ist noch nicht in der Lage, Bedürfnisse angemessen zu artikulieren oder zu verbalisieren. Das hängt nicht nur von der altersbedingten Unfähigkeit, Sprache als Kommunikationsmittel zu benutzen, ab, sondern wird vor allem dadurch verursacht, daß die verschiedenen Bedürfnisse – je nach der entsprechenden Altersstufe – noch mehr oder weniger undifferenziert sind [...]. Die Fürsorge der Erwachsenen für das Kind besteht darin, daß sie die unartikulierten und undifferenzierten Bedürfnisse erkennen und dem Kind helfen, unter verschiedenen Möglichkeiten zur Befriedigung ihrer [...] Bedürfnisse zu wählen und zu unterscheiden. Hier wird von den Erwachsenen ein pädagogischer Eingriff vorgenommen, der im Gegensatz zur Manipulation kindlicher Bedürfnisse steht, da dem Kind auf diese Weise Lustgewinn einerseits und Freiheit und Selbstständigkeit andererseits ermöglicht wird.

Häufig werden von Kritikern des Prinzips der Selbstregulierung Bedenken geäußert, daß diese Freiheit in chaotische Freiheit umschlage, in Zügellosigkeit und Hemmungslosigkeit der Bedürfnisse – kurz: in Tyrannei des Kindes. Ein tyrannisches Kind aber ist kein freies Kind, es ist ein zwanghaftes, unfreies Kind. Ein Kind, das „hemmungslose", unstillbare Bedürfnisse äußert und nicht zufriedenzustellen ist, ist ein unglückliches, gestörtes, krankes Kind, dessen Bedürfnisse nach Liebe und Zuwendung nicht oder mangelhaft gestillt werden oder in vorausgegangenen Phasen vernachlässigt wurden und das nun das Gefühl hat, „zu kurz" zu kommen. [...] Die Frage, ob ein Kind, das seine Bedürfnisse selbst regulieren kann, nicht unfähig ist, kollektivistisch solidarisch zu denken und zu handeln, wenn es mit den Interessen einer Gruppe bzw. eines Kollektivs konfrontiert wird, löst sich dann auf, wenn man bedenkt, daß ein frei, d.h. zur Selbstregulierung angehaltenes Kind spätestens dann lernt, auf eigene Bedürfnisbefriedigung zu verzichten (und es nicht als Opfer oder Verzicht zu empfinden), wenn es erfahren hat, daß das Zusammenleben mit Altersgenossen lustvoll und dem Alleinsein (mit der Mutter, den Eltern und sonstigen erwachsenen Bezugspersonen) vorzuziehen ist.

Quelle: Seifert, M. (1973). Kinderschule Frankfurt (Eschersheimer Landstraße). In D. Höltershinken (Hrsg.), *Vorschulerziehung 1. Dokumentation zur Elementarerziehung in einer sich wandelnden Gesellschaft* (S. 159-173). Freiburg, Basel, Wien: Herder.

1. Erläutern Sie das Prinzip der Selbstregulierung und dessen Umsetzung in dem Frankfurter Kindergartenprojekt.
2. Stellen Sie die antiautoritäre Erziehung nach Seifert den nationalsozialistischen Erziehungsratschlägen Johanna Haarers gegenüber.

5.2 Den Holocaust überlebt, die Kindheit zerstört

Höchstens elf Prozent der jüdischen Kinder in Europa entkamen der Tötungsmaschinerie der Nationalsozialisten. Sie überlebten, aber die Erinnerungen an das Grauen sind geblieben. Yoella Har-Shefi schreit. Den Mund weit aufgerissen steht die zierliche Frau mit hellgrauem Kurzhaarschnitt auf der Bühne des Centrum Judaicum in Berlin. Nach ein paar Sekunden ist es schlagartig still. „Das war, was wir ständig unterdrücken, um normal zu wirken", durchbricht Har-Shefi mit zittriger, aber durchdringender Stimme die Stille. „Es kostet viel Energie, nur um zu spielen, dass wir normale Menschen sind, die wir gar nicht sind." [...]

Har-Shefi, die heute in Israel lebt, war eines von nur 5000 bis 7000 jüdischen Kindern aus Polen, die im Zweiten Weltkrieg der Tötungsmaschinerie der deutschen Nationalsozialisten entkommen konnten. Vor dem Krieg lebten etwa eine Million jüdische Kinder in dem Land. Die Jüngsten wurden von den Nationalsozialisten als Erste umgebracht – erschlagen, erschossen oder bei lebendigem Leib ins Feuer geworfen. Nur sechs bis elf Prozent aller jüdischen Kinder in Europa haben den Krieg überlebt. Einige von ihnen entgingen knapp der Ermordung in einem der Konzentrationslager, ihnen wurde von den Nazis verboten, zur Schule zu gehen, und sie mussten Zwangsarbeit leisten. Andere wurden von ihren Eltern versteckt oder wuchsen getrennt von ihnen in anderen Familien auf – immer mit der Angst vor Entdeckung und Tod. Ihre leiblichen Eltern haben die meisten nie wiedergesehen.

Eines eint sie alle: Die Folgen des Holocaust reichen bis in ihre Gegenwart. Posttraumatische Belastungsstörungen können auch Jahre nach den schockierenden Erlebnissen noch auftreten, weiß der Psychiater und Psychotherapeut Martin Auerbach aus seiner Arbeit als klinischer Direktor der Organisation Amcha, die in Israel seit 1987 Holocaust-Überlebenden und ihren Kindern psychosoziale Hilfe anbietet. [...]

Die Nachfrage der Hilfesuchenden wächst in den letzten Jahren: Allein zwischen 2011 und 2013 ist die Zahl der Überlebenden, die sich an Amcha gewendet haben, um 17 Prozent auf 16.366 Klienten gestiegen. „Im Alter kommen neue Verluste hinzu, und manchmal entsteht bei ihnen so wieder das Gefühl, dass sie stark sein müssen", erklärt Psychiater Auerbach. Insgesamt leben in Israel heute Schätzungen zufolge etwa 190.000 Holocaust-Überlebende, davon waren circa 70.000 bei Kriegsende noch jünger als 16 Jahre.

„Ich war schon auf dem Weg zur Gaskammer"

„Das wesentliche Trauma der Kinderüberlebenden ist die Trennung von den Eltern. Oder zu sehen, wie die Eltern immer schwächer wurden und man sie demütigte", sagt Auerbach. Oft waren sie extrem früh gezwungen, allein klarzukommen. Von „verlorener Kindheit" sprechen heute viele von ihnen, berichtet Auerbach aus Therapiegesprächen. Sie stellen sich die Frage nach ihrer Identität, fühlen sich einsam und verlassen. Es kann zu Albträumen, Schlafstörungen und Angstzuständen kommen.

Wer der 85-jährigen Jona Laks zuhört, die heute in Israel lebt, versteht, wie tief die Wunden sind. Nachdem ihre Eltern von den Nazis aus Lodz in Polen verschleppt und ermordet worden waren, deportierte man sie und ihre Zwillingsschwester im Alter von 14 Jahren nach Auschwitz. Auf der Rampe wurde sie von ihrer Schwester getrennt und zur Vergasung geschickt. „Ich war schon auf dem Weg zur Gaskammer. Aus dem Schornstein des Krematoriums konnte ich Qualm aufsteigen sehen", sagt sie. „Ich konnte verbranntes Fleisch riechen. Ich denke immer daran." Als der KZ-Arzt Josef Mengele erfährt, dass es sich um Zwillingsschwestern handelt, lässt er Jona im letzten Moment zurückholen. Er missbraucht die beiden Frauen für seine grausamen pseudo-medizinischen Versuche.

„Nachdem ich geheiratet hatte, bemerkte mein Mann, dass ich schreckliche Angst vor Gas und Feuer habe. Er kochte fortan für uns“, sagt sie. Vor drei Jahren ist Laks’ Mann verstorben. „Seit dem Zeitpunkt bekomme ich kein warmes Essen mehr.“

Gefangen in einem Schweigekomplott

Es hat lange gedauert, bis den Kinderüberlebenden überhaupt zugestanden wurde, dass sie ein Trauma erlitten haben. Sie seien noch zu klein gewesen, um sich zu erinnern, hieß es lange Zeit. Doch auch wenn das bewusste Erinnern in Form einer Erzählung erst im zweiten und dritten Lebensjahr möglich ist, bleibt das zuvor Erlebte im Gedächtnis, sagt Auerbach. „Davor sind es nur Fragmente. Aber es gibt körperliche Erinnerungen, die bis heute nachvollziehbar sind. Es ist eine namenlose Angst.“ Solche Symptome seien auch bei Kinderüberlebenden immer wieder festzustellen und am schwierigsten zu behandeln.

Hinzu kommt, dass viele Betroffene nicht über das Geschehene reden konnten. „Vor allem nach dem Krieg war die erste Aufgabe, das Überleben zu überleben“, sagt Auerbach. Es galt, sich eine neue Existenz aufzubauen. Für Yoella Har-Shefi war die Befreiung wie ein zweiter Tod. „Wir wussten doch gar nicht, wie man ein normales Leben lebt“, sagt sie. Für sie gab es kein „normales Davor“, an dem sie sich orientieren konnten. So nennt es der Frankfurter Psychoanalytiker Kurt Grünberg, der die Traumata der Kinderüberlebenden als identitäts- und strukturbildend einstuft.

Viele Überlebende litten in den Jahren nach dem Krieg zudem unter der Angst, von Außenstehenden nicht verstanden und so noch stärker verwundet zu werden. [...] Viele Überlebende, die nach Palästina kamen, waren zudem mit der Frage konfrontiert, warum die Juden in Europa sich gegen das Nazi-Regime nicht hatten wehren können. Erst durch den Prozess gegen den SS-Obersturmbannführer Adolf Eichmann 1961 wurde das „Schweigekomplott“ gebrochen, als die Zeugenaussagen Überlebender im Radio übertragen wurden.

Wer bin ich?

Das Schweigen habe dazu geführt, dass viele die Verluste lange Zeit nicht verarbeiten konnten, sagt Auerbach. Der Kinderüberlebende Max Arpels Lezer hat erst im Alter von 40 Jahren eine Therapie gemacht. Er wurde von seinem Vater 1942 in eine fremde Familie gegeben, die ihn vor den Nazis verstecken sollte. Der damals sechsjährige Junge musste ein neues Leben in Friesland beginnen – und auch dort spürte er die Bedrohung, denn Dorfnachbarn wussten, dass er jüdisch ist.

Sechs Jahre später holte ihn sein Vater zurück nach Amsterdam. „1948 begann mein Krieg“, sagt er heute. „Ich musste kämpfen, denn ich war ein fast zwölfjähriger Junge vom Land und kam plötzlich in die Stadt“, sagt er. Hinzu kam, dass sein Vater ihm eine neue Frau als Mutter vorstellte, seine leibliche Mutter war von den Nationalsozialisten ermordet worden. Zurück in Amsterdam, fiel er in infantiles Verhalten zurück, nässte plötzlich das Bett wieder ein und wurde deswegen geschlagen. Erst nach dem Tod seiner Stiefmutter konnte er sich der Vergangenheit stellen.

Plötzlich ist die Vergangenheit zurück

Die traumatischen Erinnerungen können jederzeit wieder aufbrechen. Luftalarm, wie er in Tel Aviv und andernorts bei Raketenangriffen der islamistischen Hamas aus dem Gazastreifen ertönt, kann zu einer sogenannten Retraumatisierung führen. [...]

Auch eine Demonstration, auf der antisemitische Parolen zu hören sind, kann die Traumata zurückbringen. Wichtig für die Betroffenen sei, dass sie dann nicht alleine seien, sagt Auerbach. Deswegen rufen er und seine Kollegen in Krisenzeiten ihre Klienten an, besuchen sie oder bieten Ausflüge in ruhigere Gegenden an.

Die Angst der zweiten Generation

Nicht nur die Überlebenden, auch ihre Kinder können von den Traumata betroffen sein. „Die zweite Generation hat oft das Gefühl der latenten Gefahr. Und wir wissen, dass sie viel sensibler gegenüber neuen Traumata sind“, sagt Auerbach. Durch ängstliche Reaktionen der Eltern auf Menschen in Uniform oder Autoritätspersonen beispielsweise bekommen die Kinder mit, dass etwas nicht stimmt. Häufig fühlen sich die Söhne und Töchter der Überlebenden zu sehr behütet. Auch das kann zu Konflikten führen.

Wichtig sei, einen passenden Moment zu finden, um über die Vergangenheit zu sprechen, sagt der Psychiater. Roman Kent, Schatzmeister der Jewish Claims Conference, weiß aus eigener Erfahrung, wie schwer das ist. Seine Familie, das Beisammensein mit den Eltern und Geschwistern, seine Schulzeit und eine Ausbildung habe er durch den Holocaust verloren. Aber wie erklärt man das den Kindern? „Ich wusste nicht, was ich einem kleinen Kind antworten soll, wenn es nach seinen Großeltern fragt. So hatten wir ewig Ausreden parat“, sagt er.

Häufig erzählen die Überlebenden ihren Enkelkindern mehr über die Vergangenheit als den eigenen Kindern, sagt Auerbach. Denn der zeitliche Abstand zu den Geschehnissen mache es für die Betroffenen leichter, mit den später Geborenen darüber zu reden. Außerdem würden die Überlebenden heute viel mehr geschätzt und gewürdigt, was ihnen helfe.

„Betreuungskräfte müssen sensibilisiert sein“

Es gibt noch viel zu lernen im Umgang mit Holocaust-Überlebenden. Viele Seniorenheime und andere Einrichtungen der Altenpflege sind noch nicht ausreichend auf die Bedürfnisse der Betroffenen eingestellt. „Die Betreuungskräfte müssen sensibilisiert sein“, sagt Auerbach. „Man braucht Therapeuten, die keine Angst haben, über den Holocaust zu sprechen. Außerdem muss man den historischen Hintergrund kennen, damit man genau weiß, was es bedeutet, wenn jemand sagt: Ich war in Ungarn.“ Wenn ein Therapeut die spezifischen Umstände an verschiedenen Orten der Kriegszeit kenne, könne er scheinbar unbegründete Angstzustände eher verstehen und deuten.

Die Kinderüberlebende Yoella Har-Shefi wünscht sich vor allem, dass man ihr mit Verständnis begegnet und anerkennt, dass sie an den Folgen der Verbrechen der Nationalsozialisten leidet. „Wir fordern, dass wir die zweite Hälfte unseres Lebens in Würde leben können, nachdem uns schon die erste genommen wurde“, sagt sie. Und eines dürfe man nicht vergessen: Die Überlebenden helfen zu verhindern, dass die Schoah irgendwann nur noch eine Fußnote ist.

Quelle: Gillert, S. (2014). *Den Holocaust überlebt, die Kindheit zerstört. https://www.welt.de/politik/ausland/article132071896/Den-Holocaust-ueberlebt-die-Kindheit-zerstoert.html* [23.01.2019]

"Deuten Sie die Überschrift "Den Holocaust überlebt – die Kindheit zerstört" anhand des Textes".

Zahlreiche Interviews mit Überlebenden des Holocaust finden sich auf der Website der Gedenkstätte Yad Vashem in Jerusalem: https://www.yadvashem.org/de/education/educational-materials/interviews/road-ahead.html [01.02.2019].

Quelle der Abbildung:
https://upload.wikimedia.org/wikipedia/commons/0/00/Yad_Vashem_Logo.svg [01.02.2019].

5.3 Aktuelle Herausforderungen des pädagogischen Umgangs mit dem Nationalsozialismus

Bereits im Geschichtsunterricht, wahrscheinlich auch im Deutschunterricht und nun im Fach Erziehungswissenschaft haben Sie sich mit dem Thema Nationalsozialismus auseinandergesetzt. Vielleicht haben Sie auch bereits eine Gedenkstätte besucht und sich in der außerschulischen Jugendarbeit mit dem Thema befasst. In Ihrer eigenen pädagogischen Biographie sind Sie mit dem Thema Nationalsozialismus konfrontiert worden. Dabei haben Sie vermutlich verschiedene Inhalte auf verschiedenen methodischen Wegen bearbeitet.

Die pädagogische Auseinandersetzung mit dem Nationalsozialismus ist geprägt von methodischen und didaktischen Entscheidungen der PädagogInnen, die sie planen und initiieren. Pädagogische Konzeptionen und Vermittlungsstrategien stehen nicht im luftleeren Raum, sondern sind Ideen und Konzeptionen von PädagogInnen, die selber in generationenspezifischen Kontexten der Auseinandersetzung mit dem Nationalsozialismus stehen. Die Erinnerung an die Vergangenheit prägt die pädagogische Umgangsweise und ändert sich von Generation zu Generation. So schreibt der Historiker Reinhart Koselleck: „Mit dem Generationswechsel ändert sich auch der Gegenstand der Betrachtung. Aus der erfahrungsgesättigten, gegenwärtigen Vergangenheit der Überlebenden wird eine reine Vergangenheit, die sich der Erfahrung entzogen hat. [...] Mit der aussterbenden Erinnerung wird die Distanz nicht nur größer, sondern es verändert sich auch ihre Qualität. Bald sprechen nur noch die Akten, angereichert durch Bilder, Filme, Memoiren."[1] Koselleck bezieht sich mit dieser Aussage auf den Wandel der Erinnerungskultur, der durch das Sterben der am Nationalsozialismus beteiligten Zeitzeugen geprägt ist. War die Erinnerung an den Nationalsozialismus in der Nachkriegszeit und bis in die Nullerjahre noch durch die eigene Erinnerung der Täter oder Opfer geprägt, so bricht mit dem Aussterben der Zeitzeugengeneration auch die lebendige Geschichtserfahrung, ihre Tradierung in persönlichen Gesprächen und Berichten ab, Erinnerung wird auf Akten, Bilder, Filme und Memoiren gestützt, wodurch die persönliche Betroffenheit eventuell verblasst.

Für den pädagogischen Umgang mit dem Nationalsozialismus bedeutet dies, dass Kinder, Jugendliche und auch die jüngeren PädagogInnen heute weniger mit „lebendiger Geschichtserfahrung"[2] verbunden sind, da die am Nationalsozialismus beteiligte Generation bereits verstorben ist oder da die nationalsozialistische Vergangenheit die eigene Familie aufgrund von Migration und Flucht vielleicht in anderer Weise betrifft.

Dass jede Generation einen spezifischen Zugang zu dem Nationalsozialismus hat, der die Art und Weise prägt, wie der Nationalsozialismus zum Lerngegenstand wird, stellt Astrid Messerschmidt in dem folgenden Text dar. Messerschmidt macht Generationen nicht an bestimmten Jahrgängen fest, sie versteht Generationen vielmehr als die verbindende „Verhältnisbestimmung zur nationalsozialistischen Vergangenheit".[3] Im Fokus ihres Textes steht daher die Generation der Enkel der Zeitzeugen des Nationalsozialismus.

---

[1] Zit. n.: Assmann, A. & Frevert, U. *Geschichtsvergessenheit – Geschichtsversessenheit. Der Umgang mit der deutschen Vergangenheit nach 1945* (S. 19-53). Stuttgart: Metzler 1999, S. 28.

[2] Ebd.

[3] Messerschmidt, A. (2008). Zwischen Abwehr und Kritik der Erinnerung – zum pädagogischen Umgang mit dem Holocaust in der dritten Generation. In J. Birkmeyer (Hrsg.), *Holocaust-Literatur und Deutschunterricht* (S. 94-105). Baltmannsweiler: Schneider, S. 94.

Zwischen Abwehr und Kritik der Erinnerung
– zum pädagogischen Umgang mit dem Holocaust in der dritten Generation

Die dritte Generation[1] nach 1945 hat die NS-Geschichte nicht zu verantworten und müsste sich insofern jenseits des Schulddiskurses positionieren, der ein entscheidendes Motiv für die zweite Generation war, die ihre Eltern mit der vermiedenen Debatte um ihre schuldhafte Beteiligung an den NS-Verbrechen konfrontierte. Der dritten Generation hingegen kommt zunehmend die Verantwortung für die Art und Weise des Erinnerns zu. [...] In der Auseinandersetzung um das Verhältnis zur NS-Vergangenheit drei Generationen danach fällt auf, dass die Unterscheidung von Schuld für das Geschehen und Verantwortung für die Erinnerung offensichtlich nicht gelingt. Vielmehr begegnet einem bei vielen, die der dritten Generation zuzuordnen sind, eine Fixierung auf das Schuldmotiv. Die Behauptung, beschuldigt zu werden, wird oft untermauert von Erzählungen über Auslandsaufenthalte in Ländern, wo man als „Nazi" beschimpft worden ist. Mit solchen Geschichten kann man fast sicher rechnen, wenn man mit Angehörigen der dritten Generation an dem Thema Holocaust-Erinnerung arbeitet. Zwar wollen sie sich erinnern und sind nach wie vor an der Auseinandersetzung mit der NS-Geschichte interessiert, aber die Fiktion des Beschuldigtwerdens verstellt den Zugang zu einer Auseinandersetzung, die es ermöglicht, einen eigenen Bezug zur Geschichte zu entwickeln. Eine Studentin, die es abgelehnt hatte, sich an einem Gedenkstättenbesuch zu beteiligten, begründete dies so: „Da sollen wir nur wieder gesagt bekommen, was wir alles falsch gemacht haben." [...]

Neben die Schuldstilisierung tritt ein zweites Motiv, das als Protest gegen moralisierende Geschichtsvermittlung auftritt. Man wehrt sich gegen den Betroffenheitsgestus der Vertreter der zweiten Generation, die auch die Lehrerschaft stellten und von denen man sich immer moralisierend belehrt gefühlt hat. Die Abwehr gegen diese Belehrung tritt dann häufig als Abwehr der Erinnerung auf: „Dauernd werden wir mit dem NS belästigt." Der historische Gegenstand wird dabei zu etwas Äußerlichem, mit dem ich eigentlich nichts zu tun habe, das mir aber dauernd als „mein Ding" angetragen wird. Der Gestus einer selbstsicheren moralischen Position, mit dem dieses Herantragen erfolgt [ist], erzeugt Abgrenzungsreaktionen. Es scheint hier ein Überdruss entstanden zu sein, der aber nicht in Form der Kritik an der Art und Weise der Vermittlung ausgetragen werden kann, weil keine Analyse dieser Vermittlungsformen erfolgt ist. Der Vorwurf an diejenigen, die Erinnerung zu einem Belehrungsgegenstand machen und so tun, als hätten sie sich selbst angemessen mit der Geschichte und Vorgeschichte von Auschwitz auseinander gesetzt, bleibt unausgesprochen. Er wird auf den historischen Gegenstand gerichtet, der damit auf Distanz gehalten werden kann. [...]

---

[1] Damit greift Messerschmidt eine Differenzierung der drei Generationen nach 1945 auf: Bei der ‚ersten Generation' handelt es sich um Zeitzeugen des Nationalsozialismus, bei der ‚zweiten Generation' um deren nach 1945 geborene Kinder, die ‚dritte Generation' bezieht sich auf die Enkel. Bei dem Generationenbegriff handelt es sich eher um einen symbolischen Begriff, der auch charakterisiert ist durch die unterschiedlichen Zugriffsweisen auf Erinnerung, nicht aber nur durch das Geburtsjahr.
Direkt nach 1945 und in den 1950er-Jahren waren die Schrecken des Krieges direkt spürbar, der Holocaust wurde verschwiegen, tabuisiert. Die Mehrheit der deutschen Bevölkerung verstand sich als Opfer des faschistischen Regimes. Es bestand die Unfähigkeit, die Erinnerung an die Gräueltaten des Regimes zu verbalisieren. Die Kinder der Zeitzeugengeneration, die sogenannte ‚zweite Generation', brach das kollektive Schweigen. Die Konfrontation mit dem Faschismus, dem Antisemitismus und Genozid wurde zum prägenden Thema dieser ‚68er-Generation', das ihre Auseinandersetzung mit aktuellen politischen Ereignissen, dem Vietnamkrieg oder auch der Notstandsverfassung, prägte. Oftmals grenzten sie sich von den eigenen Eltern ab, identifizierten sich mit den Opfern des Nationalsozialismus und suchten nach alternativen Formen des gesellschaftlichen Zusammenlebens, die sie als Gegenmodell zum Faschismus verstanden.

Adornos Einsicht, dass „Erziehung nach Auschwitz" nur sinnvoll ist als eine zur kritischen Selbstreflexion, aktualisiert sich als Anspruch an die Erziehenden selbst, als Aufforderung, sich mit dem eigenen Geschichtsbezug auseinander zu setzen. Gelingt es, den erfahrenen Umgang mit Erinnerung selbst zum Gegenstand zu machen, wird es wieder möglich, das eigene Interesse an der Geschichte zu äußern. Dieser Zugang über die vermittelte Erinnerung [...] richtet sich bereits auf den Umgang mit der Erinnerung in der Jetztzeit, auf die Erfahrungen mit pädagogischen Vermittlungsformen und kulturellen Repräsentationen. [Die dritte Generation hat, d. Hrsg.] in ihrem Verhältnis zum Holocaust einen Generationenkonflikt auszutragen gegenüber den Selbstsicherheiten der Eltern und Lehrer/innen, die ihnen das „richtige Erinnern" beibringen wollten und dabei sich selbst immer schon auf der „richtigen" Seite sahen. [...] Wird der [...] Generationenkonflikt aber nicht ausgetragen, kommt es zur Identifikation mit der ersten Generation, zur Übernahme eines beschwichtigenden Geschichtsbezugs, der die Verdrängung der Holocaust-Erinnerung fortsetzt und die Deckerinnerungen des eigenen Kriegsleidens, der Bombenopfer und Vertreibungsgeschichten davor schiebt.

Quelle: Messerschmidt, A. (2008). Zwischen Abwehr und Kritik der Erinnerung – zum pädagogischen Umgang mit dem Holocaust in der dritten Generation. In J. Birkmeyer (Hrsg.), *Holocaust-Literatur und Deutschunterricht* (S. 94-105). Baltmannsweiler: Schneider.

1. Arbeiten Sie heraus, welche Mechanismen aus der Sicht von Messerschmidt eine kritische Auseinandersetzung mit dem Nationalsozialismus verhindern.
2. Diskutieren Sie, welchen pädagogischen Umgang mit dem Thema „Erziehung im Nationalsozialismus" Sie sich wünschen.

Ideen zur Vertiefung

In der Interviewstudie von Welzer, Moller und Tschuggnall untersucht das Forscherteam den Umgang mit Nationalsozialismus und Holocaust in Familiengesprächen deutscher Familien. Die Studie liefert wichtige Ergebnisse über transgenerationelle Überlieferungen der deutschen Geschichte und deren Bedeutung für innerfamiliale Identitätsstiftungsprozesse. Sie bietet aber auch Anregungen für Gespräche in der eigenen Familie und ihre Reflexion.

Welzer, H., Moller, S. & Tschuggnall, K. (2002) *„Opa war kein Nazi". Nationalismus und Holocaust im Familiengedächtnis.* Berlin: Fischer.

5.4 Orte der Erinnerung – Gedenkstättenpädagogik

Als Gedenkstätte bezeichnet man einen Ort der Erinnerung und des Gedenkens, an dem eine Verbindung zu bedeutenden Ereignissen oder Persönlichkeiten hergestellt wird. Somit wird eine Gedenkstätte als Teil der gesellschaftlichen Erinnerungskultur, der eine Vermittlungsfunktion zugesprochen wird, verstanden. Häufig befinden sich Gedenkstätten am Ort des historischen Geschehens oder in unmittelbarer räumlicher Nähe zu diesem. In Abgrenzung zu Denkmälern können drei Spezifika herausgestellt werden: Der Zugang zum historischen Ort ist möglich, der historische Ort wird den Besucherinnen und Besuchern durch eine Ausstellung mit bestimmten Öffnungszeiten erläutert, es besteht eine Institution, „die zu dem historischen Ort forscht, Objekte und Materialien sammelt, diese bewahrt und ausstellt sowie feste Öffnungszeiten für den Besuch der Stätte anbietet."[1]

Bis in die 80er Jahre fanden sich in der Bundesrepublik Deutschland nur einige wenige Stätten zum Gedenken an die Opfer der NS-Herrschaft. Prominente Beispiele sind die Gedenkstätten in Dachau und Buchenwald, Standorte ehemaliger Konzentrationslager. Vor dem Hintergrund einer sich verändernden Erinnerungskultur entstanden in den 80er Jahren vermehrt Gedenkstätten, so dass dieser Zeitraum auch als „Gedenkstättenjahrzehnt" gesehen wird. Gegenwärtig sind Gedenkstättenbesuche als Angebote in den unterschiedlichsten Bereichen der Jugend- und Erwachsenenbildung verankert und werden als außerschulische Lerngelegenheiten verstanden.

Gedenkstättenpädagogik heute

Qualifizierung von Fachkräften in der historisch-politischen Bildung an Gedenkstätten und anderen Orten der Geschichte des Nationalsozialismus

Die meisten der Millionen Menschen, die heute jährlich Gedenkstätten für die Opfer des Nationalsozialismus aufsuchen, sind nach dem Zusammenbruch des »Dritten Reiches« geboren. Für sie ist der nationalsozialistische Terror Geschichte. Zwar mögen manche mit der Erwartung kommen, dessen Schrecken hier unmittelbar nacherleben zu können, ohne ihm ausgesetzt zu sein, sie werden aber feststellen, dass dies nicht möglich ist. Es gibt keine unmittelbare Begegnung mit der Vergangenheit an diesen Stätten. Sie weisen Spuren auf, die gelesen werden müssen, Strukturen, die zu erforschen sind, sie rufen Eindrücke hervor, die verarbeitet werden müssen, und die Besucher(innen) stoßen auf symbolische Installationen, die verstanden werden sollen. Pädagogische Mitarbeiter(innen) der Gedenkstätten können ihnen dabei behilflich sein, indem sie auf Bemerkenswertes hinweisen, einschlägige historische Informationen geben und Deutungsversuche anregen. Es ist also weder ihre Funktion, lediglich historische Daten mitzuteilen – das können Audioguides mindestens ebenso gut –, noch einen geschichtspolitischen Konsens möglichst überzeugend zu verbreiten oder als kritische Mahner aufzutreten, um vor Geschichtsblindheit und den Gefahren totalitärer Ideologien zu warnen. Vielmehr sollen sie die Besucher vor allem zu einer eigenen Auseinandersetzung mit der Geschichte anregen und dabei unterstützen. [...]

Unterstützung bei der Wahrnehmung des Ortes ist für die Besucher(innen) nicht allein hilfreich, wenn es um Spuren aus der Zeit des Nationalsozialismus geht, sondern auch beim Entdecken und Verstehen der oft weiter zurückreichenden Geschichte der Örtlichkeit und vor allem ihrer Nachkriegsgeschichte und der Geschichte der Gedenkstätte selbst. An den

---

[1] Quelle: Lutz, T., & Schulze, M. (2017). *Gedenkstätten für die Opfer nationalsozialistischer Gewalt in Deutschland. https://www.gedenkstaettenforum.de/nc/gedenkstaetten-rundbrief/rundbrief/news/gedenkstaetten_fuer_die_opfer_nationalsozialistischer_gewalt_in_deutschland/* [23.01.2019].

meisten Orten finden sich viele historische Schichten, nicht nur die der Zeit des Nationalsozialismus, die aufschlussreiche Hinweise auf die kollektive Erinnerung und die Erinnerungspolitik enthalten. Die Kenntnisse der Gedenkstättenmitarbeiter(innen) dürfen sich daher nicht auf die Geschichte der NS-Zeit beschränken; sie müssen historisch weiter ausgreifen und auch Fragen der Geschichtskultur und Erinnerungspolitik umfassen.

Priorität beim Lernen an einem historischen Ort der nationalsozialistischen Geschichte kommt aber der spezifischen Rolle dieses Ortes während der nationalsozialistischen Herrschaft zu. Dabei ist auch der paradigmatische Charakter zu berücksichtigen, den die Besucher(innen) diesen Orten in der Regel zuschreiben. Zumeist werden diejenigen, die eine Gedenkstätte auf dem Gelände eines ehemaligen Konzentrationslagers besichtigen, nicht viele ähnliche Einrichtungen besuchen. Deshalb ist es wichtig, sie über die gemeinsamen Merkmale der Konzentrationslager zu unterrichten und deren historische Funktion zu erläutern, ohne die besondere Geschichte des besuchten Ortes und die Rolle dieses Lagers im System der Konzentrationslager zu vernachlässigen.

Die historische Bedeutung dieser Verbrechensorte erschließt sich nicht allein durch visuelle Eindrücke und die Kontextualisierung des Sichtbaren. Es ist Aufgabe der Gedenkstätten, die Geschichten derjenigen, die dort gelitten haben, zu erzählen und an die Verbrechen zu erinnern, die dort begangen wurden. Auch in dieser Hinsicht kommt den Vermittlerinnen und Vermittlern eine wichtige Rolle zu: Die Überreste erzählen ihre Geschichte nur dem, der sie schon kennt. Und Ausstellungen sind als vorwiegend visuelle, nichtnarrative Medien wenig geeignet, Geschichten zu erzählen. Gedenkstätten sind als Orte der Erinnerung an Menschen gegründet worden, die gequält und ermordet wurden. Nachgeborene, die diese Menschen nicht persönlich gekannt haben, sollten zumindest exemplarisch deren Lebens- und Leidensgeschichte erfahren. Sie kann ihnen von Mitarbeiter(innen) erzählt oder durch audiovisuelle Medien vermittelt werden. […]

Neben der Vermittlung von Wissen und der Ermöglichung des Erinnerns und Gedenkens hat Pädagogik in Gedenkstätten zum Ziel, Reflexionen über die historische und die aktuelle Bedeutung des vor Ort Geschehenen anzuregen. Dabei stellt sich unvermeidlich die Frage, warum die Verbrechen geschehen sind. Diese Frage erfordert eine Auseinandersetzung mit Täterinnen/Tätern und Zuschauerinnen/Zuschauern. Darin ist die Forderung nach Multiperspektivität auch in der gedenkstättenpädagogischen Arbeit begründet. Wenn man heute in etlichen Gedenkstätten Ausstellungen oder Ausstellungsteile über Täter(innen) findet, geht es selbstverständlich nicht darum, die Erinnerung an diese Täter(innen) als Personen zu bewahren und sich ihnen damit in ähnlicher Weise zu widmen wie den Opfern. Wenn aber Gedenkstätten erklären sollen, warum Konzentrations- und Todeslager errichtet und warum sie bedenkenlos benutzt wurden, Millionen Menschen zu terrorisieren und zu ermorden, muss die Ideologie und Mentalität der Täter(innen) zusammen mit den Einrichtungen, deren sie sich bedienten, untersucht werden. Ein solcher Ansatz geht weit über einen engen biografischen Zugang hinaus, der nur bestimmte Individuen und ihren Weg ins Auge fasst. Er will einen Einblick in die historischen, soziologischen und psychologischen Bedingungen ermöglichen, aus denen die nationalsozialistischen Verbrechen hervorgingen. Multiperspektivität zielt nicht auf einen Relativismus, der auf Urteile verzichtet. […] Historische und moralische Urteile sind erforderlich, aber sie müssen auf Erklärungen basieren, die die gegebenen Bedingungen in Betracht ziehen. Gedenkstättenpädagogik sollte die Fähigkeit der Besucher(innen) zur Urteilsbildung fördern, anstatt Urteile vorzugeben.

Die schwierigste Frage, mit der Gedenkstättenpädagogik konfrontiert ist, ist die nach dem Gegenwartsbezug. Sie stellt sich zum einen im Hinblick auf den heutigen Umgang mit der

Geschichte und kann an die Gedenkstättenpädagogik selbst gerichtet werden. Auch wenn es für eine sich gerade erst etablierende Teildisziplin schwierig ist, schon heute den für die Selbstreflexion notwendigen Abstand zu gewinnen, liegt doch auf der Hand, dass die Fragestellungen und methodisch-didaktischen Konzeptionen, die sich in den vergangenen Jahrzehnten entwickelt haben, von gegenwärtigen Bedürfnissen bestimmt waren und sind. [...] Vom Gegenwartsbezug der Gedenkstättenpädagogik ist aber auch im Hinblick auf das Ziel zu sprechen, aktuell zur politischen Bildung beizutragen. Diese Zielsetzung hat sich aus der den Gedenkstätten schon früh zugeschriebenen Funktion, zu mahnen, Verbrechen wie die des Nationalsozialismus nie wieder zuzulassen, entwickelt. Heute ist klar, dass die Vergegenwärtigung der Schrecken des nationalsozialistischen Regimes an den Orten der Verbrechen allein nicht verhindern kann, dass durch Rassismus und Antisemitismus motivierte Gewalt ausgeübt wird. Daraus aber die Konsequenz zu ziehen, sich ganz auf die Vermittlung historischer Kenntnisse zu beschränken und das Ziel politischer Bildung aufzugeben, entspräche weder den Erwartungen der Öffentlichkeit an die Gedenkstätten noch dem Selbstverständnis der meisten ihrer Mitarbeiter(innen). Diese stellen sich durchaus die Frage, welchen Beitrag ihre Arbeit zur Erreichung dieses Ziels leisten kann und welche Ansätze erfolgversprechend sind. Um sie beantworten zu können, müssen sie sich mit vielen pädagogischen Nachbardisziplinen befassen, die hier nur stichwortartig genannt werden können: die Bekämpfung von Antisemitismus und Rassismus, die interkulturelle Erziehung und die Migrationspädagogik, die Demokratie- und die Toleranzerziehung sowie die Menschenrechtsbildung. [...] Vielmehr müssen in Gedenkstätten Konzepte für Lernprozesse entwickelt und erprobt werden, die explizit und detailliert begründet politische Bildung zum Ziel haben, ohne dass dabei die Auseinandersetzung mit dem Ort beeinträchtigt wird. Dazu bedarf es einer engen Zusammenarbeit mit Experten in den genannten Feldern der Pädagogik, die ja ihre je eigenen Traditionen, Konzepte und Methoden haben. Das erste Ziel ist, zu eruieren,[1] ob und auf welche Weise historisch orientierte Gedenkstättenarbeit mit einem oder mehreren dieser unterschiedlichen Ansätze verbunden werden kann. Dabei ist jeweils zu prüfen, ob politische Bildung (wie z.B. interkulturelle Erziehung oder Menschenrechtsbildung) in Gedenkstätten selbst stattfinden kann oder ob eher eine Abstimmung und Koordination im Rahmen übergreifender, durch Zusammenarbeit zwischen mehreren Institutionen wie Schulen, Gedenkstätten, Jugendzentren etc. zu realisierender Bildungskonzepte angestrebt werden sollte.

Quelle: Kaiser, W. (2010). Gedenkstättenpädagogik heute. Qualifizierung von Fachkräften in der historisch-politischen Bildung an Gedenkstätten und anderen Orten der Geschichte des Nationalsozialismus. In B. Thimm, G. Kößler & S. Ulrich (Hrsg.), *Verunsichernde Orte. Selbstverständnis und Weiterbildung in der Gedenkstättenpädagogik* (S. 19-24). Frankfurt a. M: Brandes & Apsel.

1. Kennzeichnen Sie spezifische Möglichkeiten der pädagogischen Arbeit in Gedenkstätten im Vergleich zum schulischen Geschichtsunterricht.
2. Erläutern Sie die Herausforderungen, vor denen Gedenkstättenpädagogik steht.
3. Stellen Sie dar, in welcher Weise GedenkstättenpädagogInnen versuchen, diesen Herausforderungen gerecht zu werden.

[1] Etwas nach sorgsamer Erforschung herausfinden bzw. feststellen.

Entstehung des Museums und der Gedenkstätte Auschwitz-Birkenau

Anfänge

Einige Monate nach Ende des Krieges[1] und Befreiung der Lager begann eine Gruppe polnischer Häftlinge die Idee des Gedenkens an die Opfer öffentlich zu verbreiten.

Sobald dies möglich war, begann ein Teil von ihnen, die Objekte und Ruinen auf dem Gelände des ehemaligen Lagers zu bewachen. Sie organisierten die „Dauernde Wache des Auschwitzer Lagers" und kümmerten sich um die tausenden Pilger, die kamen, um Spuren ihrer Verwandten und Freunde zu finden, der Toten zu gedenken und zu beten. Noch bevor das Museum offiziell ins Leben gerufen wurde, organisierten die ehemaligen Häftlinge die erste Ausstellung auf dem Lagergelände, welche am 14. Juni 1947 eröffnet wurde. An der Eröffnungsfeier nahmen ca. 50.000 Menschen teil, darunter ehemalige Häftlinge, Familien von Ermordeten, Pilger aus ganz Polen, Delegationen der polnischen Regierung und der Botschaften Großbritanniens, Frankreichs und der Tschechoslowakei sowie Vertreter der Hauptuntersuchungskommission der Deutschen Verbrechen und der Zentralen Jüdischen Historischen Kommission. [...]

Museum oder Gedenkstätte?

Gemäss [sic] des polnischen Parlamentsbeschlusses von 1947 umfassten die Aufgaben des Museums die Bewahrung des ehemaligen Lagergeländes und seiner Objekte, das Sammeln von Materialien und Dokumenten [sic] die mit den deutschen Verbrechen in Auschwitz in Verbindung stehen, ihre Erschliessung [sic] und wissenschaftliche Aufbereitung.

Fragen der Organisation, Tätigkeit und Entwicklung des Museums waren und sind allerdings noch immer Gegenstand der Diskussion zwischen ehemaligen Häftlingen, Historikern, Museologen, Konservatoren,[2] Pädagogen und Vertretern der Medien. Noch in der Aufbauphase des Museums wurde überlegt, ob es lediglich die Vergangenheit beschreiben, oder auch die Mechanismen des verbrecherischen nationalsozialistischen Systems aufzeigen und erklären sollte.

Gegenstand der Diskussion ist ebenso die Bezeichnung „Museum" – nicht alle akzeptieren den Namen „Staatliches Museum Auschwitz-Birkenau". Einige meinen, das ehemalige Lager sei vor allem ein Friedhof, andere, es sei eine Gedenkstätte oder ein Denkmal. Wieder andere finden, es sei ein Ort der wissenschaftlichen Untersuchung und pädagogischen Vermittlung der Schicksale der Opfer von Auschwitz. Das Museum erfüllt faktisch alle diese Funktionen, die sich schliesslich [sic] nicht ausschliessen [sic], sondern ergänzen.

Museumsgelände

Zum Museum gehören zwei Komplexe des ehemaligen KL Auschwitz: das Stammlager [Auschwitz I] in Oświęcim sowie das Lager Birkenau [Auschwitz II] in Brzezinka.

Die Frage nach der Fläche des zukünftigen Museums rief in der zweiten Hälfte der 1940er Jahre in Polen eine lebendige Diskussion hervor. Einige Nebenlager von Auschwitz befanden sich in einiger Entfernung vom Stammlager. Schließlich wurde entschieden, dass [das] Museum die beiden ehemaligen Hauptlager Auschwitz I und Auschwitz II-Birkenau umfassen sollte, insgesamt 191 Hektar.

Damit schließt das Museum fast alle Anlagen der Massenvernichtung der Juden sowie über 150 verschiedene Originalobjekte des ehemaligen Lagers ein, wie beispielsweise: Häftlings-

[1] Ende des Krieges: 2. September 1945.

[2] Berufsbezeichnung; Aufgabe ist die Instandhaltung von z.B. Kunstwerken.

baracken, Latrinen, Gebäude der Lagerleitung und -verwaltung, Wachanlagen der SS, Aufnahmegebäude, Wachtürme, Lagertore, einige Dutzend Kilometer Lagerzaun, Lagerstraßen sowie die Eisenbahnrampe in Birkenau.

Auf dem Museumsgelände befindet sich außerdem das Massengrab einiger Hundert Häftlinge, die kurz vor oder nach der Befreiung des Lagers durch die Rote Armee[3] starben. […]

Auschwitz – Ein wichtiger Ort für die gegenwärtige Welt

Etwa 30 Millionen Menschen aus der ganzen Welt besuchten bereits das Museum und die Gedenkstätte Auschwitz-Birkenau. […] Seit den 1990er Jahren wachsen die Besucherzahlen ständig. Die zahlenmäßig größte Gruppe bilden die polnischen Besucher, gefolgt von amerikanischen, britischen, italienischen, deutschen, französischen und israelischen Gruppen.

Zahlreiche Politiker und Staatschefs, die einen Besuch des ehemaligen Lagers als moralische Pflicht empfinden, gedenken der Opfer in Auschwitz. Der Ort wird als eine der größten Warnungen für die Menschheit angesehen. Władysław Bartoszewski, ehemaliger polnischer Außenminister und ehemaliger Häftling von Auschwitz, sagte: „Auschwitz ist in der Weltgeschichte der größte Friedhof ohne Gräber, wo es keinen Ort gibt, an dem man Steine und Blumen zum Andenken an einen einzelnen Menschen niederlegen kann. Ohne Gräber, weil die Körper im Rauch im Himmel verwehten. Und das verpflichtet …". […]

Quelle: Świebocka, T., Pinderska-Lech, J., & Mensfelt, J. (2010). *Auschwitz-Birkenau. Vergangenheit und Gegenwart* (S. 13-26). Oświęcim: Państwowe Muzeum Auschwitz-Birkenau.

Hashtag aus der Hölle

Es gibt Selfies vor dem Eiffelturm, vor dem Kolosseum – und im KZ Auschwitz. Das Social-Media-Phänomen macht vor nichts und niemandem halt. Erst recht nicht vor der Moral.

Sofyytta trägt hellblaue, zu enge Jeans; bauchfreies, weißes Shirt, Pferdeschwanz und bunte Armreifen. So posiert sie auf stillgelegten Bahngleisen, so steht sie unter einem geschmiedeten Tor. Beide Male lächelnd. Logisch. Typische Teenager-Fotos auf Instagram, verlinkt mit Schlagworten wie #happy, #nice oder #cute. Es gibt nur ein Problem: Die Bahngleise führen ins ehemalige Vernichtungslager Auschwitz. Über dem geschmiedeten Tor steht „Arbeit macht frei".

Das Vernichtungslager Auschwitz-Birkenau[1]

[3] Bezeichnung für das Heer der Sowjetunion.

[1] Quelle: Alexander Schmidt.

Ausgelöst wurde die Selfie-Diskussion von einer Prinzessin: "Princess Breanna"

Fotos oder sogar Selfies aus Auschwitz und anderen Gedenkstätten gibt es schon lange. Vermutlich, seitdem die ersten Besucher mit Fotoapparaten diese Orte betreten haben. Erst vor kurzem wurden die Bilder zum bewussten Problem. Schuld daran war eine Prinzessin, „Princess Breanna“, um genau zu sein. Das Mädchen aus Alabama hatte unter ihrem adligen Synonym ein Selfie von sich aus Auschwitz über den Kurznachrichtendienst Twitter verbreitet. Einen Monat lang blieb das Bild unkommentiert, dann brach der Shitstorm los: Das Foto wurde zeitweise als „schlimmstes Selfie aller Zeiten“ bezeichnet. Breanna wurde nicht nur beschimpft, sie bekam sogar Todesdrohungen.

Seitdem kontrollieren Angestellte von KZ-Gedenkstätten und anderen Erinnerungsorten Internetportale nach Fotos, die auf ihren Geländen entstanden sind. Was sie dort finden, macht sie manchmal sprachlos. Oft wütend. Immer: ratlos. Zum Beispiel, wenn feixende Halbstarke vor den Gaskammern posieren. Wenn Fotos mit #lookinghotinauschwitz verlinkt sind. Oder Besucher wie Sofyytta ein Denkmal dazu nutzen, ihre neue Garderobe optimal zu präsentieren. Dagegen tun können die Angestellten allerdings nichts. Gedenkstätten und Denkmäler gehören zum öffentlichen Raum, in dem Fotografieren erlaubt ist. Welche Qualität das Bild letztlich hat, wer oder was darauf zu sehen ist, ist dem Fotografen überlassen.

"Wer wann mit welchem Gesicht in die Kamera schaut": Nicht überprüfbar

Auch wenn Fotos und Selfies aus Auschwitz im Netz am weitesten verbreitet sind, hat mittlerweile jeder Erinnerungsort dieselben Probleme. „Fotografiert wird immer“, sagt Andrea Riedle, die die wissenschaftliche Abteilung der KZ–Gedenkstätte Dachau in Bayern leitet, dem ersten Konzentrationslager, das überhaupt von den Nazis errichtet wurde – im März 1933. Riedle sagt: „Ein Foto oder Selfie ist in Sekunden gemacht. Bei 800 000 Besuchern jährlich können wir nicht aufpassen, wann wer mit welchem Gesicht in eine Kamera schaut.“ Von Dachau, sagt Riedle, hätten ihre Mitarbeiter bisher nur ein einziges Selfie im Internet gefunden. Ein guter Schnitt im Vergleich zu den hunderten, die es aus Auschwitz gibt. Allerdings ist diese Ruhe vielleicht trügerisch: „Wir sind ja auch nicht auf allen Foren“, sagt Riedle. Es klingt ein bisschen hilflos. Dann sagt sie: „Manche Leute beschäftigen sich gar nicht damit, wo sie da sind“.

Selfies von Beerdigungen wurden auf einem Blog gesammelt: "Selfiesatfunerals"

Warum man ein Selfie oder ein anderes Posing-Bild in einer Gedenkstätte wie einem ehemaligen KZ macht, kann unterschiedliche Gründe haben. Es gibt Besucher, die dabei ernste Gesichter zeigen und in sozialen Netzwerken auch per Bildunterzeile klarmachen, dass sie sich mit der Geschichte des Orts auseinandersetzen. Und es gibt die vermeintlichen Spaßvögel. Hier gelte es, abzuwägen, sagt Professor Alexander Filipovic von der Hochschule für Philosophie in München. Er forscht dort zur Ethik der digitalen Öffentlichkeit sowie zu ethischen Herausforderungen sozialer Netzwerke. Obwohl er glaubt, Differenzierung sei notwendig, sagt er auch: „Selfies drängen das Selbst in den Vordergrund. Alles andere gerät in den Hintergrund, so zum Beispiel auch das Leid der Gefangenen und Ermordeten. Weil wir das nicht wollen, interpretieren wir die Selfies als Respektlosigkeit – obwohl das im Einzelfall vielleicht gar nicht so gemeint war“. Stattdessen, so Filipovic, sei das dauernde Fotografieren und Selfie-Machen mittlerweile ein normaler Teil des sozialen Lebens, vor allem von jungen Menschen. „Man will zeigen, wo man ist, was man da macht und wie man aussieht, während man das macht. Früher hat man an den besuchten Ort 'Ich war hier' eingeritzt. Das Selfie ist die moderne, mediatisierte Form dieser Schnitzereien“. Dementsprechend gibt es Fotos und Selfies vor dem Eiffelturm, vor dem Kolosseum – und vor Auschwitz. Selfies und Posing-Bilder von Beerdigungen, ebenfalls nicht sehr geschmackvoll, wurden eine Zeit lang sogar auf dem tumblr „selfiesatfunerals“ gesammelt. Der Blog wurde geschlossen, nachdem sogar US-

Präsident Barack Obama ein Beerdigungs-Selfie gemacht hatte: Bei der Bestattung von Nelson Mandela. [...]

Die Bilder sind juristisch legal. Moralisch sind sie grenzwertig

Auch die sozialen Netzwerke, über die die Bilder verbreitet werden, können kaum in die Pflicht genommen werden. „Ein Selfie vor den Gefangenenbaracken in Auschwitz mag geschmacklos wirken. Eine moralische Pflicht zum Entfernen gibt es für die Netzwerkbetreiber aber nicht", sagt Filipovic. Twitter, Facebook und Tumblr haben vom moralischen Standpunkt her also weiße Westen. Stattdessen sei die Moral des Individuums gefordert, so Filipovic. „Es ist zu hoffen, dass die Einzelnen lernen, sich in solchen Fällen sensibel zu verhalten".

Mehr als diese Hoffnung bleibt kaum. Denn juristisch gesehen sind die Fotos unbedenklich. Sie verstoßen erst gegen das Gesetz, wenn sie einen eindeutig volksverhetzenden Hintergrund haben, etwa, weil die abgebildete Person den Hitlergruß zeigt: „Dann könnte man das Bild bei Facebook oder Instagram melden und entfernen lassen", sagt Jenifer Stolz, Pressesprecherin der Stiftung Denkmal für die ermordeten Juden Europas.[2] Das mussten die Angestellten des Berliner Holocaust-Mahnmals noch nie tun. Trotzdem sind sie nicht begeistert, wenn Besucher für Fotos einen Kopfstand im Denkmal machen. Oder eine asiatische Reisegruppe dort mit Stinkefingern posiert. Am meisten ärgert sich Stolz aber gar nicht über die Fotos selbst, sondern über die Hashtags darunter. „Die werden sehr unbedacht verwendet", erklärt sie. „Ich sage nur: #yolocaust". Stolz, selbst Instagram-Nutzerin, durchsucht den Bilderfeed ab und an nach Fotos und Selfies, die am Mahnmal aufgenommen wurden. „Da gibt es schon unterschiedliche Qualitäten. Aber es ist schlicht nicht möglich, das Internet zu kontrollieren". [...]

Quelle: Kerschbaumer, T. (2014). *Hashtag aus der Hölle. https://www.tagesspiegel.de/gesellschaft/medien/fotos-und-selfies-in-gedenkstaetten-hashtag-aus-der-hoelle/10729450.html* [23.01.2019].

Setzen Sie sich mit den genannten Argumenten für und wider die Aufnahme von Selfies an Gedenkstätten auseinander und nehmen Sie selbst Stellung zu dem Verhalten von GedenkstättenbesucherInnen.

Rückert-Schüler sprechen über das Konzentrationslager Auschwitz

Die Eindrücke vom größten Konzentrationslager der Nationalsozialisten beschäftigen den 16 Jahre alten Benjamin immer noch. „Die Fahrt hat mich verändert", sagt er. Zusammen mit 18 weiteren Schülern der Jahrgangsstufe 11 des Friedrich-Rückert-Gymnasiums in Rath hat er Anfang Oktober bei einer Gedenkstättenfahrt den Ort besucht, an dem während der Nazi-Herrschaft bis 1945 mindestens 1,1 Millionen Menschen ermordet wurden. Eine Tatsache, die Benjamin zuvor schon wusste. Das Vernichtungslager Auschwitz mit eigenen Augen zu sehen, ist für den 16-Jährigen aber nicht vergleichbar mit der reinen Aufnahme von Informationen. „Das Stammlager zu sehen, war ein beklemmendes Gefühl für mich, das ich immer noch habe", sagt er. Jegliche Art von rechtem Gedankengut könne er seitdem immer weniger nachvollziehen.

[2] Die Stiftung Denkmal für die ermordeten Juden Europas wurde 1999 in Folge eines Beschlusses des Deutschen Bundestages gegründet.

Seine Mitschüler sind nicht weniger beeindruckt. Nahid hat der Anblick von Bergen von Haarbüscheln, Koffern und Schuhpaaren ergriffen. „Oh mein Gott, Sie haben die Menschen wie Insekten behandelt", sei der 19-Jährigen vor Ort klar geworden. Sie kam vor fünf Jahren mit ihrer Familie aus dem Iran nach Deutschland. Auch ihre Angehörigen wussten bisher nicht viel über den Holocaust. Im Iran gehörte Antisemitismus gleichsam zum politischen System.

Nach einer im September veröffentlichten Umfrage der Körber-Stiftung[1] wussten nur 59 Prozent der Schüler ab 14 Jahren in Deutschland, dass Auschwitz-Birkenau ein Konzentrations- und Vernichtungslager war. Die Berliner Staatssekretärin Sawsan Chebli [SPD] hatte Anfang des Jahres vorgeschlagen, den Besuch einer KZ-Gedenkstätte für alle Schüler zur Pflicht zu machen.

Schüler halten wenig von KZ-Pflichtbesuchen

Der 16-jährige Benjamin sieht das anders. Mit Blick auf Holocaust-Leugner und rechtsextreme Tendenzen fände er es zwar gut, wenn sich jeder Schüler eine KZ-Gedenkstätte ansieht – aber ohne Zwang. „Wenn man dort hingeht, zeigt man auch Respekt gegenüber den Opfern", ergänzt Mitschülerin Nahid. Auch dafür brauche es eine Motivation, sich ernsthaft mit der Thematik auseinanderzusetzen. Nur wenig Respekt haben sie teilweise bei anderen Besuchern erkannt. „Es gab Leute, die auf den Gleisen in Birkenau Selfies gemacht haben", berichtet Anna Lea [...].

Am Rückert-Gymnasium müssen sich die Schüler mit einem Motivationsschreiben bewerben, um an der Gedenkstättenfahrt teilnehmen zu können. „Es setzt die Bereitschaft voraus, sich intensiv darauf einlassen zu können", sagt Geschichtslehrerin Dorothea Kusch. Fünf Tage waren die Schüler aus Düsseldorf in Polen. Alleine drei Tage lang haben sie das Konzentrationslager in Auschwitz besucht. Zur Verarbeitung gehörten abendliche Gesprächsrunden, bei denen sich Schüler und Lehrer über ihre Eindrücke austauschen konnten. Die waren auch für Benedikt Linnenbrink wichtig. Der Geschichtslehrer war ebenfalls zum ersten Mal in Auschwitz. „Ich hatte vorher schon das Gefühl, dass ich weiß, worüber ich rede" – jetzt komme für ihn und seine Schüler aber noch eine „emotionale Ebene" hinzu, deren Vermittlung nur mit Dokumenten und Fotos nicht möglich sei. Mit Vorträgen und Fotos wollen die mitgereisten Schüler ihre jüngeren Mitschüler motivieren, sich auf einen Platz bei einer der nächsten Fahrten zu bewerben. „Wir tragen eine Verantwortung dafür, dass das nicht in Vergessenheit gerät", sagt Anna Lena. [...]

Quelle: Paschold, S. (2018). *Rückert-Schüler sprechen über das Konzentrationslager Auschwitz. http://www.wz.de/lokales/duesseldorf/rueckert-schueler-sprechen-ueber-das-konzentrationslager-auschwitz-1.2614643* [23.01.2019].

[1] 1959 von Kurt A. Kröber gegründete gemeinnützige Stiftung für die fünf Bereiche Bildung, Gesellschaft, Internationale Politik, Kultur und Wissenschaft.

Auschwitz ist heute ein Disneyland des Todes

Am 27. Januar 1945 wurde Auschwitz befreit. Seit 1996 ist dieser Tag in Deutschland offizieller Gedenktag. Doch die „Singularität“ des Holocaust ist ein problematisches Alleinstellungsmerkmal.

Gerade rechtzeitig zum 69. Jahrestag der Befreiung des Konzentrationslagers Auschwitz hat die Leitung der staatlichen polnischen Gedenkstätte eine neue Informations-Offensive bekannt gegeben. Sie richtet sich an Menschen in Ländern, deren Regierungen und Massenmedien den Holocaust leugnen.

„Statistisch gesehen haben wir kaum Besucher aus arabischen Ländern oder aus dem Iran“, sagt der Direktor der Gedenkstätte zum Start der Online-Seiten auf Arabisch und Farsi. „Aber vor allem in diesen Ländern wird der Holocaust in Frage gestellt oder es wird aus ihm politisches Kapital geschlagen.“ Nun soll eine multimediale Kampagne für die richtige Rezeption des Holocaust auch im Iran und den arabischen Ländern sorgen: mit Grafiken, Fotos aus dem Lager und Interviews mit Überlebenden.

Das Konzept ist nicht neu, seine Wirksamkeit darf allerdings bezweifelt werden. Obwohl das „Muzeum Auschwitz“ jedes Jahr von mehr Menschen aus aller Welt besucht wird, als in dem Lager ermordet wurden, haben der Judenhass und die Neigung, den Holocaust zu bagatellisieren[1], eher zu als abgenommen.

Gute Absichten verpuffen oft sinnlos

Jugendliche, die das ehemalige KZ gruppenweise besuchen, sind am Ende des Rundgangs tief erschüttert – über das, was in dem Lager geschah, ohne freilich irgendeine Verbindung zu aktuellen Gräueln zu ziehen, über die täglich berichtet wird. Die Parole „Nie wieder Auschwitz“ ist offenbar wörtlich gemeint. Auschwitz soll nie wieder in Betrieb genommen werden. Mit der gleichen Logik könnte man auch sagen: „Die Titanic darf nicht noch einmal untergehen.“ Derweil rund um Lampedusa jedes Jahr Tausende von Menschen ertrinken.

Die guten Absichten der Betreiber des „Muzeum Auschwitz“, das zu den größten Touristenattraktionen in Polen gehört, in allen Ehren. Es wäre freilich nicht das erste Mal in der Geschichte der Aufklärung, dass gute Absichten sinnlos verpuffen oder sich sogar als kontraproduktiv erweisen. [...]

Das „Gedenkbuch“ von 1932 blieb wirkungslos

85.000 deutsche Staatsbürger jüdischen Glaubens kämpften in der Armee des Kaisers, etwa 12.000 bezahlten ihren Patriotismus mit dem Leben. [...] Als dennoch nach dem Ende des Krieges das Gerücht die Runde machte, die Juden hätten sich vor dem Dienst an der Waffe gedrückt oder wären gar der Truppe in den Rücken gefallen, gab der „Reichsbund jüdischer Frontsoldaten“[2] im Jahre 1932 ein „Gedenkbuch“ heraus, in dem alle jüdischen Gefallenen namentlich aufgelistet wurden. Im Vorwort, geschrieben vom Vorsitzenden des „RjV“, Hauptmann Leo Löwenthal,[3] hieß es: „Das edelste deutsche Blut ist das, welches von deutschen Soldaten für Deutschland vergossen wurde. Zu diesen gehören auch die 12.000 Gefallenen der deutschen Judenheit, die damit wiederum ihre allein ernsthafte und achtunggebietende Blutprobe im deutschen Sinne bestanden hat.“

---

[1] Verharmlosen.

[2] Der Reichsbund jüdischer Frontsoldaten [RjF] war eine Vereinigung deutscher jüdischer Soldaten, die im Ersten Weltkrieg gekämpft haben.

[3] Leo Löwenthal (1900-1993); deutscher Literatursoziologe und Mitbegründer der Frankfurter Schule.

Wie es mit der „Blutprobe“ bald darauf weiter ging, ist bekannt. Die Vaterlandsverteidiger jüdischen Glaubens wurden von den Nazis ebenso „sonderbehandelt“ wie alle anderen Juden auch. Wer will, kann sich damit trösten, dass eine Bundeswehrkaserne bei Aachen seit kurzem den Namen von Hauptmann Leo Löwenthal trägt.

Wunschdenken ist durch Wissen nicht zu korrigieren

Nach den Anschlägen auf die Twin Towers in New York,[4] machte – diesmal im Internet – das Gerücht die Runde, 4000 Juden seien vom Mossad[5] von dem bevorstehenden Angriff gewarnt worden und nicht zur Arbeit erschienen. Deswegen habe es unter den Opfern keine Juden gegeben. Und wie reagierten diesmal die jüdischen Organisationen? Sie stellten die Namen der jüdischen Terroropfer zusammen.

Die gut gemeinte Aufklärung stößt nicht dort auf ihre Grenzen, wo sie gegen das Unwissen antritt, sondern dort, wo sich bereits ein „Wissen“ gebildet hat, das auf Ressentiments[6] und Wunschdenken basiert. Diese zu korrigieren, ist so unmöglich, wie einen Fluss bergauf fließen zu lassen. [...]

Quelle: Broder, H. M. (2014). *Auschwitz ist heute ein Disneyland des Todes.* https://www.welt.de/kultur/article124251623/Auschwitz-ist-heute-ein-Disneyland-des-Todes.html [23.01.2019].

Henryk M. Broder wurde 1946 in Katowice (Polen) geboren. Seine Eltern waren jüdische KZ-Überlebende, mit denen er im Jahr 1957 Polen verließ. Gegenwärtig wohnt er in Berlin und ist als Publizist und Buchautor tätig.

Ideen zur Vertiefung

Die Homepage der **Gedenkstätte Auschwitz** ist zu finden unter: *www.auschwitz.org* [23.01.2019].[1]

Auf den Seiten des Arbeitskreises der **NS-Gedenkstätten und Erinnerungsorte** in NRW e.V. finden sich Übersichten der NS-Gedenkstätten und Erinnerungsorte in verschiedenen Bundesländern: *www.ns-gedenkstaetten.de* [23.01.2019].

Auf den Seiten des Schulministeriums NRW findet sich eine Auswahl von **Fördermöglichkeiten für Gedenkstättenfahrten und Kooperationspartnern**:
www.bildungspartner. schulministerium.nrw.de [23.01.2019].

---

[4] Die Anschläge auf die Twin Towers in New York wurden am 11. September 2001 begangen.

[5] Israelischer Geheimdienst.

[6] Unbewusste Abneigung gegen etwas beruhend auf z.B. Neid oder Vorurteilen.

[1] Quelle: Państwowe Muzeum Auschwitz-Birkenau. http://auschwitz.org/en/copyright/ [23.01.2019].